教育部人文社科规划基金项目“区域视角下西南成熟型资源城市转型发展研究”（项目编号：15XJA790003）资助

区域视角下西南地区成熟型资源城市转型研究

罗怀良 著

科学出版社
北京

内 容 简 介

本书在介绍“资源诅咒”、资源型城市基本概念、资源型城市生命周期、资源型城市转型发展模式等资源型城市转型发展理论的基础上，综述国内外资源型城市研究进展，阐明我国资源型城市的兴衰与转型、西南地区成熟型资源城市分类及转型障碍，并以四川省攀枝花市和兴文县为案例分别探讨地、县两级成熟型资源城市转型升级与区域发展的协同演进、西南地区山地成熟型资源城市地域功能演化和空间耦合及西南地区成熟型资源城市转型升级中的生态环境保护长效机制建设，并提出西南地区成熟型资源城市转型升级与区域协同对策。

本书主要读者对象为从事区域地理学、发展地理学、环境管理、城市生态学、资源学研究或管理工作的专业人员或者高等院校相关专业的师生。

图书在版编目(CIP)数据

区域视角下西南地区成熟型资源城市转型研究 / 罗怀良著. —北京：科学出版社, 2022.5

ISBN 978-7-03-070336-1

Ⅰ.①区… Ⅱ.①罗… Ⅲ.①城市经济－转型经济－研究－西南地区 Ⅳ.①F299.277

中国版本图书馆 CIP 数据核字（2021）第 220433 号

责任编辑：莫永国 / 责任校对：彭 映
责任印制：罗 科 / 封面设计：陈 敬

科学出版社出版
北京东黄城根北街16号
邮政编码：100717
http://www.sciencep.com

四川煤田地质制图印刷厂印刷
科学出版社发行 各地新华书店经销

*

2022年5月第 一 版 开本：787×1092 1/16
2022年5月第一次印刷 印张：13
字数：320 000

定价：129.00 元
（如有印装质量问题，我社负责调换）

前　言

以本地矿产、森林等自然资源开采、加工为主导产业的资源型城市因其独特的发展规律与特点，而具有特殊的生命周期。任何开发不可再生资源的城市迟早都会遇到资源枯竭问题，资源型城市转型是世界各国社会经济发展中都要经历的突出问题。中国资源型城市萌芽于南北朝时期，生长于唐宋时期，形成于明清时期。中华人民共和国成立后的计划经济时期，我国资源型城市得到快速发展。20 世纪 80 年代，由于资源逐渐枯竭、开采成本上升、资源产品供求关系变化，加之既有的矛盾与限制，国内一些资源(枯竭)型城市开始出现衰退。为应对资源型城市衰退，我国资源型城市开始了艰难的转型历程。随着 2007 年《国务院关于促进资源型城市可持续发展的若干意见》(国发〔2007〕38 号)的发布，在政府主导转型推动和财政支持下，资源型城市通过创新探索和持续转型努力，取得不少成功的经验，并出现转型示范城市。当然，资源型城市因所处发展阶段和面临问题不同，其转型发展并没有统一的最佳或最适方式，需要因时因地采取相应对策才能取得理想转型效果。

地处西南地区的云、贵、川、渝四省(市)资源丰富，既是我国重要的能源、原材料基地，又是三线建设和西部大开发的重点区域，因资源开发而兴起的资源型城市众多。该区资源型城市类型复杂多样，兴起背景和发展历程特殊，成熟型资源城市占比大，资源开发引发的地质环境问题突出，具有独特的区域空间特征——区位条件整体偏远、地域空间变动具有突发性和频繁性。正是基于这种认识，教育部人文社会科学研究规划基金项目“区域视角下西南成熟型资源城市转型发展研究”(项目编号：15XJA790003)选择西南地区 50 个资源型城市中的 31 个成熟型资源城市开展区域视角下的转型升级与区域协调发展研究。本书正是该项目研究成果的总结和集中呈现。

全书共分 8 章。在系统综述资源型城市相关理论(第一章)以及中华人民共和国成立后我国资源型城市的兴衰与转型(第二章)的基础上；全面梳理西南地区资源型城市发展历程及该区资源型城市的特征，选择在该区占有重要地位的地级成熟型资源城市进行类型划分和转型障碍探讨(第三章)。通过回溯四川省攀枝花市开发与建设历程，探讨其资源开发与区域发展历程及其关联特征、产业结构演化及资源开发与区域发展的地域分异演化等资源开发与区域发展协同演进(第四章)。分别以四川省攀枝花市和兴文县为例，进行地级和县级山地成熟型资源城市地域功能演化及空间耦合研究(第五章)。通过四川省攀枝花市生态赤字(盈余)动态估算、基于生态足迹的可持续发展评价及资源型城市脆弱性多指标综合性定量评价，提出西南地区成熟型资源城市转型升级与生态环境保护长效机制(第六章)。在综述国内资源型城市的区域空间研究进展基础上，根据西南地区资源型城市区域空间特征探讨该区成熟型资源城市的地域关联与地域协同策略(第七章)。最后，总结本书的主要结论、主要探索及未来研究展望(第八章)。

本书从资源型城市域外地域空间、市域基质空间和城市实体空间3个区域空间尺度层次的区域空间视角，采用定量与定性相结合的综合方法，以四川省攀枝花市和兴文县为实例，对西南地区成熟型资源城市转型进行理论研究与实证探索。由于资源型城市转型是一个长期的艰巨过程，资源型城市转型研究尚需要持续深入探讨。本书可供从事区域地理学、发展地理学、环境管理、城市生态学、资源学等领域研究或管理工作的专业人员参考，也可作为高等学校相关专业师生的参考用书。

受制于诸多主客观因素的限制，本书难免存在疏漏之处，敬请有关专家和同行不吝赐教。

罗怀良

2021年初夏于成都

目　　录

第一章　绪论……1

1.1　“资源诅咒”、资源型城市及其界定……1

1.1.1　“资源诅咒”……1

1.1.2　资源型城市及其界定……4

1.2　资源型城市的生命周期……9

1.2.1　矿业经济生命周期……9

1.2.2　资源型城市生命周期……10

1.3　资源型城市转型发展模式……11

1.3.1　市场选择主导转型模式……12

1.3.2　政府主导和市场调节转型模式……12

1.3.3　政府主导产业援助转型模式……13

1.3.4　放任自由转型模式……14

1.4　资源型城市研究综述……15

1.4.1　国外资源型城市研究综述……15

1.4.2　国内资源型城市研究综述……16

1.4.3　小结……17

1.5　区域视角下西南地区成熟型资源城市转型研究及本书主要内容……18

1.5.1　“区域视角下西南地区成熟型资源城市转型研究”项目研究……18

1.5.2　本书的结构与主要内容……19

参考文献……21

第二章　中华人民共和国成立后我国资源型城市的兴衰与转型……24

2.1　中华人民共和国成立后我国资源型城市的发展演化……24

2.1.1　中华人民共和国成立后我国资源型城市的大量兴起……24

2.1.2　改革开放后我国资源型城市的发展与资源枯竭型城市的衰退……26

2.2　我国资源型城市转型历程及政府主导作用……32

2.2.1　我国资源型城市转型历程……32

2.2.2　政府在主导资源型城市转型中的作用……34

2.3　我国资源型城市转型范例……37

2.3.1　从“黑色”到“绿色”转型的焦作……38

2.3.2　实施多元替代转型的白银和阜新……39

2.3.3　从“石油废城”向“能源新城”转型的玉门……40

2.4　改革开放以来我国资源型城市转型研究……41

2.4.1 资源型城市转型的研究机构 …… 41
2.4.2 国内资源型城市转型研究进展 …… 42
2.5 小结 …… 43
参考文献 …… 44
第三章 西南地区成熟型资源城市分类及转型障碍 …… 46
3.1 西南地区资源型城市发展历程及特征 …… 46
3.1.1 西南地区资源型城市的发展历程 …… 46
3.1.2 西南地区资源型城市的特征 …… 53
3.2 基于区域视角的西南地区成熟型资源城市分类及类型特征 …… 59
3.2.1 西南地区成熟型资源城市的类型划分 …… 59
3.2.2 西南地区 4 类地级成熟型资源城市的特征分析 …… 64
3.3 西南地区各类型地级成熟型资源城市转型障碍分析 …… 67
3.4 小结 …… 68
参考文献 …… 69
第四章 成熟型资源城市攀枝花市资源开发与区域发展的协同演进 …… 71
4.1 攀枝花市概况及主要自然资源 …… 71
4.1.1 攀枝花市概况 …… 71
4.1.2 攀枝花市主要自然资源 …… 73
4.2 攀枝花钢铁基地建设与攀枝花市城市发展 …… 74
4.2.1 攀枝花钒钛磁铁矿和攀枝花煤田的发现与勘探 …… 75
4.2.2 攀枝花钒钛磁铁矿开发与攀枝花钢铁基地建立 …… 76
4.2.3 攀钢后期建设与攀西战略资源创新开发试验区 …… 81
4.2.4 攀枝花市的城市发展 …… 83
4.3 攀枝花市资源开发与区域发展历程及关联特征 …… 85
4.3.1 攀枝花市资源开发与区域发展的阶段划分 …… 86
4.3.2 攀枝花市资源开发与区域发展的关联特征 …… 93
4.4 攀枝花市产业结构演化分析 …… 97
4.4.1 偏离-份额分析法 …… 97
4.4.2 攀枝花市三次产业内部结构的偏离-份额分析 …… 99
4.4.3 攀枝花市第一产业内部结构的偏离-份额分析 …… 100
4.4.4 攀枝花市第二产业内部结构的偏离-份额分析 …… 103
4.4.5 攀枝花市第三产业内部结构的偏离-份额分析 …… 104
4.5 攀枝花市资源开发与区域发展的地域分异演化 …… 106
4.5.1 产业结构高度和生产活动梯度指数 …… 107
4.5.2 攀枝花市资源开发对产业结构演变的影响 …… 108
4.5.3 攀枝花市资源开发对区域生产活动强度的影响 …… 110
4.6 小结 …… 112
参考文献 …… 113

第五章　西南地区山地成熟型资源城市地域功能演化及空间耦合 …… 115
5.1　地级山地成熟型资源城市攀枝花市地域功能演化与空间耦合 …… 116
5.1.1　攀枝花市地域空间演化历程 …… 116
5.1.2　攀枝花市地域空间结构特征 …… 119
5.1.3　攀枝花市转型发展的地域空间耦合途径 …… 121
5.2　岩溶山区县级成熟型资源城市兴文县经济发展空间演化及空间耦合 …… 124
5.2.1　兴文县概况 …… 124
5.2.2　研究时段选取、数据来源与研究方法 …… 125
5.2.3　兴文县 2006～2015 年经济发展空间差异及演化特征 …… 127
5.2.4　2006～2015 年兴文县经济发展空间差异及演变的原因解析 …… 130
5.2.5　兴文县产业转型与区域发展空间耦合途径 …… 132
5.3　小结 …… 133
参考文献 …… 134
第六章　西南地区成熟型资源城市转型升级的生态环境保护与建设 …… 137
6.1　攀枝花市生态赤字(盈余)动态变化 …… 137
6.1.1　攀枝花市人均生态足迹的动态变化 …… 138
6.1.2　攀枝花市人均生态承载力的动态变化 …… 142
6.1.3　攀枝花市人均生态赤字(盈余)的动态变化 …… 143
6.1.4　小结 …… 145
6.2　基于生态足迹方法的攀枝花市可持续发展评价 …… 146
6.2.1　基于生态足迹的可持续发展评价指标 …… 146
6.2.2　基于生态足迹方法的攀枝花市可持续发展评价 …… 147
6.2.3　小结 …… 151
6.3　成熟型资源城市攀枝花市城市脆弱性评价 …… 152
6.3.1　攀枝花市城市脆弱性评价方法 …… 152
6.3.2　攀枝花市城市脆弱性动态及测度结果分析 …… 157
6.3.3　攀枝花市转型及脆弱性调控措施 …… 161
6.4　西南地区成熟型资源城市转型升级的生态环境保护长效机制 …… 162
6.4.1　形成有效衔接的生态环境保护文化体系与制度体系 …… 163
6.4.2　通过政府主导，完善生态环境保护的多主体协同机制 …… 163
6.4.3　通过技术进步，构建有利于生态环境保护的生态经济和循环经济体系 …… 164
6.4.4　贯彻分类处理原则，因地制宜地推进成熟型资源城市的生态环境保护 …… 165
参考文献 …… 165
第七章　西南地区成熟型资源城市转型升级的区域协同对策 …… 167
7.1　国内资源型城市的区域空间研究综述 …… 167
7.1.1　资源型城市的域外地域空间研究 …… 167
7.1.2　资源型城市的市域基质空间研究 …… 169
7.1.3　资源型城市实体空间研究 …… 170

7.1.4 国内资源型城市地域空间研究的局限与展望 …… 172
7.2 西南地区资源型城市区域空间特征 …… 173
7.2.1 西南地区资源型城市的域外地域空间特征 …… 174
7.2.2 西南地区资源型城市的市域基质空间的区域空间特征 …… 175
7.2.3 西南地区成熟型资源城市的城市实体空间的结构类型 …… 177
7.3 西南地区成熟型资源城市的地域关联与区域协同 …… 180
7.3.1 西南地区成熟型资源城市的地域关联特征与区域协同层次 …… 180
7.3.2 西南地区资源型城市域外地域空间的地域协同策略 …… 183
7.3.3 西南地区成熟型资源城市市域基质空间的地域协调策略 …… 184
7.3.4 西南地区成熟型资源城市实体空间重构优化策略 …… 185
7.4 小结 …… 188
参考文献 …… 189
第八章 结语 …… 193
8.1 主要结论 …… 193
8.2 主要探索与未来展望 …… 196
致谢 …… 198

第一章 绪　论

1.1 “资源诅咒”、资源型城市及其界定

1.1.1 “资源诅咒”

按照联合国环境规划署(United Nations Environment Programme，UNEP)的定义：在一定时间和一定条件下，能产生经济效益，以提高人类当前和未来福利的自然因素和条件，称为自然资源。自然资源是人类社会发展的重要物质基础和基本生产要素，其类型多样，如土地、矿藏、水力、生物、气候、海洋等。自然资源有多种分类方法，在关于自然资源利用的研究中，越来越认同将自然资源划分为不可更新资源与可更新资源。不可更新资源(如矿产资源等)，由于其不能在人类历史尺度上由自然过程再生或由于其自然再生的速度远远慢于被开采利用的速度，是可能耗竭的，因此被认为是不可更新资源。可更新资源是在正常情况下可通过自然过程再生的资源，如生物、土地和地表水等。当然，自然资源的“可更新”与“不可更新”是相对的。对于大多数可更新资源来说，天然可再生性取决于人类的利用水平或强度，这是一个相对的概念。

传统经济增长理论认为，自然资源作为一种重要的生产要素，是推动经济发展的基本引擎和动力。近代以来，英国、法国、德国、美国等国家实现快速工业化和经济起飞，都离不开本国丰富的矿产资源。20 世纪 50 年代后，日本、新加坡等自然资源相对贫乏国家的经济发展水平步入世界前列，而撒哈拉沙漠以南的非洲地区、中东地区和南美洲部分自然资源丰富国家的经济发展却相对缓慢的现象，使得自然资源促进经济发展的观点受到质疑。

1. “荷兰病”

经济增长受诸多因素的综合影响，在一些自然资源丰富的地区有时会出现资源开发抑制经济发展的现象。20 世纪 60 年代以后，荷兰石油、天然气资源开发对经济发展的抑制就非常典型。当时，荷兰已是工业制成品国家，因大西洋北海天然气的发现，荷兰政府大力发展石油、天然气工业。该资源产业部门的迅速扩张也使荷兰迅速成为以出口天然气为主的国家。而到 20 世纪 70 年代，蓬勃发展的天然气产业却严重打击了荷兰的农业和其他工业部门的发展，导致通货膨胀加剧、制成品出口下降、收入增长率降低、失业率上升，以致工业部门的效率降低，进而使经济增长下滑。这种因自然资源开发而产生的一系列抑制经济增长的现象，引起世人关注。

1982 年，科登(W. M. Corden)和尼尔瑞(J. Peter Neary)将荷兰发生的这种现象称为“荷兰病”(the Dutch disease)。他们将一国的经济分为三个部门：可贸易的制造业部门、可贸

易的资源出口部门和不可贸易的部门(国家内部的建筑业、零售贸易和服务业部门)，并给出“荷兰病”的经典模型。该模型假设一国经济起初处于充分就业状态，如果突然发现了某种自然资源或者自然资源的价格意外上涨将导致两方面的后果(即，两种效应：资源转移效应和支出效应)。一是劳动和资本转向资源出口部门，则可贸易的制造业部门现在不得不花费更大的代价来吸引劳动力，制造业劳动力成本上升首先打击制造业的竞争力。同时，由于出口自然资源带来外汇收入的增加使得本币升值，再次打击了制造业的出口竞争力，这种后果被称为资源转移效应。在资源转移效应的影响下，制造业和服务业同时衰落下去。二是自然资源出口带来的收入增加会增加对制造业和不可贸易部门的产品需求。但这时对制造业产品需求的增加却是通过进口国外同类价格相对更便宜的制成品来满足的(这对本国的制造业来说又是一个灾难)。不过，对不可贸易的部门产品需求的增加无法通过进口来满足，一段时间后本国的服务业会重新繁荣，这种后果则被称为支出效应。尽管这种病症一般是与一种自然资源的发现联系在一起，但它可能因自然资源价格的急剧上升、外国援助和外国直接投资等任何一种造成外汇大量流入的事件诱发。“荷兰病”可能是一种普遍的现象，适用于所有“享受”初级产品出口急剧增加的国家。

2. “资源诅咒”及“资源诅咒”效应

基于有关自然资源与经济发展关系的认识，Auty 将丰裕的自然资源并不能导致经济的持续增长，反而会抑制经济的增长，导致地区和城市的衰落这种现象称为“资源诅咒”(the curse of resources)[1,2]。随后，1995 年美国哈佛大学教授杰弗里・撒切斯(Jeffrey Sachs)与安德鲁・沃纳(Andrew Warner)在《自然资源丰裕与经济增长》一书中通过对全球 71 个国家长达 30 年自然资源与经济增长的相关性研究，也发现自然资源丰富的国家与地区的经济增长反而慢于自然资源稀缺的国家与地区[3]。

“资源诅咒”的提出引起广泛关注，并引发激烈的学术讨论。不少学者通过实证研究论证、支持该假说，证明资源丰裕度与经济增长的负相关关系普遍存在。国内部分学者也通过实证研究，验证了“资源诅咒”效应的存在，特别是我国自然资源相对丰裕的中西部地区的经济发展落后于资源相对缺乏的东部地区的经济发展事实，印证了“资源诅咒”这一现象。但也有一些学者从理论和实证两方面对“资源诅咒”效应质疑。

随着国内外对自然资源与经济发展关系研究的不断深入，研究人员对“资源诅咒”效应的传导机制提出了挤出效应、“荷兰病”效应、资源产品价格效应和“制度弱化”效应等多种解释[4]。其中，挤出效应是指资源产业迅速发展导致经济资源集中于资源产业，影响其他产业的投入；“荷兰病”效应是指资源产业利润较高，不利于经济长远发展；资源产品价格效应是指以资源型产业为主导的经济体面临较大的不确定性使社会投资意愿低，技术进步使资源等初级产品相对于工业制成品的价格逐渐降低，导致资源富集地区拥有的资源价值相对降低；而“制度弱化”效应则指制度弱化致使资源产业被少数人控制，导致区域建设环境恶化。

3. 资源型城市的“资源诅咒”问题

资源型城市是一类因矿产、森林等资源开发而兴起的特殊类型城市，这类城市的发展和衰退问题引起学术界对资源型城市"资源诅咒"问题的关注。资源型城市"资源诅咒"的作用机制可归纳为资源型产业的黏滞效应、挤出效应和锁定效应。①黏滞效应指资源产业对经济要素的吸纳和阻滞，包括两个方面。一方面，资源产业繁荣带来生产要素高收益、生产要素边际产品价值增加会吸引各种经济资源；同时，通过资源型产业关联效应迅速扩张、形成集采掘、初加工、配套服务的资源型经济部门，建立起相对完整的产业体系，从而对经济要素向其他产业部门流动形成阻碍。另一方面，在经济要素一定的条件下，有限的经济资源流入资源型产业部门并难以流出，这意味着制造业等非资源型产业部门必须通过更高的成本来获取劳动力、土地、生产设备等生产要素，从而导致制造业等非资源型产业部门竞争力下降。②挤出效应指资源型产业部门对生产要素的向外挤出作用，也包括两个方面。一方面，由于资源产业的产品特性，资源产业繁荣带来收益溢价使决策主体不追求提高技术水平和增加教育投入，而造成对创新、技术、管理等经济要素的挤出。另一方面，随着资源产业繁荣引起收入增长，消费需求也大为增加，非资源型产业部门获得较快发展，其中建筑业、服务业等不可贸易的非资源型产业部门无法通过进口来满足内部需求，因此也会获得较快发展，价格上涨、产品总量增加；而区内可贸易的非资源型产业部门由于黏滞效应导致竞争力下降，区外同类产品大规模涌入，造成区内资本流失。此外，考虑到汇率高估的影响，国外产品涌入和国内对外投资增加都会进一步导致资本流失。③锁定效应是因为资源产业部门多为资本密集型产业，投入大，生产成本高，而人力资本、技术、设备等要素专用性较强、沉淀成本较高，难以向外流动，形成了对生产要素的锁定。资源部门的锁定效应强化了黏滞效应和挤出效应，制造业等可贸易的非资源型产业部门发展缓慢，出现反工业化现象。从更为宏观的角度来看，资源产业部门的锁定则造成资源型城市和区域发展过程中的路径依赖。德国学者格雷伯(Grabher)通过对德国鲁尔区进行研究，提出资源型城市转型的阻力主要来自专业化生产带来的功能性锁定、认知性锁定和政治性锁定等三种锁定效应。

随着国内资源型城市特别是资源枯竭型城市问题的凸显，资源型城市的"资源诅咒"、传导机制及抑制策略等均引起国内学者的广泛关注。就国内相关研究而言，对资源型城市的"资源诅咒"问题存在两种截然不同的观点。一种观点认为资源型城市存在明显的"资源诅咒"。例如，有学者通过对中国中部 36 个地级资源型城市经济数据的模型检验[4]，对陕西、山西、内蒙古、宁夏、黑龙江、吉林和辽宁 7 个典型资源型经济省份 43 个资源型城市的动态分析(2003～2014 年)[5]，采用东北地区资源型城市面板数据通过固定效应模型的实证研究[6]和油气资源城市实证模型验证研究[7]等均表明中国资源型城市存在明显的"资源诅咒"问题。而另一种观点则认为资源型城市的"资源诅咒"问题不明显。例如，有学者对我国东、中、西部资源型城市的研究[8]表明，中西部地区资源型城市的"资源诅咒"既有资源依赖的影响，也有地理位置差异的原因；而东部地区资源型城市并没有出现"资源诅咒"问题。又如，有学者通过对 2001～2011 年全国资源开发型和资源利用型区域(30 个省区)基于经济增长维度的对比研究发现[9]，基于经济、资源和环境等多维视角的综合分析表明"资源诅咒"问题显著存在；从生态效率视角来看，其"资源诅咒"问题不明显，"资源诅咒"只是表象，将之归咎于资源丰裕或者资源开发并不恰当。"资源诅咒"问题的关键原因是资源利用效率低下。国内对"资源诅咒"的相关研究表明，资源丰富地区既可能出现“资源诅咒”问题，也可能不出现“资源诅咒”问题。换言之，“资源诅咒”问题存在明显的时空差异。

在对资源型城市是否存在“资源诅咒”问题进行探讨的同时，国内学者也对“资源诅咒”效应的传导机制进行了探索，并取得相关认识成果。例如，有学者对我国 36 个地级资源型城市的研究认为，“资源诅咒”效应的主要传导机制是对制造业的挤出效应[4]。在资源型城市转型发展中，应重视吸引制造业投资，降低政府对微观经济领域的干预程度，构建多元化产业体系，实现经济社会的可持续发展。而有学者对陕西、山西、内蒙古、宁夏、黑龙江、吉林和辽宁等 7 个典型资源型经济省份 43 个资源型城市的研究却认为“资源诅咒”效应表现为[5]：资源型城市地方政府行为显著促进了第二产业的发展(尤其是采掘业)，易形成“官煤(油)经济”，抑制了第一、三产业的发展，结果导致产业结构失衡，掉进“资源诅咒”陷阱。有学者对东北地区资源型城市“资源诅咒”效应的研究表明[6]，其“资源诅咒”效应主要通过抑制制造业发展、物质资本投入和教育业投入来阻碍经济增长，其中对制造业的负面影响是主要传导因素。有学者对油气型资源城市“资源诅咒”传导机制的研究表明[7]，资源产业依赖度对油气型资源城市经济增长的抑制效应是间接的、可弱化的，物质资本投资是“资源诅咒”效应产生的诱因，而发展个体与私营经济和提高对外开放程度可以有效抑制“资源诅咒”效应。此外，从文化角度对我国资源型城市“资源诅咒”传导机制进行阐释的研究认为[10]，制度文化影响下的资本积累不足、人力资本挤出、制造业挤出、技术创新挤出，以及精神文化影响下的人力资本开发障碍、非理性消费、创新精神缺乏等传导机制致使资源型城市出现文化堕距、陷入资源优势陷阱，制约了资源型城市的可持续发展。

当然，在我国资源型城市形成主要时期，计划经济体制下劳动分工的地域分割、区域内外商品价格的“剪刀差”，以及资源开发体制不顺等因素又进一步强化了资源型城市的“资源诅咒”效应，并导致一系列的社会经济问题。总之，为有效防止资源型城市出现“资源诅咒”问题，对“资源诅咒”效应的传导机制尚需要进一步深入探讨。

1.1.2 资源型城市及其界定

1. 资源型城市

资源型城市(resource-based city)概念的出现相对较晚，早期曾经使用过工矿城市、矿业城市、资源新城、资源型社区等与资源型城市相似的概念。目前，对资源型城市的定义基本统一。普遍的观点认为，资源型城市是以本地矿产、森林等自然资源开采、加工为主导产业的城市，主要包括矿业城市和森工城市，但不包括旅游城市。

从行政区划的角度看，我国的资源型城市通常包括地级市、自治州和地区等地级行政区以及县级市、县、自治县、林区和市辖区(开发区和管理区)等县级行政区等行政级别不同的资源型城市或地区。我国的资源型城市尤以矿业城市数量居多，而森工城市相对较少。矿业城市按其所依赖的矿产资源类型，可细分为多种类型的城市：油气型资源城市，如黑龙江省大庆市、新疆维吾尔自治区克拉玛依市和甘肃省玉门市等；煤炭型资源城市，如山西省大同市、贵州省六盘水市和河南省焦作市等；钢铁型资源城市，如四川省攀枝花市、安徽省马鞍山市和辽宁省鞍山市等；有色金属型资源城市，如云南省个旧市、甘肃省金昌市和内蒙古自治区包头市等；非金属矿型资源城市，如江西省景德镇市(瓷石、高岭土等)，四川省绵竹市(磷矿)、雅安市(建材、石棉等)、自贡市(盐岩等)。依托森林资源发展起来的森工城市是另一类资源型城市，其主要分布在我国重要林区——东北大、小兴安岭和长白山地区(如吉林省白山市、黑龙江省伊春市和五大连池市等)和西南横断山区(如云南省丽江市、新平彝族傣族自治县和香格里拉市等)，以及湖北省神农架地区(湖北省神农架林区)和海南岛五指山(海南省琼中黎族苗族自治县、陵水黎族自治县、乐东黎族自治县)等城市和地区。

资源型城市具有强烈的资源指向性，因此具有与一般城市不同的独特发展特点和规律。资源型城市的兴起往往呈现明显的“突然性”，其发展又具有“外生性”。随着矿产和森林等资源的开发，各种外部劳动力、技术、资本等要素的大规模迅速集聚，从而形成特定的资源产业城市。而随着资源开发进入后期(或晚期)阶段，自然资源枯竭会导致资源型城市面临一系列发展困境，该类城市又往往成为资源枯竭型城市而出现衰退。自 20 世纪 30 年代初加拿大地理学家英尼斯(H. A. Innis)开创性地进行资源型城镇研究[11]以来，资源型城市(特别是资源枯竭型城市)逐渐受到国内外的广泛关注。

2. 资源型城市的界定

城市职能分类是某一个时点的城市职能的比较研究，属于静态的研究[12]。早期的资源型城市界定是从矿业城市开始的。美国学者哈里斯(C. D. Harris)[13]用统计描述的简单分类法，将矿业从业职工占城市全部从业职工总数15%以上或矿业产值占城市工业总产值10%以上的城市归为矿业城市。1978 年，李文彦[14]率先对我国资源型城镇(特别是煤矿城市)进行研究，主要根据煤矿职工占比(>25%)、煤炭工业产值占比(>15%)、煤炭生产规模(>200 万t/年)、城市发生(煤炭开发应是该城市兴起的主要原因)等方面进行综合性界定，界定出我国有 24 个煤炭型资源城市。

国内学者早期主要关注矿业城市(特别是煤矿城市)。不少学者对我国的资源型城市进行了界定研究。胡魁[15]以 1999 年数据为基准，依据符合“地级行政区矿业产值大于 1 亿元，县级和镇级矿业产值大于 4500 万元”“矿业产值占国内生产总值比例大于 5%”“矿业从业人员大于 6000 人”3 个条件中的一条就可称为矿业城市，界定我国有矿业城市(镇)426 座。樊杰等[16]界定 2001 年我国有矿业城市 95 个，占全国城市总数的 14.4%。2002年，国家计划委员会(现国家发展和改革委员会)宏观经济研究院课题组[17]根据采掘业产值占比(>10%)、采掘业产值规模(县级市>1 亿元，地级市>2 亿元)、采掘业从业人员占比(>5%)和采掘业从业人员规模(县级市>1 万人，地级市>2 万人)4 个方面的定量指标，确定我国共有 6 类资源型城市 118 座(地级市 47 座、县级市 71 座，包括煤炭、有色冶金、黑色冶金、石油、森工和其他资源类型等 6 类)，其中典型资源型城市 60 座。2006 年，刘云刚[18]从城市发生学分类的角度(先矿后城、资源立市和资源开发是已有城市再兴的主要原因 3 条分类标准)，从《中国城市统计年鉴 2000》公布的 667 座城市中，界定出县级以上资源型城市 5 类(包括煤炭型、石油型、金属型、非金属型和森林型 5 种类型)，共 63 个，其中煤炭型资源城市最多，约占总数的 3/5。肖劲松和李宏军[19]基于资源的开发、加工、利用及相关配套服务为基本社会经济活动的标准对资源型城市进行界定，确定2007年我国有资源型城市156座，占全国城市总数的23.8%；这156座资源型城市按主导资源被划分为煤炭型城市68座、冶金及建材型城市34座、石油型城市13座、农副产品加工型城市20座(其中，森工型城市16座，占绝对优势)和旅游资源型城市21座。

为推动资源型城市转型发展，国务院在2007年发布的《国务院关于促进资源型城市可持续发展的若干意见》(国发〔2007〕38号)从制度设计层面界定资源型城市，即“资源型城市(包括资源型地区)是以本地区矿产、森林等自然资源开采、加工为主导产业的城市类型。”国家计划委员会宏观经济研究院课题组和《国务院关于促进资源型城市可持续发展的若干意见》关于资源型城市所依赖自然资源范围的界定，使资源型城市的资源范畴(矿产资源和森林资源)得到统一。

2013年，国务院发布《全国资源型城市可持续发展规划(2013—2020年)》，依据资源型城市的现实地位突出、资源型城市的贡献巨大等两大特征，用采掘职能强度(以全国采掘业就业人口占总就业人口的百分比平均值超过0.3个标准差为标准)、产出规模系数(衡量城市资源产品的产出比例与城市经济比例的差异，当产出规模系数>1时，城市的资源产品具有对外供应能力，城市采掘业基本职能显著)和资源贡献程度(可以从两个方面来判断：一方面是在较长一段历史时期内对国家的资源需求做出过重大贡献——有大中型资源型企业或矿山在城市内布局；另一方面是在可以预见的未来对中国资源需求将做出较大贡献——本地的矿产资源储量具有世界级、国家级地位。两者满足其一即可)3个指标，针对全国334个地级行政单元并细化到2851个县级行政单元进行识别，确定全国有262个资源型城市。其中，地级行政区126个，县级市62个，县58个，市辖区16个(表1.1)。以资源保障能力和可持续发展能力两类评价为基础，再依据两类评价指标数值，运用聚类分析方法进行二维组合分析，将全国262个资源型城市划分为成长型资源城市、成熟型资源城市、衰退型资源城市、再生型资源城市4类[20, 21](表1.2)。

表1.1 中国资源型城市名单(2013年)

省(区、市)	地级行政区	县级市	县(自治县、林区)	市辖区(开发区、管理区)
河北(14个)	张家口市、承德市、唐山市、邢台市、邯郸市	鹿泉市、任丘市	青龙满族自治县、易县、涞源县、曲阳县	井陉矿区、下花园区、鹰手营子矿区
山西(13个)	大同市、朔州市、阳泉市、长治市、晋城市、忻州市、晋中市、临汾市、运城市、吕梁市	古交市、霍州市、孝义市		
内蒙古(9个)	包头市、乌海市、赤峰市、呼伦贝尔市、鄂尔多斯市	霍林郭勒市、阿尔山市*、锡林浩特市		石拐区
辽宁(15个)	阜新市、抚顺市、本溪市、鞍山市、盘锦市、葫芦岛市	北票市、调兵山市、凤城市、大石桥市	宽甸满族自治县、义县	弓长岭区、南票区、杨家杖子开发区
吉林(11个)	松原市、吉林市*、辽源市、通化市、白山市*、延边朝鲜族自治州	九台市、舒兰市、敦化市*	汪清县*	二道江区

续表

省(区、市)	地级行政区	县级市	县(自治县、林区)	市辖区(开发区、管理区)
黑龙江(11个)	黑河市*、大庆市、伊春市*、鹤岗市、双鸭山市、七台河市、鸡西市、牡丹江市*、大兴安岭地区*	尚志市*、五大连池市*		
江苏(3个)	徐州市、宿迁市			贾汪区
浙江(3个)	湖州市		武义县、青田县	
安徽(11个)	宿州市、淮北市、亳州市、淮南市、滁州市、马鞍山市、铜陵市、池州市、宣城市	巢湖市	颍上县	
福建(6个)	南平市、三明市、龙岩市	龙海市	平潭县、东山县	
江西(11个)	景德镇市、新余市、萍乡市、赣州市、宜春市	瑞昌市、贵溪市、德兴市	星子县(现庐山市)、大余县、万年县	
山东(14个)	东营市、淄博市、临沂市、枣庄市、济宁市、泰安市、莱芜市	龙口市、莱州市、招远市、平度市、新泰市	昌乐县	淄川区
河南(15个)	三门峡市、洛阳市、焦作市、鹤壁市、濮阳市、平顶山市、南阳市	登封市、新密市、巩义市、荥阳市、灵宝市、永城市、禹州市	安阳县	
湖北(10个)	鄂州市、黄石市	钟祥市、应城市、大冶市、松滋市、宜都市、潜江市	保康县、神农架林区*	
湖南(14个)	衡阳市、郴州市、邵阳市、娄底市	浏阳市、临湘市、常宁市、耒阳市、资兴市、冷水江市、涟源市	宁乡县(现宁乡市)、桃江县、花垣县	
广东(4个)	韶关市、云浮市	高要市(现高要区)	连平县	
广西(10个)	百色市、河池市、贺州市	岑溪市、合山市	隆安县、龙胜各族自治县、藤县、象州县	平桂管理区
海南(5个)		东方市	昌江黎族自治县、琼中黎族苗族自治县*、陵水黎族自治县*、乐东黎族自治县*	
重庆(9个)			铜梁县、荣昌县、垫江县、城口县、奉节县、云阳县、秀山土家族苗族自治县	南川区、万盛经济技术开发区
四川(13个)	广元市、南充市、广安市、自贡市、泸州市、攀枝花市、达州市、雅安市、阿坝藏族羌族自治州、凉山彝族自治州	绵竹市、华蓥市	兴文县	
贵州(11个)	六盘水市、安顺市、毕节市、黔南布依族苗族自治州、黔西南布依族苗族自治州	清镇市	开阳县、修文县、遵义县(现播州区)、松桃苗族自治县	万山区
云南(17个)	曲靖市、保山市、昭通市、丽江市*、普洱市、临沧市、楚雄彝族自治州	安宁市、个旧市、开远市	晋宁县(现晋宁区)、易门县、新平彝族傣族自治县*、兰坪白族普米族自治县、香格里拉县(现香格里拉市)*、马关县	东川区
西藏(1个)			曲松县	

续表

省(区、市)	地级行政区	县级市	县(自治县、林区)	市辖区(开发区、管理区)
陕西(9个)	延安市、铜川市、渭南市、咸阳市、宝鸡市、榆林市		潼关县、略阳县、洛南县	
甘肃(10个)	金昌市、白银市、武威市、张掖市、庆阳市、平凉市、陇南市	玉门市	玛曲县	红古区
青海(2个)	海西蒙古族藏族自治州		大通回族土族自治县	
宁夏(3个)	石嘴山市	灵武市	中宁县	
新疆(8个)	克拉玛依市、巴音郭楞蒙古自治州、阿勒泰地区	和田市、哈密市、阜康市	拜城县、鄯善县	

注：①资料来源于国务院发布的《全国资源型城市可持续发展规划(2013—2020年)》(2013年12月)。
②*表示为森工资源城市。

表1.2 中国资源型城市综合分类(2013年)

城市类型	行政区类型	城市
成长型(31个)	地级行政区(20个)	朔州市、呼伦贝尔市、鄂尔多斯市、松原市、贺州市、南充市、六盘水市、毕节市、黔南布依族苗族自治州、黔西南布依族苗族自治州、昭通市、楚雄彝族自治州、延安市、咸阳市、榆林市、武威市、庆阳市、陇南市、海西蒙古族藏族自治州、阿勒泰地区
	县级市(7个)	霍林郭勒市、锡林浩特市、永城市、禹州市、灵武市、哈密市、阜康市
	县(4个)	颍上县、东山县、昌乐县、鄯善县
成熟型(141个)	地级行政区(66个)	张家口市、承德市、邢台市、邯郸市、大同市、阳泉市、长治市、晋城市、忻州市、晋中市、临汾市、运城市、吕梁市、赤峰市、本溪市、吉林市、延边朝鲜族自治州、黑河市、大庆市、鸡西市、牡丹江市、湖州市、宿州市、亳州市、淮南市、滁州市、池州市、宣城市、南平市、三明市、龙岩市、赣州市、宜春市、东营市、济宁市、泰安市、莱芜市、三门峡市、鹤壁市、平顶山市、鄂州市、衡阳市、郴州市、邵阳市、娄底市、云浮市、百色市、河池市、广元市、广安市、自贡市、攀枝花市、达州市、雅安市、凉山彝族自治州、安顺市、曲靖市、保山市、普洱市、临沧市、渭南市、宝鸡市、金昌市、平凉市、克拉玛依市、巴音郭楞蒙古自治州
	县级市(29个)	鹿泉市、任丘市、古交市、调兵山市、凤城市、尚志市、巢湖市、龙海市、瑞昌市、贵溪市、德兴市、招远市、平度市、登封市、新密市、巩义市、荥阳市、应城市、宜都市、浏阳市、临湘市、高要市、岑溪市、东方市、绵竹市、清镇市、安宁市、开远市、和田市
	县(自治县、林区)(46个)	青龙满族自治县、易县、涞源县、曲阳县、宽甸满族自治县、义县、武义县、青田县、平潭县、星子县、万年县、保康县、神农架林区、宁乡县、桃江县、花垣县、连平县、隆安县、龙胜各族自治县、藤县、象州县、琼中黎族苗族自治县、陵水黎族自治县、乐东黎族自治县、铜梁县、荣昌县、垫江县、城口县、奉节县、秀山土家族苗族自治县、兴文县、开阳县、修文县、遵义县、松桃苗族自治县、晋宁县、新平彝族傣族自治县、兰坪白族普米族自治县、马关县、曲松县、略阳县、洛南县、玛曲县、大通回族土族自治县、中宁县、拜城县
衰退型(67个)	地级行政区(24个)	乌海市、阜新市、抚顺市、辽源市、白山市、伊春市、鹤岗市、双鸭山市、七台河市、大兴安岭地区、淮北市、铜陵市、景德镇市、新余市、萍乡市、枣庄市、焦作市、濮阳市、黄石市、韶关市、泸州市、铜川市、白银市、石嘴山市
	县级市(22个)	霍州市、阿尔山市、北票市、九台市、舒兰市、敦化市、五大连池市、新泰市、灵宝市、钟祥市、大冶市、松滋市、潜江市、常宁市、耒阳市、资兴市、冷水江市、涟源市、合山市、华蓥市、个旧市、玉门市
	县(自治县)(5个)	汪清县、大余县、昌江黎族自治县、易门县、潼关县
	市辖区(开发区、管理区)(16个)	井陉矿区、下花园区、鹰手营子矿区、石拐区、弓长岭区、南票区、杨家杖子开发区、二道江区、贾汪区、淄川区、平桂管理区、南川区、万盛经济开发区、万山区、东川区、红古区

续表

城市类型	行政区类型	城市
再生型（23 个）	地级行政区（16 个）	唐山市、包头市、鞍山市、盘锦市、葫芦岛市、通化市、徐州市、宿迁市、马鞍山市、淄博市、临沂市、洛阳市、南阳市、阿坝藏族羌族自治州、丽江市、张掖市
	县级市（4 个）	孝义市、大石桥市、龙口市、莱州市
	县（3 个）	安阳县、云阳县、香格里拉县（现香格里拉市）

注：资料来源于国务院发布的《全国资源型城市可持续发展规划（2013—2020 年）》（2013 年 12 月）。

资源型城市识别从本质上看是对城市职能的一种划分。从总体上讲，对资源型城市的界定具有向综合化方向发展的趋势。国内学者对资源型城市数量认识的差异，主要是由于研究时点不同及判定标准的差异所致[22]。随着人类社会发展和科学技术进步，自然资源的范畴与外延、资源利用方式均在不断变化；同时，与资源开发利用相关的宏观经济环境条件与城市自身发展也在不断改变。从而导致资源型城市职能随时间推移而不断演变。因此，资源型城市的界定标准应当立足于科技进步、社会经济发展和消费结构转变等所导致的自然资源内涵与外延变化而进行相应的适时调整。

1.2　资源型城市的生命周期

生命周期的概念最初源于产品的市场周期性。产品生命周期（product life cycle，PLC）理论是 1966 年由美国哈佛大学教授 Vernon 在《产品周期中的国际投资与国际贸易》[23]一文中提出的。产品生命周期是产品的市场寿命，产品生命是指市场的营销生命。产品和人一样，其生命周期包括一种新产品从开始进入市场到被市场淘汰的整个过程。该过程包括产品的形成（导入）期、成长期、成熟期和衰退期等。而这个周期在不同技术水平的国家里，发生的时间和过程是不一样的。

1.2.1　矿业经济生命周期

矿产资源是不可再生的资源，矿产开采业的发展也就必然要经历一个从矿产勘探到开采、高产稳产（鼎盛）、衰退直到枯竭的生命周期。因此，矿业经济符合一般产品的生命周期理论。美国地质学家胡贝特（M. K. Hubbert）把一般矿业生命周期分成四个阶段：预备期（资源开发前准备阶段）、成长期（从全面投产到达到设计生产规模阶段）、成熟期（生产达到设计规模阶段后继续发展，利用主导产业的前后向和旁侧的联系发展相关联的产业，矿产开采使区域发展程度逐步提高，规模逐步扩大）、转型期（以矿业为主体的产业地位下降，如果有新的产业兴起，矿产区域的性质功能转变，一般演变为综合型工商业中心城市）。没有新的产业兴起，矿业城市开始衰退、甚至消失。当然，矿业经济在进入生命周期之前有勘探期，衰退期之后则进入资源枯竭期。

1.2.2 资源型城市生命周期

城市是人类文明发展到一定阶段的产物。城市随时间发展而不断演化，其演化过程表现出明显的阶段性特征。城市发展阶段理论的理论渊源来自生物进化论。达尔文(C. R. Darwin)1937 年提出生物进化论，19 世纪中叶英国哲学家斯宾塞(H. Spencer)将其引入社会研究，并开创了社会进化论。英国生物学家盖迪斯(P. Geddes)1915 年在 *Cities in Evolution* 一书中明确提出城市生命周期思想和城市进化概念。随后，美国社会生态学家麦肯齐(R. Mckenzie)于 1924 年分析了城市作为“生态进程”发展的各种阶段及其在各个阶段的表现。佩里(C. Perry)将邻里看作一个细胞，认为每一个邻里都是一个生命有机体。因此，邻里也具有自己的生命周期和发展阶段。芒福德(L. Mumford)1938 年在 *The Culture of Cities* 一书中鲜明地提出了城市的周期性及阶段性思想[24]。20 世纪 50 年代以后，西方学者从不同层次、不同角度对城市发展阶段进行了大量研究。

在单一职能城市发展阶段中，资源型城市发展阶段是关注最多的一类城市[24]。资源型城市既遵循城市发展的一般规律，又遵循其自身的特定发展规律。矿产等不可再生资源具有生命周期，资源型城市也就具有生命周期。如前所述，美国地质学家胡贝特将矿业生命周期分成 4 个阶段：预备期、成长期、成熟期和转型期。但这种周期划分揭示的是矿业城市资源开发周期，而没有考虑科技进步、社会经济发展和经济体制等因素。1929 年，赫瓦特依据区域矿产资源的加工利用程度提出了矿区城镇的五阶段发展理论[25]。卢卡斯(R. A. Lucas)于 1971 年提出了单一工业城镇或社区发展的四个阶段[11]：建设(construction)阶段、人员雇佣阶段或发展(recruitment)阶段、过渡阶段或转型(transition)阶段和成熟(maturity)阶段。卢卡斯的这种划分影响较大，但该划分没有意识到资源型城市将有下滑、衰退的可能，误以为这种扩张会一直持续下去。Bradbury 和 Martinn 扩展了卢卡斯的资源型城镇发展生命周期理论，在承认衰退期(第五阶段)的基础上，最后提出完全废弃阶段或关闭阶段(第六阶段)[26]。Millward[27]和 Aschmann[28]根据矿床开采的自然过程，也提出六阶段模式。20 世纪 70 年代以来，全球经济结构调整及技术改进引起广泛的资源型城市收缩。

国内以矿业城市为主对资源型城市生命周期进行了大量研究。从矿产资源性质与矿业、矿业城市的发展角度看[13]，矿产的不可更新性决定了矿业经济的发展必然经历一个从勘探、开采、高产稳产(鼎盛)、衰退直到枯竭的过程。伴随着矿业由兴到盛、再由盛到衰的演变轨迹，资源型城市也会有着类似的发展轨迹，直到矿竭城衰。但如果提前培育接替产业，减少对资源的依赖程度，顺利实施城市经济的资源接续和产业接替，矿业城市的生命周期又会在较高的起点上开始另一种职能的新生，从而进入新生期获得持续发展。从资源开采量与城市发展的角度看[24]，资源型城市发展阶段主要取决于资源开发量，而资源开发量又取决于资源储量和市场需求。因此，依据资源储量和市场需求，一般将资源型城市的生命周期划分为形成期、扩张期、繁荣期和衰退期四个阶段。

国内外学者对资源型城市的发展——衰退周期性现象也开展了大量研究，并形成了较统一的认识[11,17,29,30]：大多要经历起步—成长—成熟—衰退或转型等发展阶段。相关研究成果被广泛应用于资源型城市规划建设实践中。2013 年，国务院发布《全国资源型城市可持续发展规划(2013—2020 年)》[20]，根据资源保障能力和可持续发展能力差异，将我国 262 个资源型城市划分为成长型、成熟型、衰退型和再生型四种类型，分类型明确发展导向和重点任务[31]。

普通城市的发展较少出现衰退，特别是绝对衰退就更少。但当矿产等不可更新资源的开发与城市发展结合形成资源型城市之后，其城市发展前景就变得比较复杂。从本质上讲，任何开发不可再生资源的城市都会遇到资源枯竭问题。因此，资源枯竭型城市转型是世界各国社会经济发展中都要经历的突出问题，也是全世界都关注的一个主题。

1.3 资源型城市转型发展模式

资源枯竭型城市是指资源型城市发展的后期阶段。一般使用矿产资源累计采出储量已达当初测定矿产资源总储量的70%以上或以当前技术水平及开采能力开采时间仅能维持在五年之内，城市对矿业经济的依赖程度在 40%以上为标准，将这类资源型城市称为资源枯竭型城市。从 20 世纪初期开始，特别是 20 世纪 60 年代以来，由于可采资源锐减，来自其他资源产地的竞争，以及新型能源(石油等)的出现，不少发达国家煤炭经济面临价格下降、产量锐减、市场缩小等一系列问题。一些曾经相当辉煌的资源型城市和地区，如德国鲁尔工业区(Ruhr)、法国洛林地区(Lorraine)、美国匹兹堡(Pittsburgh)与休斯敦(Houston)、日本九州地区、英国威尔士(Wales)、西班牙伊比里亚(Ibérian)和希腊伯罗奔尼撒半岛(Peloponnese Peninsula)等相继出现资源枯竭而陷入困境。

这些资源型城市和地区通过政策引导和产业结构调整等多方面的持续转型努力，不少衰落的资源型城市和地区得到复兴。例如，从 20 世纪 60 年代起最早实施转型的德国鲁尔工业区的多特蒙德(煤炭与钢铁)和埃森(煤炭与钢铁)、法国洛林地区的南锡(煤炭与钢铁)和梅斯(煤炭与钢铁)、日本九州地区的北九州(煤炭)、福冈(煤炭)及美国的匹兹堡(钢铁)等以煤炭、铁矿及有色金属矿开采为主的资源型城市和地区，通过对传统资源产业进行改造升级、延长资源产业链等举措，成功实现转型和持续繁荣。从 20 世纪 70 年代中后期开始，美国的休斯敦和洛杉矶、加拿大的卡尔加里和英国的阿伯丁等以石油和天然气开采为主的资源型城市受到第一次世界石油危机冲击的严重影响，开始谋求产业转型，并成为石油资源型城市成功转型的典范。20 世纪 80 年代晚期开始，阿联酋的迪拜成为西亚石油资源富集区首先尝试转型发展的城市，并取得明显成效，但迪拜主导产业的选择等问题仍值得商榷。与此同时，也有一些资源型城市转型失败的案例和教训，如阿塞拜疆的巴库(石油)、乌克兰的顿涅茨克(煤炭与钢铁)、瑙鲁的亚伦(磷矿)等资源型城市随着资源产量下降，经济逐步陷入停滞和衰落，而委内瑞拉的卡尔马斯(石油)、伊拉克的基尔库克(石油)等资源型城市随着资源枯竭最终走向衰亡。此外，美国、加拿大、澳大利亚、瑞典、芬兰、委内瑞拉、南非、巴布亚新几内亚等国为数众多的小型资源型城镇因矿产开采周期较短，矿区地处偏远，周边缺乏生产生活依托，随着资源枯竭、矿井关闭，绝大多数城镇被迫废弃而任其消亡。此后，随着发展中国家和地区经济发展和工业化进程的推进，其资源枯竭型城市转型问题也逐渐显现出来。

从西方国家资源枯竭型城市转型的实践来看，世界资源型城市转型的宏观政策取向可概括为市场选择主导转型、政府主导和市场调节转型、政府主导产业援助转型和放任自由转型等四种转型类型[32,33]。这 4 种资源型城市转型类型的特征具体如下。

1.3.1 市场选择主导转型模式

市场选择主导转型模式又称美国转型模式，这种转型模式以美国、加拿大、澳大利亚 3 国为代表。这些国家的矿业企业绝大多数是私人企业，政府主要通过财政和金融手段对经济进行控制，很少直接干预企业经营。资源型城市的兴盛与衰败，更多通过市场力量和企业自身发展目标决定。因此，资源型(矿业)城市产业转型主要发挥企业和市场在资源型城市转型中的主导作用，由企业自主决定进入、退出市场的时间及退出方式。政府主要扮演着守夜人(night watchmen)的角色，并不刻意或过多干预。

以美国为例，其资源型城市转型就出现两种截然不同的结果。一个典型是休斯敦的持续繁荣。得克萨斯州最大的城市休斯敦在 100 多年的发展历程中，经历了因石油而兴、因高度依赖石油工业严重受挫和从单纯资源型城市(石油)到产业多元化、经济持续增长的新型大都市的发展之路。20 世纪 60 年代，该市石油开采开始整体下滑，城市按照产业链延伸、加速石化和石油科技开发，带动为其服务的机械、钢铁、水泥、电力、造纸、粮食和交通运输等相关产业发展。同时，1962 年美国国家航空航天局在休斯敦建立宇航中心，带动了 1300 多家高新技术产业发展和第三产业发展。经过经济结构的战略调整，到 20 世纪 90 年代末，休斯敦已经摆脱对能源资源的依赖，最终完成从单一石油资源型城市向集资本、技术、智力于一体的综合性大都市演进。现在该市是美国能源和石化工业中心、交通物流中心和世界宇航中心，美国南部最大的综合性城市和美国第四大城市。另一个典型是出现空城的罗德尔(Rhodell)镇。该镇位于西弗吉尼亚煤炭带中部，自 20 世纪 30 年代开始全面开发，到 20 世纪 40 年代末发展到鼎盛。直到 20 世纪 50 年代初，短短 20 多年的时间，由于煤炭资源逐渐枯竭，开采难度不断加大，该地许多煤炭企业及配套商业纷纷撤离，最后被放弃成为一座无人居住的空城。

1.3.2 政府主导和市场调节转型模式

政府主导和市场调节转型模式又称欧盟转型模式，这种转型模式以法国、德国、英国等国为代表。政府在有针对性地出台一系列产业政策扶持和推动资源型城市产业转型的同时，注意发挥市场在资源配置中的基础作用，引导企业参与和推动替代产业发展。该转型模式由政府主导，配之以市场调节，共同推动资源型城市转型。地方政府成立专门委员会和其他组织，通过政府各部门和社会各界的通力合作，从产业链发展的视角，结合区位优势、市场竞争格局、城市规模、社会文化背景乃至经济体制来制定城市转型详细目标、计划和政策，并通过强有力地执行，实现地区产业结构调整，促进地区产业转型进步和经济发展。德国鲁尔工业区、法国洛林地区和英国西密德兰地区的转型均属于此类。

德国鲁尔工业区煤矿城镇的经济振兴是资源型城市经济转型的成功案例。德国鲁尔工业区位于德国西部的北莱茵，面积有 4400km^2，居住着 540 万人口，是世界著名的传统工业区。该区因采煤工业兴起，并在第一次世界大战和第二次世界大战期间经历了两个快速经济增长阶段，不断发展成为德国最大的集煤炭、钢铁、石化、机械、电子等综合部门为一体的工业区。鲁尔工业区曾经是德国的心脏，被称为德国工业化的摇篮，素有“德国工业之引擎”的美称。自 1871 年德国统一后，鲁尔工业区一直是德国最重要的经济区域。从 19 世纪中叶开始，全德国 70%的钢铁产量和 80%的煤炭产量曾经来自这里，鲁尔工业区创造的产值曾占德国国内生产总值的 1/3。20 世纪 60 年代，随着世界石油、天然气工业的兴起和全球化分工中钢铁工业格局的改变，以煤炭和冶炼为基础的产业受到挑战。受世界能源消费结构的改变和科技革命的冲击，鲁尔工业区陷入巨大的经济结构困境，主导产业衰落、工人失业、环境污染严重、社会矛盾加剧……辉煌的鲁尔，一时变成了颓废落魄的鲁尔，结构调整变得十分必要而迫切。

德国政府对鲁尔工业区的衰退十分重视，制订了进行整治和改造的一系列规划和政策措施。成立于 1920 年 5 月的第一个区域规划机构——鲁尔煤管区开发协会负责物质空间规划的编制，在 1969 年制定了《鲁尔区域整治规划》《煤矿调整法案》。1975 年，鲁尔煤管区开发协会被改组为鲁尔区城镇联盟，机构的区域规划编制权被上收，转而由州政府设立的专门机构负责。2004 年，鲁尔区城镇联盟又被改组为鲁尔地区联盟。2009 年，鲁尔地区联盟在州政府的支持下，再次获得编制法定区域规划的权力，使得这个原本薄弱的区域机构重新获得实质性的行政功能[34]。并通过加强矿区关闭和转型指导、多渠道筹集转型资金、大力发展接续和替代产业等措施[35]，经过几十年的转型，曾经的煤、铁生产中心鲁尔工业区获得重生。后来，鲁尔工业区因在替代能源研究、电子商务和软件开发方面的领先地位而成为“赫利孔山谷”（Helicon valley，喻为“灵感的源泉”）[36]。

同样，法国洛林地区城市转型也属于政府主导和市场调节转型模式。位于法国东北部的洛林地区是法国最重要的煤炭、钢铁工业基地。20 世纪 60 年代以来，由于煤、铁开采成本的上升和进口廉价高品位富矿和石油的冲击，当地煤、铁采掘业逐渐失去竞争优势，出现下滑萎缩趋势。1975～1992 年，该地区煤炭和冶金企业开始大量关闭，工作岗位从 6.9 万个锐减到 0.83 万个，88%的工作岗位消失，使洛林地区面临严峻考验。法国政府早在 1963 年专门成立了一个名为 DATAR 的部门负责洛林地区转型，另一个名为 APEILOR 的机构负责洛林的区域规划和产业转型[37]，以推动洛林地区的转型发展。20 世纪 80 年代开始，洛林地区正式着手产业转型，主要是通过争取欧盟和中央政府的支持，根据国际市场需要，高起点调整产业结构和产品结构，协同推进产业链延伸和接替产业培育，逐步放弃煤、铁采掘业，加强对机械、钢铁、化工等传统产业技术改造，重点发展核电、激光、计算机、生物制药和汽车制造等高新技术产业。经过大约 30 年时间，洛林地区实现了以煤、铁产业为主的传统老工业区向以高新技术、复合技术为主的新兴工业区的成功转型。

1.3.3 政府主导产业援助转型模式

政府主导产业援助转型模式又称日本转型模式，这种转型模式以日本为代表。政府通过制定政策、宏观调控或直接干预等方式，对资源型城市转型过程中接续替代产业的选择和培育及传统产业的升级改造施加影响或政策引导，从而推动资源型城市持续有序转型。政府主导产业援助转型模式的形成往往是由政府在国民经济宏观调控中的地位和作用及长期形成的历史传统决定的。

日本国土面积狭小、矿产资源贫乏，其矿业主要是煤炭产业，政府重视发展矿业城市。日本九州最早是以煤炭产业为主的地区。北九州市是 1963 年 2 月由有悠久历史的 5 市（门司、小仓、若松、八幡、户烟）合并而成，当时人口为 106 万人，为九州北部重要的工业区和交通中心。在两次世界大战期间日本经济长期不景气及战后经济不断开放的大背景下，日本煤炭工业一直处于低迷状态。20 世纪 60 年代，政府开始对煤炭行业放弃保护政策。政府根据国内外市场变化和煤炭产区具体实际，在 1961～1991 年的 30 年间先后制定了九次煤炭政策进行产业援助，通过逐步减少煤炭产量，支持产煤地域基础设施建设，扶持大型项目建立，发展替代产业等措施，寻求煤炭产区经济结构多元化，实现产煤地域的振兴[38]。其中，日本北九州采取了循序渐进政策调整资源型产业，实施软着陆，结合区位优势发展新兴替代产业；运用“产、官、学”原则创立“技术城”模式，发展高新技术产业；加强环境改善，维护生态工业园建设，发展循环型经济等一系列整治措施，取得明显成效，成功实现北九州老工业基地的经济转型。

1.3.4 放任自由转型模式

放任自由转型模式以苏联和委内瑞拉为代表。在这种转型模式中，政府几乎没有采取转型措施，放任矿业城市自由发展，以致矿业城市出现停滞和衰败。特别是实行计划经济的苏联，政府不参与转型，资源型城市只能停止发展。

巴库作为阿塞拜疆共和国首都，不仅是政治、文化中心，而且也是重要的石油基地和经济中心。巴库油田的开发始于 19 世纪下半叶，20 世纪 50 年代以后随着石油储量枯竭，产量迅速下降，石油加工业开始萎缩。由于其产业结构过于单一，仅围绕石油上、下游产业进行有限的扩展，而其他产业未得到相应发展，产业结构不合理，城市功能不完善，巴库处于维持缓慢增长的停滞状态。在种种因素的作用下，巴库出现了“油尽城衰”的悲惨结局。

委内瑞拉的波利瓦尔油田坐落于马拉开波湖东岸，由拉克尼亚、巴查后克罗、蒂亚湖阿纳、卡尔马斯等若干大油田组成。该油田发现于 1917 年，1976 年产量达到顶峰（14925t）后，产量开始急剧下降（1986 年跌至 6082t）。由于没有形成其他产业，油田区基本没有发育城市（最大的市镇为卡尔马斯），只是形成了一些服务矿区的地方性商业中心。

当然，资源型城市（特别是资源枯竭型城市）的转型也是一个长期的艰巨过程。例如，日本北九州煤炭城镇产业转型持续了 40 多年，而英国煤炭矿业城市的转型则持续了近百年之久。正因为资源枯竭型城市错过了转型的最佳时机，因而转型面临的困难比较大，付出的代价也比较高昂。尤其是发展中国家的资源枯竭型城市转型就更是步履维艰。所以，资源型城市转型要尽早谋划和实施。同时，国内外的经验表明，资源型城市转型发展有多种模式选择。

1.4 资源型城市研究综述

1.4.1 国外资源型城市研究综述

欧美发达国家工业化起步较早，随着资源开发和经济发展，资源枯竭型城市最早出现，典型资源型城市的问题也不断凸显。这引起国外学者较早关注资源型城市问题。根据国外资源型城市研究的内容、时代背景、研究方法和理论基础等，可将国外资源型城市研究大体分为四个阶段[11,39]。

(1)第一阶段为单一资源型城市研究的理论奠基阶段，时间是20世纪初期至20世纪70年代末期。这一时期，以单一资源型城市或特定区域中的若干资源型城市为对象的实证研究为主，主要关注资源型城市人口统计学特征、建筑和城镇规划问题及单一工业的偏远城市中的诸多社会问题[11]。1930年，加拿大学者英尼斯(H.A.Innis)以加拿大皮毛贸易和原料生产问题为基础，揭开了资源型城市研究的序幕[40]。随后，行为地理学、城市规划学和区域发展理论及社会学、心理学等学科的方法在资源型城市研究中得到应用[41]。尤其是20世纪60～70年代中期，一批对资源型城镇的行为学和社会学研究，着重考察资源型城镇中孤寂的生活对居民的影响，力图确定社区不稳定的原因[42]。而就资源型城市生命周期问题，卢卡斯(R. A. Lucas)提出了资源型城镇的建设期、发展期、转型期和成熟期四阶段[39]生命周期理论，其影响较大。

(2)第二阶段为关注资源型城市群体的规范理论研究阶段，时间为20世纪70年代末期至20世纪80年代中期。20世纪70年代后半期，以信息技术、微电子技术为标志的第三次科技革命极大地促进了社会生产力的快速发展。20世纪70年代末期，资源型城市研究开始将实证研究与规范研究相结合，探讨资源型城市生命周期与可持续发展、经济结构转型调整、劳动力特征与市场结构，以及世界经济一体化对资源型城市的影响[43]等。Bradbury对卢卡斯提出来的资源型城镇发展四阶段生命周期理论进行补充，新增衰退阶段与关闭阶段。在该研究阶段资源型城市的研究对象开始从单一的资源型城市转向资源型城市群，不少学者开始思考资源型城市转型问题[44]，其主要理论基础有资本积累与国际化理论、依附理论和区域发展理论等。

(3)第三阶段为资源型城市转型研究阶段，时间为20世纪80年代末期至20世纪末期。在这一研究阶段，经济转型对资源型社区的影响及资源型城市的转型研究开始成为研究的重点。该阶段主要的理论基础有劳动力市场理论、产业发展理论、国际贸易理论等[39]。20世纪80年代中期后，学者们开始利用经济结构调整和可持续发展概念及劳动力市场分割理论来进行资源型城镇的研究。Bradbury通过对加拿大资源型城市的实际情况进行研究，对资源型城市经济转型提出了建议[45]。20世纪80年代末期以来，在澳大利亚西部采矿业发展中，一改“缘矿建镇”的传统做法而形成的长距离通勤成为资源型城镇发展的新模式，被Houghton称为长距离通勤(long-distance commuting，LDC)模式。长距离通勤模式在减少早期开发投入、降低后期迁移成本等方面具有一定优势，这种发展模式对于政府、公司(资源开发企业)和雇员都大有裨益[46]。

(4)第四阶段为资源型城市可持续发展研究阶段，时间为21世纪以后。随着，国外资源型城市经济转型理论研究的日趋完善，进入21世纪以后，国外资源型城市研究从资源型城市经济转型方向向地区发展、社区建设、环境保护和可持续发展研究转变。学者们通过对澳大利亚资源型城市昆士兰经济的深入研究，发现了城市发展中存在的问题，并对经济转型的产业思路进行了重点研究[47]，同时对资源型城市经济转型中的劳动力市场变化进行了深入的研究[48]。Markey等[49]对英国北部内陆资源型城镇的研究发现，当地发展仍是以资源为主要产业，从而使得当地经济的发展面临着一系列的问题，并指出资源型城市的经济社会发展应逐步从依托资源的比较优势调整为依托城市的综合竞争优势，进而提出小型资源型城镇转型模式。不仅如此，国外学者还针对资源型城市在转型中对劳动力市场变化、居民身心健康等方面进行了研究，研究表明各方面都在逐渐改善[50-52]。近年来，后工业化与全球化背景下资源型城市转型(繁荣)、企业的责任与社会冲突[53]、资源依赖与社会经济健康、资源开发对社区影响及区域发展等受到关注。

1.4.2 国内资源型城市研究综述

国内学者在借鉴西方资源型城市转型研究、总结国外资源型城市发展经验的同时，结合我国资源型城市实际开展了大量研究。国内研究主要从“资源诅咒”与资源型城市经济发展、资源型城市形态演化、人口特征、就业与劳动力转移、产业结构及其演化与调整、替代(接续)产业选择与发展、民生改善、生态环境治理、转型评价与可持续发展等多方面对我国资源型城市进行实证案例与理论研究，并取得丰硕成果。这些研究为我国资源型城市转型提供了有力的理论支撑。

从总体上讲，国内资源型城市研究的学科视角从早期单一的地理学(经济地理学)研究逐渐转向地理学、经济学、生态学和社会学等多学科综合研究；研究内容也从经济发展与产业转型提升到城市和区域发展、生态环境治理与保护以及转型与可持续发展等广阔内容。本书参考相关文献[30,54-56]，将国内资源型城市(镇)研究大致划分为3个阶段。

(1)资源型城市发展历史与布局研究阶段(20世纪80年代以前)。20世纪80年代以前主要集中于传统资源型城市资源开发或经济发展的历史研究[54]及当代资源型城市的平衡布局或区域分工[55]等生产力配置[30]研究。1978年，李文彦[14]率先从城市规划与区域发展的视角研究矿业城市(煤矿城市)发展问题。在定义煤炭型资源城市的基础上，提出界定煤炭型资源城市的4个指标并界定了24个煤炭型资源城市。该阶段的研究多从计划经济的角度研究资源型工业基地的布局及其与加工基地之间的地域组合关系。

(2)从工矿城市专题研究到资源型城市转型研究阶段(20世纪80年代至20世纪末期)。20世纪80年代开始学者们以工矿城市(特别是煤炭城市)的某些专题研究为主[56]。改革开放后，国内一些资源枯竭型城市由于资源逐渐枯竭、开采成本上升、资源产品供求关系变化，加之原有的根深蒂固的矛盾与限制，开始出现衰退。矿城、矿业、矿山和矿工等“四矿”问题日益突出，矿业城市研究逐渐拓展为资源型城市研究，资源型城市转型问题开始引起学术界的关注。从20世纪90年代起，学术界从工矿城市的专题研究转向资源型城市及其转型发展研究。“十五”期间，随着国家振兴老工业基地和支持资源型区域发展持续产业政策的实施，资源型城市发展因实践的需求成为研究热点之一，相关研究从资源型城市转型的案例研究，逐渐向资源型城市转型共性问题深入。

在研究内容上，对资源型城市转型目标、路径和方法、转型模式、转型成本和制度变革等问题进行了大量转型发展探讨。并针对资源型城市嵌入式二元结构与分散布局的城市空间结构等区域空间布局特征，探讨了城市空间的重组、城乡二元经济结构转换、资源型城市空间发展模式等问题。

(3)资源型城市转型与可持续发展研究阶段(21 世纪起)。进入 21 世纪后，随着资源型城市的发展，资源枯竭型城市问题越来越突出，资源型城市转型及可持续发展得到国内学者的广泛关注，并成为资源型城市研究的主题。2004 年 7 月《中国新闻周刊》关于资源型城市的系列报道(“攀枝花危机”“‘煤都’抚顺沉陷”“阜新转型调查”“甘肃玉门迁城之困”等全方位地展现我国一些资源型城市的发展困境)在平面媒体和互联网上均受到广泛关注。资源型城市的发展问题超越了政府和学术界的范围，受到了全社会的关注[30]。资源型城市转型研究达到高潮，学者们围绕资源型城市发展中面临的主要问题及其成因、实现资源型城市产业转型途径和策略进行了大量研究。2013 年，国务院发布《全国资源型城市可持续发展规划(2013—2020 年)》后，分类探讨资源型城市可持续发展[21]成为国内资源型城市的研究主题，主要围绕资源型城市转型与可持续发展开展研究。

从总体上讲，中华人民共和国成立后，国内资源型城市大量兴起于计划经济时期，宏观经济体制与政策的调整对资源型城市发展的影响大，国内资源型城市研究有深刻的国家宏观政策烙印。同时，资源型城市研究从以经济转型发展为中心，向区域城市化、城市空间发展与优化、社会发展与文化传承、生态环境保护与建设，以及可持续发展等方向综合深化。

1.4.3 小结

虽然国内既有资源型城市研究成果都具有一定的现实与理论依据，但多以单一具体资源型城市的实证分析和研究为主，对资源型城市共性的理论提升和探索不够，未形成资源型城市规范的研究体系。同时，以往研究多以静态的资源型城市研究为主，对长时间尺度的资源型城市发展演化研究不够，且以产业或经济转型为主，对资源型城市全面转型发展关注不够；转型研究局限于资源型城市本身，缺乏区域体系的整体研究。

由于资源型城市转型升级是一个需要长期努力的艰巨过程，其转型升级必须要扎根于城市所在区域更深层次的社会图景之中，才有可能实现其成功转型和持续发展[22]。换言之，资源型城市所在区域的区位条件、自然环境、社会经济状况，乃至行政区划体系或城镇体系都对转型方式和转型推进有相当大的影响，必须依靠政府、区域、城市、企业等多个角度协同推进才能取得良好效果。改革开放以来，我国资源(枯竭)型城市转型实践与理论探索虽取得了明显进展，但仍需要在区域尺度上进行广泛的转型模式创新探索，并加强区域视角的、系统的规范理论研究。

为此，本书以教育部人文社会科学规划基金项目《区域视角下西南地区成熟型资源城市转型发展研究》(项目编号：15XJA790003)为依托，从区域视角出发，对西南地区成熟型资源城市进行转型研究。本书正是该项目研究成果的理论总结。

1.5 区域视角下西南地区成熟型资源城市转型研究及本书主要内容

1.5.1 “区域视角下西南地区成熟型资源城市转型研究”项目研究

地处西南地区的云、贵、川、渝四省(市)资源丰富，既是我国重要的能源、原材料基地，又曾是三线建设和西部大开发的重点区域。因资源开发而起的资源型城市众多，在《全国资源型城市可持续发展规划(2013—2020年)》确定的262个资源型城市中[20]，西南地区就有50个。其中，云南更是全国涉及资源型城市的28个省(区、市)中资源型城市数量最多的省区(17个)。该区资源型城市不仅数量众多，而且开发矿产资源类型多样，还囊括了成长型、成熟型、衰退型和再生型等所有类型，其中又以成熟型资源城市最多(31个)，占该区资源型城市的比例高达62.0%，远高于53.8%的全国平均水平。西南地区成熟型资源城市大多数区位条件偏远、所处地理环境复杂、城市兴起过程特殊、工业化历程短、区域发展水平相对滞后。其中，一些成熟型资源城市还位于国家重要生态屏障区和多民族聚居区，其转型升级、生态环境保护与建设的任务相当艰巨，区域协调发展也非常迫切。

虽然成熟型资源城市的资源开发处于相对稳定阶段，资源保障能力较强，经济社会发展水平较高。但按照资源型城市发展生命周期，这类城市正在向衰退型演进，资源枯竭与城市衰退是潜在的严重问题和威胁，迫切需要加快资源开发利用效率和资源产业技术水平的提高、需要及时延伸产业链或培育若干支柱接续替代产业，加快培育龙头企业和形成产业集群，进而提高工业化水平和城市化水平，实现区域可持续发展。

国内有关资源型城市的大量研究为该类城市转型发展提供了有力的理论支撑，虽然既有研究成果都具有一定的现实与理论依据，但尚存在以下缺陷。首先，既有研究缺乏对资源型城市的分类转型研究。迄今为止，对成长型、成熟型、衰退型和再生型资源城市的分类转型研究尚未见到报道。不同类型的资源型城市，因其资源保障能力和经济社会可持续发展能力差异很大，其转型发展的途径与模式选择重点也就各不相同，分别进行不同类型资源型城市的系统研究是非常必要的。第二，既有研究未能从区域视角，将资源型城市转型升级与区域工业化、城市化协同推进综合起来进行系统分析研究。资源型城市转型升级既是一个再工业化过程，也是一个再城市化过程，这已成为共识。但资源型城市转型升级如何与区域工业化和城市化相耦合，既有研究尚未进行深入分析，更未对资源型城市转型升级与区域整体协同发展进行深入剖析。第三，既有研究中实证研究较多，缺乏动态的规范研究。既有研究以静态的实证研究为主，缺乏就区位条件差异、处于不同发展历程和位于不同地域类别的资源型城市转型升级的长时间尺度的系统规范分析。尤其缺乏针对西南地区这类资源丰富的西部地区资源型城市转型发展，从区域视角的系统规范研究。第四，对资源型城市转型发展的政策保障环节研究广度与深度不够。既有研究成果主要从财政转移支付、地方政府扶持等角度分析，较少涉及资源型城市转型升级的责任分担、行政区划调整、区域协作与产业集聚等重大问题，尤其未对生态屏障建设与保护长效机制进行研究。第五，研究方法过于注重定性分析，缺乏合理数学模型研究，研究精度与深度不够。

正是基于这种认识，本书选择西南地区 50 个资源型城市中的 31 个成熟型资源城市开展区域视角下的转型升级与区域协调发展研究，旨在将西南山地成熟型资源城市转型升级与所在区域工业化、城市化结合起来，跳出单纯资源产业(企业)与经济发展的角度，从区域视角揭示西南地区成熟型资源城市发展的特征与面临的障碍，探讨西南地区成熟型资源城市转型升级与区域工业化和城市化的协同推进和空间耦合，阐明成熟型资源城市转型与区域协调发展的途径与模式选择。在理论上，可以丰富和完善资源型城市转型发展研究，特别是深化山地成熟型资源城市转型升级的系统规范研究；在实践上，既能为西南山地成熟型资源城市的转型升级与所在区域的可持续发展提供理论参考和决策依据，又可为西部内陆同类资源型城市的转型升级与区域协调发展提供借鉴作用。

本书通过《中国城市年鉴》、西南地区 4 省(市)和相关资源型城市统计年鉴及政府网站和省市社会经济发展公报收集西南地区资源型城市和成熟型资源城市的相关数据资料，然后选择在该区占有重要地位的地级成熟型资源城市，进行西南地区成熟型资源城市系统分类、特征分析和转型障碍探讨。本书选择典型的地级成熟型资源城市四川省攀枝花市、县级成熟型资源城市四川省兴文县和绵竹市等为代表进行个案研究。笔者带领研究团队先后分别到攀枝花市的攀钢矿业公司铁矿山、攀枝花煤业集团煤矿、二滩水电站及库区、盐边新县城和米易县普威镇等地对矿产开发、水能开发和生态农业建设进行调研，到兴文县古宋镇、石海镇、仙峰乡、周家镇和九丝城镇等乡镇的煤矿、硫铁矿，绵竹市清平镇、天池乡等乡镇的磷矿和煤矿进行实地考察与资料收集。在野外实地调查工作基础上，本书分别以攀枝花市和兴文县为例进行以下研究：成熟型资源城市攀枝花资源开发与区域发展的协同演进(包括攀枝花市钢铁基地建设与攀枝花市城市发展、攀枝花市资源开发与区域发展历程及关联特征、攀枝花市产业结构演化分析、攀枝花市资源开发与区域发展的地域分异演化等)、西南地区山地成熟型资源城市地域功能演化及空间耦合(包括地级山地成熟型资源城市攀枝花市地域功能演化与空间耦合、岩溶山区县级成熟型资源城市兴文县经济发展空间差异演化及耦合)、西南地区成熟型资源城市攀枝花市转型、生态环境保护与建设(包括攀枝花市生态赤字/盈余动态变化、基于生态足迹方法的攀枝花市可持续发展评价、攀枝花市城市脆弱性评价、西南地区成熟型资源城市转型升级与生态环境保护长效机制等)、西南地区成熟型资源城市转型升级与区域协同对策(包括国内资源型城市的区域空间研究综述、西南地区成熟型资源城市区域空间特征、西南地区成熟型资源城市的地域关联与区域协同等)等方面的研究。

1.5.2　本书的结构与主要内容

本书以教育部人文社会科学规划基金项目《区域视角下西南地区成熟型资源城市转型发展研究》(项目编号：15XJA790003)为依托，在对该项目研究成果(发表的 10 余篇相关论文)进行理论梳理与概括的基础上编写而成。本书共分 8 章，各章的主要内容如下所示。

第一章为绪论。该章在简述“资源诅咒”、资源型城市及其界定等基本概念的基础上，重点介绍资源型城市生命周期、资源型城市转型发展模式等资源型城市转型发展理论，并综述国内外资源型城市研究进展；最后介绍本书的研究意义、研究内容、研究开展情况及本书的主要内容。

第二章为中华人民共和国成立后我国资源型城市的兴衰与转型。首先，介绍中华人民共和国成立后我国资源型城市的大量兴起与衰退；其次，论述我国资源型城市转型历程及政府在资源型城市转型中的主导作用；第三，介绍我国资源型城市转型范例及改革开放以来我国资源型城市转型研究；最后，对本章内容进行小结。

第三章为西南地区成熟型资源城市分类及转型障碍。首先，介绍西南地区资源型城市发展历程并概括该区成熟型资源城市的主要特征；其次，根据该区成熟型资源城市的实际情况，选取影响城市转型的发展基础、产业特征、民生状况、生态环境和内部差异5类，28个指标，采用定量聚类和综合对比分析等方法对该区11个地级成熟型资源城市进行类型划分、特征分析与转型障碍探讨；最后，对本章内容进行小结。

第四章为成熟型资源城市攀枝花资源开发与区域发展的协同演进。首先，本章介绍攀枝花市概况及主要自然资源；其次，回顾攀枝花市钢铁基地建设与攀枝花市城市发展；第三，探讨攀枝花市资源开发与区域发展历程及关联特征；第四，运用偏离-份额分析法，以攀枝花市所属四川省的同期产业结构值为参照，对该市2004～2013年的产业增长及结构变化进行分析；第五，从产业结构高度探讨攀枝花市52年(1965～2016年)来产业结构演化特征，并用生产活动梯度指数对该市行政区划稳定的23年(1994～2016年)来的区域发展的地域分异演化进行探析；最后，对本章内容进行小结。

第五章为西南地区山地成熟型资源城市地域功能演化及空间耦合。首先，本章探讨地级山地成熟型资源城市攀枝花市地域空间演化历程、地域结构特征和地域协同策略；其次，以乡镇为基本单元，通过乡镇组别人均GDP差异、泰尔指数和分离系数探讨2006～2015年来岩溶山区县级成熟型资源城市兴文县经济发展空间差异及演化与空间耦合途径；最后，对本章内容进行小结。

第六章为西南地区成熟型资源城市转型升级的生态环境保护与建设。首先，本章运用生态足迹方法，定量估算西南地区典型资源型城市攀枝花市2000～2014年来的人均生态足迹及人均生态承载力和生态赤字(盈余)；其次，在生态赤字(盈余)估算的基础上，通过生态压力指数、单位万元GDP生态足迹以及生态可持续指数对攀枝花市可持续发展状况进行评价与分析；第三，通过构建脆弱性测度指标体系，利用层次分析法确定指标权重，采用多因子综合评价法对成熟型资源城市攀枝花进行脆弱性评价；最后，探讨西南地区成熟型资源城市转型升级与生态环境保护长效机制的建立。

第七章为西南地区成熟型资源城市转型升级的区域协同对策。首先，本章在综述国内资源型城市域外地域空间、市域基质空间和城市实体空间研究进展的基础上，探讨国内资源型城市区域空间既有研究的局限及研究展望；其次，采用区位偏远度计算方法和历史回归演绎法探讨西南地区成熟型资源城市的域外地域空间特征、市域基质空间特征和城市实体空间类型；第三，在概述西南地区成熟型资源城市的地域关联特征与地域协同层次的基础上，分别提出该区成熟型资源城市域外地域空间的地域协同、市域基质空间的地域协调和城市实体空间重构优化的相关策略。

第八章为结语。本章主要概述本书得出的主要认识，并指出区域视角下西南地区成熟型资源城市转型发展研究的主要创新之处及对未来的研究展望。

参考文献

[1] Auty R M. Resource-Based Industrialization: Sowing the Oil in Eight Exporting Countries [M]. Oxford: Clarendon Press，1990.

[2] Auty R M. Natural resources, capital accumulation and the resource curse[J]. Ecological Economics, 2007, 61(4): 627-634.

[3] 徐康宁. 产业聚集形成的源泉[M]. 北京：人民出版社, 2006.

[4] 王嘉懿, 崔娜娜. “资源诅咒”效应及传导机制研究——以中国中部36个资源型城市为例[J]. 北京大学学报：自然科学版, 2018, 54(6): 1259-1266.

[5] 王柏杰，郭鑫. 地方政府行为、“资源诅咒”与产业结构失衡——来自 43 个资源型地级市调查数据的证据[J]. 山西财经大学学报, 2017, 39(6): 64-75.

[6] 黄悦, 李秋雨, 梅林, 等. 东北地区资源型城市资源诅咒效应及传导机制研究[J]. 人文地理, 2015, 30(6): 121-125.

[7] 张在旭, 薛雅伟, 郝增亮, 等. 中国油气资源城市“资源诅咒”效应实证[J]. 中国人口•资源与环境, 2015, 25(10): 79-86.

[8] 孙永平, 叶初升. 资源型城市经济增长——资源的“诅咒”还是距离的“暴政”[J]. 经济经纬, 2012(2): 6-12.

[9] 黄建欢, 杨晓光, 成刚, 等. 生态效率视角下的资源诅咒：资源开发型和资源利用型区域的对比[J]. 中国管理科学, 2015, 23(1): 34-41.

[10] 刘学谦, 张公嵬, 陈翔. “资源诅咒”的传导机制及其文化审视[J]. 城市问题, 2013(1): 2-7.

[11] 焦华富, 陆林. 西方资源型城镇研究的进展[J]. 自然资源学报, 2000, 15(3): 291-296.

[12] 周一星, 孙则昕. 再论中国城市的职能分类[J]. 地理研究, 1997, 16(1): 11-22.

[13] 沈镭, 程静. 矿业城市可持续发展的机理初探[J]. 资源科学, 1999, 21(1): 44-50.

[14] 李文彦. 煤矿城市的工业发展与城市规划问题[J]. 地理学报, 1978, 33(1): 63-78.

[15] 胡魁. 中国矿业城市基本问题[J]. 资源·产业, 2001, 3(5): 8-10.

[16] 樊杰, 孙威, 傅小锋. 我国矿业城市持续发展的问题、成因与策略[J]. 自然资源学报, 2005, 20(1): 68-77.

[17] 国家计委宏观经济研究院课题组. 我国资源型城市的界定与分类[J]. 宏观经济研究, 2002, (11): 37-39, 59.

[18] 刘云刚. 中国资源型城市界定方法的再考察[J]. 经济地理, 2006, 26(6): 940-944.

[19] 肖劲松, 李宏军. 我国资源型城市的界定与分类探析[J]. 中外能源, 2009(11): 15-20.

[20] 国务院.《国务院关于印发全国资源型城市可持续发展规划(2013—2020 年)的通知》[OL]. [2013-11-12]. http://www.gov.cn/zwgk/2013-12/03/content_2540070.htm.

[21] 余建辉, 李佳洺, 张文忠. 中国资源型城市识别与综合类型划分[J]. 地理学报, 2018, 73(4): 677-687.

[22] 罗怀良. 改革开放以来中国资源(枯竭)型城市转型实践[J]. 四川师范大学学报：自然科学版, 2015, 38(5): 774-781.

[23] Vernon R. International investment and international trade in the product cycle[J]. Quarterly Journal of Economics, 1966, (5): 190-270.

[24] 郑国. 城市发展阶段理论研究进展与展望[J]. 城市发展研究, 2010, 17(2): 83-87.

[25] Spooner D. Mining and Regional Development[M]. Oxford: Oxford University Press, 1981.

[26] Bradbury J H, Martinn I St. Winding down in a Qubec town: A case study of Schefferville[J]. The Canadian Geographer, 1985, 29(3): 128-144.

[27] Millward H A. Model of coalfield development: Six stages exemplified by the Sydney field[J]. The Canadian Geographer, 1983,

27(2): 234-248.

[28] Aschmann H. The natural history of a mine[J]. Economic Geography, 1970, (46): 172-189.

[29] 樊杰, 孙威, 傅小锋. 我国矿业城市持续发展的问题、成因与策略[J]. 自然资源学报, 2005, 20(1): 68-77.

[30] 赵景海. 我国资源型城市发展研究进展综述[J]. 城市发展研究, 2006, 13(3): 86-91, 106.

[31] 陆大道. 统筹兼顾, 全面部署, 资源型城市可持续发展迈入新阶段[J]. 国土资源, 2014(1): 10-11.

[32] 孙雅静, 季任钧. 矿业城市转型的模式研究[J]. 生产力研究, 2004(5): 122-123, 133.

[33] 张学高. 政府主导的资源枯竭型城市转型路径选择[J]. 云南行政学院学报, 2013(4): 39-41.

[34] 唐燕. 德国大都市区的区域管治案例比较[J]. 国际城市规划, 2010, 25(6): 58-63.

[35] 彭华岗, 侯法. 德国资源型城市企业转型的经验启示[J]. 中国经贸导刊, 2002(19): 42-43.

[36] Shao J, Zhou J Q. Study on the influences of industry transformation on the sustainable development of resource-exhausted city space [J]. Procedia Engineering, 2011(21): 421-427.

[37] Li H J, Long R Y, Chen H. Economic transition policies in Chinese resource-based cities: An overview of government efforts [J]. Energy Policy, 2013(55): 251-260.

[38] 柴彦威. 日本的产煤地域振兴对策及其对我国资源型老工矿区改造启示[J]. 现代日本经济, 2001(5) : 25-29.

[39] 柳泽, 周文生, 姚涵. 国外资源型城市发展与转型研究综述[J]. 中国人口•资源与环境, 2011, 21(11): 161-168.

[40] Innis H A.The Fur Trade in Canada: An Introduction to Canadian Economic History [M]. Toronto: University of Toronto Press, 1930.

[41] Bradbury J H.Towards an alternative theory of resource-based town development [J]. Economic Geography, 1979, 55(2): 147-166.

[42] 姚睿, 胡兆量. 北美澳洲工矿城镇发展研究[J]. 城市发展研究, 1997(1): 41-44.

[43] Pani N. Resource cities across phases of globalization: Evidence from Bangalore [J]. Habitat International, 2009, 33 (1): 114-119.

[44] Siemens L B. Single-enterprise communities on Canada's resource frontier [C]//Pressman N. New Communities in Canada: Exploring Planned Environments. Waterloo: University of Waterloo, 1976: 277-297.

[45] Bradbury J H. Living with boom and cycles: New towns on the resource frontier in Canada [C]// Resource Communities. CSIRO, Australia, 1988.

[46] Houghton D S. Long-distance commuting: A new approach to mining in Australia[J]. Geographical Journal, 1993, 159(3): 281-290.

[47] Sorensen T, Epps R. The role of tourism in the economic transformation of the Central West Queensland economy [J]. Australian Geographer, 2003, 34(1): 73-89.

[48] Tanya B, Hayter R, Bames T J. Resource town restructuring , youth and changing labour market expectation:The case of grade 12 students in powell river, BC[J]. BC Studies, 2003(103): 75-103.

[49] Markey S, Halseth G, Manson D. The struggle to compete: From comparative to competitive advantage in Northern British Columbia [J]. International Planning Studies, 2006, 11(1): 19-39.

[50] Rutherford T D. Requiem or rebirth internal labour markets and labour markets restructuring in the Kitchener and Sault Ste.Marie Regions [J]. The Canadian Geographer, 2006, 50(2): 197-216.

[51] Shama S, Rees S. Consideration of the determinants of women's mental health in remote australian mining towns[J]. Australian Journal of Rural Health, 2007, 15(1): 1-7.

[52] Mayes R, Pini B. The feminine revolution in mining: A critique [J]. Australian Geographer, 2010, 41(2): 233-245.

[53] Diego I M, Kathrin B. Sustainability reporting on large-scale mining conflicts: The case of Bajo de la Alumbrera, Argentina[J]. Journal of Cleaner Production, 2013, 41(1): 202-209.

[54] 刘吕红. 我国资源型城市研究综述[J]. 乐山师范学院学报, 2005(7): 117-121.

[55] 王素军. 资源型城市理论研究述评[J]. 甘肃社会科学, 2010(4): 82-85.

[56] 刘海滨, 孙秀静, 曾祥渭. 我国矿业城市产业转型问题研究综述[J]. 煤炭经济研究, 2006(11): 8-10, 21.

第二章　中华人民共和国成立后我国资源型城市的兴衰与转型

2.1　中华人民共和国成立后我国资源型城市的发展演化

中国资源型城市萌芽于南北朝时期，生长于唐宋时期，明显形成于明清时期[1]。中华人民共和国成立后，资源型城市大多兴起于早期的计划经济时期。其中，“一五”期间和三线建设时期是我国资源型城市发展的主要时段，改革开放后因资源开发而兴起的资源型城市日趋减少。计划经济时期资源型城市大量产生，既是国家大规模经济建设和加速工业化进程的需要，也是国家“把消费城市改造成生产城市”的城市建设方针的必然产物。

2.1.1　中华人民共和国成立后我国资源型城市的大量兴起

中华人民共和国成立后的计划经济时期，我国资源型城市得到快速发展。其中，“一五”时期实行优先发展重工业战略，产生大量资源型城市。随后，在“以钢为纲”的背景驱动下，对资源工业的投入进一步加大，且追求“遍地开花”产业布局模式，资源型城市在地域空间出现分散化特征。这一时期石油资源的勘探与开采也取得了巨大成功。20 世纪 60 年代东北、华北和西北等地石油资源的大规模开发，先后形成玉门、大庆、克拉玛依等石油型资源城市。20 世纪 60 年代中期开始的三线建设，在进行大规模国防工业建设的同时，依托三线地区的矿产资源建设相应的石油、煤炭和钢铁等资源型工业基地和资源型城市。20 世纪 70 年代，山西能源基地及长江中游地区金属资源的大规模开发等都极大地促进了我国资源型城市的大量兴起和发展。本节重点介绍我国资源型城市快速发展的“一五”时期和三线建设时期。

1. 中华人民共和国成立后，“一五”时期是我国资源型城市发展最快的时期

“一五”时期，我国资源型城市快速发展。这些城市的演进路径为[2]：凭借矿产资源赋存进行矿产开发，形成区域优势，大量发展工矿企业，进而逐步形成资源型城市。“一五”时期，以苏联帮助设计的 156 个建设项目为核心优先发展重工业，围绕 694 个限额以上建设项目组成的工业建设项目而展开。在苏联援建的 156 个建设项目中有 53 个布局在资源型城市，资源型城市建设的投资额占总投资额的近 50%。156 个项目中“一五”时期开工建设 147 项，其中资源性项目有 45 项[3]，占开工建设项目总数的 30.6%；在限额以上的 694 个大中型工业建设项目中，资源型工业项目达 393 项[4]，占大中型工业建设项目总数的 56.6%。

据周一星统计[5]，“一五”时期，全国共净增设城市 21 座。在非县城基础上兴建的

资源型城市有 6 座(不包括曾先设后废的河北省峰峰市，现峰峰矿区)：双鸭山(1956 年)、平顶山(1957 年)、鹤岗(1957 年)、铜陵(1956 年)、马鞍山(1956 年)、玉门(1955 年)。另据中国社会科学院、中央档案馆统计，“一五”时期建成或基本建成的主要资源型城市有[6]：煤矿城市——大同、阜新、辽源、抚顺、本溪、通化、鹤岗、鸡西、双鸭山、平顶山、焦作、铜川、淮南等；石油城市——兰州、玉门等；钢铁工业和有色金属工业城市——承德、鞍山、包头、武汉、本溪、吉林、富拉基尔、抚顺、哈尔滨、株洲、个旧、白银等。

2. 三线建设时期是中华人民共和国成立后内地资源型城市大发展的一个重要时期

历史上，1964～1980 年为了“备战备荒”，在中国西部的 13 个省、自治区三线地区(“大三线”地区)和一、二线地区腹地(“小三线”地区)进行的这场以战备为指导思想的大规模国防、科技、工业和交通基本建设，简称为三线建设。三线建设开始于“三五”时期。当时，中央政府根据对国际形势及我国周边安全环境的估计，提出了国防建设要立足于“早打、大打、打核战争”的总体战略决策。为适应这一战略决策，开始对全国国防战略布局按一线、二线、三线进行调整。因此，三线地区是那个特殊年代由中国内地的国境线依其战略地位的重要性(受到外敌侵袭的可能性)向内收缩，划三道线所形成的地区。

所谓三线，就是由沿海、边疆地区向内地收缩划分三道线。一线地区包括位于沿海和边疆省份的前线地区；三线地区包括大部分属于内地的四川(包括现在的重庆)、贵州、云南、陕西、甘肃、宁夏、青海等西部 7 省区以及山西、河南、湖南、湖北、广东、广西等省区的中间地带(或后方地区)，共 13 个省区；二线地区指介于一线地区和三线地区之间的中间地带，如江西、安徽等省区。其中，四川、贵州、云南、陕西、甘肃、宁夏、青海又俗称“大三线”，一线地区、二线地区的腹地俗称“小三线”。根据当时中央的文件，从地理环境上划分的三线地区是：甘肃省乌鞘岭以东、京广(北京至广州)铁路以西、山西省雁门关以南、广东省韶关以北的广大地区。这一地区位于我国的纵深腹地，离海岸线最近在 700km 以上，距西面国土边界上千公里，加之四面分别有青藏高原、云贵高原、太行山、大别山、贺兰山、吕梁山等连绵山脉作为天然屏障。这一地区在当时的特定形势下，成为较理想的战略后方。横贯 3 个五年计划(第三至第五个五年计划)的三线建设，是中国经济史上一次大规模的工业迁移过程，其建设的重点在西南地区和西北地区[7]。

20 世纪 60 年代，中央政府分别于 1964 年和 1969 年掀起三线建设的两次高潮。三线建设累计固定资产投资 2052.68 亿元，400 万工人、干部、知识分子、解放军官兵和成千上万人次的民工[8]，建成大中型骨干企业近 2000 个，形成了 40 多个重大产品的科研生产基地和 30 多座各具特色的新兴工业城市。其决策之快、动员之广、规模之大、时间之长，在中华人民共和国建设史乃至整个世界工业建设史上堪称奇迹。三线建设对我国的国民经济结构和工业布局产生了重要和深远的影响，为西部大开发奠定了坚实的基础。通过三线建设，在西部地区建成了一大批工业、交通基础设施，新增了一大批科技力量。三线建设以铁路建设为先导、以国防科技工业为核心，在三线地区大力发展钢铁、煤炭、电力、有色金属、机械、石油、化工、轻工业和交通运输业。

通过三线建设，在三线地区建成了门类比较齐全的工业体系和以大中城市为核心的成渝工业区、川黔滇工业区[渡口(现攀枝花)、六盘水、贵阳、昆明]、关中工业区、兰州天水工业区、武汉大冶工业区、鄂西工业区、豫西工业区、湘中工业区 8 大新工业区[9]，形成“四边形状”的西南工业城市聚集区、“带状”形的西北工业城市聚集区和华北、华中西部“带状”形的工业城市聚集区。

三线建设除了进行国防工业的建设外，还依托三线地区的矿产资源，进行了相应的石油、煤炭和钢铁等资源型工业基地的建设。其中，长庆油田、江汉油田、六盘水煤炭工业、贺兰山煤炭基地、攀枝花冶金工业、酒泉钢铁工业、金川有色冶金工业和渭北煤炭基地等就是这个时期建设的。三线建设推动了中国资源型城市的发展，在非城市地区建设的 4 个城市中，有 3 个就是典型的资源型城市(贵州省六盘水市、四川省攀枝花市、甘肃省金昌市等)；在扩建的新兴工业城市中，资源型城市也占相当数量(如广元、自贡、达县、南充、雅安、华蓥、安顺、个旧、东川、曲靖、石嘴山、白银、平凉、玉门、焦作等)。参考相关研究文献[9]，以 2013 年国务院发布《全国资源型城市可持续发展规划(2013—2020 年)》界定的资源型城市为标准，三线地区 1964～1980 年建成或基本建成的资源型城市共有 24 个(表 2.1)。

表 2.1　三线地区 1964～1980 年建成或基本建成的资源型城市

城市类型	城市	数量/个
煤矿城市	六盘水、铜川、渭南、平顶山、焦作、鹤壁、石嘴山	7
石油城市	玉门、南阳、濮阳、南充	4
冶金工业城市(钢铁、有色金属冶炼)	渡口、达县(现达州市)、个旧、东川、楚雄、金昌、白银、娄底、冷水江	9
化学工业城市	自贡、泸州、昭通、开远	4

2.1.2　改革开放后我国资源型城市的发展与资源枯竭型城市的衰退

1. 改革开放后我国资源型城市的发展

20 世纪 80 年代，中国率先在沿海地区实行改革开放。经济快速发展带动了各种能源、原材料需求的迅猛增长。在 20 世纪 80～90 年代的一段时期内，能源、原材料一度严重供不应求。东部个别资源丰富的地区加大了资源的开发力度；中西部则重点在加强对原有资源开发基地改造的同时，又开辟了新的资源开发基地，如山西煤炭基地、金川有色金属基地、德兴铜硫基地及一些新的石油基地(如东营胜利油田和盘锦辽河油田等)，以支持东部地区的发展。随着 20 世纪 90 年代全面深化改革开放，矿产资源的开发有所减缓，但仍有一些新的能源、原材料基地投入建设，主要进行了霍林河、伊敏河、元宝山、准格尔、神府东胜、平朔安家岭等煤矿，以及塔里木大型油气田开发等。

改革开放以后，新产生的资源型城市主要是少数石油城市、煤炭城市和其他矿产资源城市。例如，为适应胜利油田发展和开发建设黄河三角洲，由 1961 年在山东省广饶县新店乡东营村建设的胜利油田(原“九二三厂”)总部所在地发展起来的石油城市东营市于 1982 年设立；因 20 世纪 70 年代大规模开发辽河油田而发展起来的石油城市盘锦市(辽河油田总部所在地)于 1984 年设立；1989 年 4 月新疆塔里木石油勘探开发指挥部成立，1991

年4月油田开发全面展开，20世纪90年代开发土哈油田，鄯善油田成为塔里木油田开发后又一个大型的油气田项目，被列为国家重点开发油田，塔里木盆地石油开发和炼油产业发展促进了鄯善县、哈密市与和田市等资源型城市的发展。又如，1982年在鄂尔多斯盆地腹地探明发现国内最大、世界大型煤田，1993年全面铺开神府东胜煤田建设，2001年4月由内蒙古自治区伊克昭盟改设的鄂尔多斯市就是典型的煤炭城市。此外，1965年在云南省兰坪白族普米族自治县发现的兰坪铅锌矿，后又于1979年开始开发并形成一定生产能力，随着兰坪铅锌矿的开发，兰坪县成为资源型城市；西南地区的云南省昆明市晋宁区(1981年设市)、四川省绵竹市(1996年设市)等均是改革开放后发展起来的资源型城市。

总之，改革开放以来，随着资源开发机制转变和单一型资源开发受地理环境的束缚，致使围绕资源开发而形成大型城市聚落的可能性越来越小。与此同时，从20世纪80年代起，国内一些资源型城市开始出现衰退而开始实施转型发展。进入21世纪后，随着资源枯竭型城市问题进一步凸现，生态环境保护对天然林实施禁伐，以及传统工业行业如钢铁、煤炭、水泥和玻璃等产能过剩，并吸取资源枯竭型城市问题的教训，因传统资源开发形成的资源型城市更是日趋少见。

2. 改革开放后我国资源枯竭型城市的衰退

资源型城市发展到后期阶段，因资源枯竭而往往出现“矿竭城衰”：企业关闭破产、经济增长缓慢、地方财政乏力、就业矛盾突出、居民生活困难及严重的生态破坏和环境污染等诸多问题，直接影响区域经济乃至整个国民经济的发展和社会稳定。20世纪80年代由于资源逐渐枯竭、开采成本上升、资源产品供求关系变化，加之原有的一些矛盾与限制，国内一些资源枯竭型城市开始出现衰退。到21世纪早期，一些资源枯竭型城市出现严重衰退[10]。资源型城市的发展问题超越了政府和学术界的范围，受到了全社会的关注[11]。

在我国衰退的资源枯竭型城市中有不少典型案例，如新疆维吾尔自治区的依奇克里克镇(现已撤销)、云南省东川市(现东川区)、甘肃省玉门市和辽宁省阜新市等城镇的“矿竭城衰”现象就比较突出(表2.2)。

表2.2 中国典型的资源枯竭型城市衰退举例

城市(镇)	省(区)	资源类型	设立时间	资源枯竭对城市(镇)的影响
依奇克里克	新疆	石油	1958年	1987年终止开发，成为中国首个被废弃的油田。两年后再度开发，又于1998年再次被废弃
东川	云南	铜	1958年	1997年起陷入困境；1998年12月撤销地级东川市，设立昆明市东川区；2000年东川矿务局宣布破产
玉门	甘肃	石油	1958年	1985年开始衰退，1999年跌至谷底；2003年玉门市搬迁到玉门镇；2005年玉门油田搬迁到酒泉市
阜新	辽宁	煤炭	1948年	1986年新邱区两座煤矿报废；2000年3家煤矿和企业破产，下岗职工达15.6万人；2001年被国家列为首个试点城市。2005年主力煤矿海州煤矿申请破产

注：根据文献[10]、[12]和[13]和相关网站资料整理。

1)废弃的石油城镇：依奇克里克

依奇克里克在维吾尔语中为“野羊沟”——“野山羊出没的地方”，其位于新疆塔里木盆地北缘、天山南麓丘陵地带库车县境内(距库车县城120km)。这是在塔里木盆地发现的第一口油田、塔里木油气勘探史上的第一座历史丰碑，也是中国第一座因资源枯竭而消失的石油城镇。1958年10月新疆石油管理局塔里木矿务局发现了依奇克里克油田，并建立石油基地。经过2000多人的努力奋战，于1959年建成塔里木第一座炼油厂。

20世纪60年代，我国石油工业战略东移，石油勘探队伍大部分被调往东北地区参加大庆油田会战，塔里木油田勘探放缓。由于依奇克里克石油储量有限，经过20多年开采，到1986年该矿88%的油井报废(共291口油井，报废255口)。1987年依奇克里克油田因油气枯竭终止开发，成为中国首个被废弃的油田。在依奇克里克油矿废弃两年后，国家从全国各地调集2万多人，成立中国石油天然气总公司塔里木分公司，开始大规模重新开发塔里木油田。20世纪90年代中期，中国石油天然气总公司投入10多亿元重新勘探依奇克里克矿区，但最终于1998年再次撤出。依奇克里克油矿曾经历两度开发又两度废弃，主要是由于石油资源有限、地质条件过于复杂、开采成本过高，不适合大规模开采作业所致。

2)从地级市到县级区：“东川现象”

云南省东川市也是“矿竭城衰”的典型案例。东川位于云南省东北部，东邻会泽，南接寻甸，西与昆明市的禄劝县连山共水相依，北与四川省的会东县隔金沙江相望，距昆明市区165km。东川有2000多年的铜矿开采历史，素有“铁胆石之乡”和“天南铜都”之称。该市是典型的依铜建矿、依矿建市的资源型城市。1952年12月，政府成立东川矿务局(驻汤丹镇，1960年建成投产)，1953年从云南省会泽、巧家两县划出因民、落雪、汤丹等乡镇，设东川矿区。1954年4月5日在汤丹镇成立东川矿区人民政府。1958年设立地级东川市(驻汤丹镇，后迁铜都镇)，将原昭通地区所属会泽县并入东川市。

在“一五”时期，苏联第一批援建中国的156个工业项目中，有东川矿务局(铜矿)、会泽矿务局(铅锌矿)、以礼河电厂3个项目落户东川。1958年，国家在东川矿区组织了万人探矿，东川矿务局由落雪、汤丹、因民、滥泥坪、石将军、白锡腊、新塘等大中型和一些小型铜矿床组成东川铜矿田。当时建设东川铜矿，原本包含矿山开采、配套电站(以礼河发电厂)和铜冶炼3个部分，后因1964年行政区划变动，会泽县由东川市划出归曲靖专区(现曲靖市)管辖，以礼河电厂也随之划归会泽县。又因东川地质构造破碎，铜冶炼厂改建于昆明市。东川最终仅保留铜矿采选项目。以礼河电厂、铜冶炼厂两大税源丧失，东川的地方财力受到极大削弱。与此同时，东川的城镇建设“因矿而兴、以矿定点”。该市的4个矿业城镇形成：因民(海拔882m)、新村(海拔1280m)、汤丹(海拔2252m)、落雪(海拔3300m)的垂直分布城镇点状格局，矿业城镇间的相对高差分别为972m、1370m和2418m。后来，当地分别派生出以地方政府和矿务局为主体的城市功能圈，东川市地方政府驻地铜都镇(现铜都街道办事处)和东川矿务局驻地汤丹镇相距38km，在基础设施建设上各自为政，抑制了“内生性”城镇化要素的发展。主要城镇缺乏明显发育的城市中心区和商业区，城市功能分区不明显，矿区特征明显，产业发展没有形成应有的规模效应。

改革开放后，东川市失去计划经济条件下的国家统筹安排保障，城镇化动力严重匮乏。东川矿务局因原矿采选效益低下而长期亏损。在42年的大规模生产中，东川矿务局仅有14个年份赢利，净亏损达2亿元以上。随着铜矿资源的进一步耗竭，各矿区矿石品位下降，转入高成本的深部开采。20世纪90年代，全国非油气矿企业处境艰难。1997年后国内铜价持续低迷，铜价大跌成为东川矿务局破产的导火索，触发了东川长期隐藏的体制性和结构性矛盾，东川矿务局铜精矿产量越高、亏损越大。1999年，东川矿务局破产终于进入实质性准备阶段，2000年东川矿务局宣布破产。东川矿业(铜矿开采业)衰落导致东川市行政降格：1998年12月6日国务院批准撤销东川地级市建制，降格为县级建制，划归昆明市管辖而设立昆明市东川区。1999年2月8日，云南省委、省政府正式撤销东川地级市，设立县级东川区，划归昆明市管辖。行政降级前的东川市拥有多个全国之最：全国唯一没有县、区的地级市；全国规模最小的地级市，总人口仅为全国地级市平均人口的9.4%，且市政府所在地城市建成区面积仅 $4km^2$，是典型的“小社会、大政府”；全国唯一的地级贫困市；全国唯一没有交通红绿灯的地级市。东川市也成为全国首座因矿产资源枯竭、经济发展停滞、城市丧失持续发展能力而退出城市序列的地级市。

由于铜矿资源逐渐匮乏，曾经是亚洲第一大铜选矿厂的东川铜矿落雪选矿厂(原日处理6500t矿石)由于无矿可选而停产，甚至连厂房混凝土结构中的钢筋都被农民砸出卖钱。至2002年东川矿务局累计负债超过14.66亿元。东川市政府严重资不抵债，成为当时全国唯一的地级贫困市，城市登记失业率超过40%。整个城市呈现出“山河破碎、企业破产、城市破旧、希望破灭”的“四破”现象。东川市这种矿产资源枯竭、经济萧条、社会发展停滞、社会矛盾突出等现象被称为“东川现象”[12]。为此，2004年云南省政府做出建立东川再就业特区的决定，通过优惠政策吸引企业投资入驻东川。2009年3月，东川区被列入全国第二批资源枯竭型城市，每年获得近2亿元的转型发展基金。同时，东川区又成为云南省扩权强县试点县区。

3)“油枯城迁”：玉门市

玉门市位于甘肃省西北部河西走廊西部，东连嘉峪关市和金塔县，西接瓜州县，南北与肃北蒙古族自治县为邻，总面积为1.35万 km^2。玉门石油发现于晋代[13]，张华撰《博物志》载“酒泉延寿县南山，名火泉，火出如炬。”延寿县正是现在的玉门油田所在地。玉门油田开发始于1939年的老君庙石油开发。玉门市是中国石油工业的摇篮(玉门老君庙是中国石油的发祥地，1939年8月11日，中国第一口油井在此出油)。1950年玉门矿务局成立，玉门油田属国家“一五”时期156个重点项目之一。1957年在这里建成全国第一个石油工业基地，它便作为中国石油工业的大学校、大试验场、大研究场所，担负起了“出产品、出人才、出经验、出技术”的历史重任。该矿油田勘探队伍先后会战大庆、南下四川、跑步上长庆、二进柴达木、三战吐鲁番，曾先后向全国各油田输送骨干力量10万多人、各类设备4000多台(套)，被誉为中国石油工业的“摇篮”。玉门是铁人王进喜(原为玉门石油管理局钻井队队长，后任大庆油田1205钻井队队长、大庆油田钻井指挥部副指挥，因用自己身体制服井喷而家喻户晓，被誉为“铁人”)的故乡，玉门现有铁人纪念馆。著名诗人李季曾写下“苏联有巴库，中国有玉门，凡有石油处，就有玉门人”的诗篇，盛赞玉门油田。

中华人民共和国成立后，随着玉门石油开发，1953年10月，政务院批准在玉门矿区设立县级玉门油矿矿区人民政府。1955年，玉门油矿矿区人民政府(驻老君庙)改为玉门市(省辖市)。1958年玉门县由玉门镇搬迁到老君庙镇南坪与玉门石油管理局合并设立地级玉门市，合并后的玉门市政府仍驻老君庙。1961年12月，玉门市、玉门矿务局政企分设，玉门市改设为县级市，属酒泉专区(现酒泉市)管辖。

到20世纪90年代，玉门油田资源濒临枯竭，玉门油气产量由1959年的140.62万t，跌至1998年的38万t，跌入低谷。随着吐哈油田会战5万人外迁，玉门老市区(老君庙镇/南坪)人口锐减，市属配套服务油田的50多户工商企业相继关停破产，个体工商户大量歇业外流，三产服务业急剧萎缩，城市经济严重衰退。玉门市从1999年开始讨论玉门城市搬迁问题，先后提出由老君庙镇搬迁至赤金镇、清泉乡和玉门镇三种方案，最后确定搬迁到玉门镇。2001年10月17日，中国石油天然气集团公司批准玉门油田生活基地及其机关驻地由老君庙镇搬迁至酒泉市区。经过4年建设，玉门油田生活基地及其机关驻地于2005年在玉门东部120多公里的酒泉市建成并实施搬迁。为了摆脱当时“矿竭城衰”“油枯人散”的困境(城区人口由鼎盛时期的13万人，锐减为3万人)，2003年4月4日，民政部批准玉门市政府驻地随之由南坪(老君庙镇)搬迁至西部78km之外原玉门县址——玉门镇。石油城市甘肃省玉门市成为“矿竭城衰”的第二例。2009年3月，玉门被列入全国第二批资源枯竭型城市。

4)亚洲曾经最大的机械化露天煤矿资源枯竭：“阜新现象”

阜新市位于辽宁省西部的低山丘陵区，北为科尔沁沙地、东接辽河平原、西连努鲁儿虎山，为沈阳经济区重要城市之一。阜新市是辽宁西部一座以煤炭生产为主导产业的典型资源型城市。1949年1月当地成立阜新矿务局。“一五”时期，在国家156个重点项目中，有4个安排在阜新：3个煤矿、1个电厂。从此，奠定了阜新煤电工业的基础，阜新成为我国最早建立的能源基地之一，有“煤电之城”的美誉。

阜新市海州露天煤矿是中华人民共和国成立后的第一座大型机械化露天煤矿，代表20世纪50年代中国采煤工业的最高水平。阜新海州露天煤矿于1951年始建，1953年正式投产。该矿场东西长4km，南北宽2km，垂直深度将近320m(最深处海拔为-175m)，总占地面积达30多平方公里，有28个界平盘和8个作业平盘，平盘边缘裸露断面清晰地显示地质结构特点。这座露天煤矿从1953年7月到2003年底，共生产煤炭2.1亿t。20世纪60年代拥有“世界第二、亚洲最大的机械化露天煤矿”——阜新海州露天矿(现阜新海州露天矿国家矿山公园)和“亚洲最大的火力发电厂”——阜新发电厂的阜新市，被原中华人民共和国煤炭工业部(1998年4月，被正式撤销)和国家广播电视总局共同授予“煤电之城”的荣誉称号。20世纪中国著名的阜新市海州露天煤矿夜间生产的画面、火红的挖掘场景，曾经感动了一个又一个的中国人。作为著名的煤电之城，那高高扬起的挖煤的电镐，也被印上了1960年版(第三套)的5元人民币(图2.1)和1954年版邮票。

图 2.1　人民币 5 元面值背面(1960 年版)阜新挖煤电镐图案

图片来源：中国人民银行官网。

2000 年前后，煤炭资源逐渐枯竭的阜新市已经有几十对矿井相继关停，2001 年阜新的经济增长速度跌至辽宁省倒数第一，该市由于资源枯竭导致的煤矿关闭、工人下岗、经济下滑等诸多问题全面集中爆发，出现“阜新现象”[14]。2005 年 6 月 8 日，曾经是亚洲最大的机械化露天煤矿——阜新矿业集团海州露天煤矿，由阜新市中级人民法院依法公告关闭破产。这是中国政府近年来关闭的最大一家资源枯竭的露天煤矿。在创造了 50 年的辉煌、生产了 24 亿 t 煤炭后，该矿煤炭资源耗尽，15.6 万名职工下岗，地下采空而出现 13 个沉陷区，面积达到 100km^2，致使 2.7 万座房屋遭到不同程度的破坏，涉及居民 7.8 万人。这个曾经是亚洲最大的机械化露天煤矿阜新海州露天煤矿因为资源枯竭于 2005 年 6 月关闭破产后，遗留下东西长 4km、南北宽 2km、垂直深度达 200 多米的矿坑。为促进阜新市的转型发展，国务院于 2001 年将阜新确定为全国第一个资源枯竭型城市经济转型试点市。2008 年 3 月，阜新市被列入全国第一批资源枯竭型城市。

据统计[15]，近年来，我国 2/3 的矿山进入中老期，导致 1/4 的资源型城市陷入资源枯竭的困境。资源枯竭型城市衰退而出现的社会经济问题受到国家的重视，资源枯竭型城市经济转型的力度不断加大。

2.2 我国资源型城市转型历程及政府主导作用

2.2.1 我国资源型城市转型历程

从20世纪80年代起，为应对资源型城市衰退，我国资源型城市开始了艰难的转型历程。中央政府从2000年起出台了一系列文件和报告，持续采取相应措施来改善和促进资源型城市转型发展(表2.3)。

表2.3 政府颁布的有关资源型城市转型主要文件与主要措施

年份/年	颁布的主要文件及出台的主要措施
2001	国务院下发《听取辽宁省阜新市资源枯竭型城市转型等有关情况的会议纪要》：将辽宁阜新列为全国第一个资源枯竭型城市经济转型试点市
2002	《在中国共产党第十六次全国代表大会上的报告》：支持以资源开采为主的城市和地区发展接续产业
2003	《关于实施东北地区等老工业基地振兴战略的若干意见》：资源型城市经济转型是老工业基地调整改造的一个重点和难点。《国务院关于成立国务院振兴东北地区等老工业基地领导小组的决定》：成立国务院老工业基地调整改造领导小组，其办事机构设在国家发展和改革委员会(简称国家发改委)；成立国务院振兴东北地区等老工业基地领导小组，下设办公室(国家发展和改革委员会单设机构)
2004	国土资源部(现自然资源部)出台《全国危机矿山接替资源找矿规划纲要(2004—2010年)》：主要目标是在有资源潜力和市场需求的老矿山周边或深部，新发现并查明一批资源储量，延长矿山服务年限
2005	国家计划生育委员会(现国家人口和计划生育委员会)向国务院报送《用科学发展观统筹解决资源枯竭型城市人口与发展问题》：解决资源枯竭型城市存在的贫困、失业和环境问题，是落实科学发展观、构建和谐社会、实现小康目标的一项重要而不可忽视的任务。《振兴东北地区等老工业基地2004年工作总结和2005年工作要点》：抓紧研究建立资源开发补偿机制和衰退产业援助机制，有关政策措施率先在阜新、双鸭山等资源型城市试行。选择大庆、伊春分别作为石油、森工类型的资源型城市扩大试点，将辽源列入煤炭类型的资源型城市试点
2006	《国务院关于加强地质工作的决定》：加快危机矿山、现有油气田和资源枯竭城市接替资源勘查，大力推进深部和外围找矿工作。开展共生伴生矿产和尾矿的综合评价、勘查和利用。做好矿山关闭和复垦阶段的地质工作
2007	《在中国共产党第十七次全国代表大会上的报告》《国务院关于促进资源型城市可持续发展的若干意见》：建立资源开发补偿机制和衰退产业援助机制，大力培育发展接续替代产业，增加就业岗位，完善城市功能，促进资源型城市可持续发展；积极引导资源枯竭型城市发展工业旅游；提出2010年前和2015年前资源型城市转型的任务，设立针对资源枯竭型城市的财力性转移支付，资源型城市的可持续发展工作由省级人民政府负总责。国家发改委《东北地区振兴规划》：明确阜新、大庆、伊春、辽源、白山和盘锦等6个资源型城市经济转型试点主要任务
2008	《关于印发首批资源枯竭城市名单的通知》：公布了首批资源枯竭型城市12个，在东北振兴司内设立资源型城市发展处
2009	《国务院关于进一步实施东北地区等老工业基地振兴战略的若干意见》：在积极推进资源型城市转型，促进可持续发展方面，培育壮大接续替代产业，构建可持续发展长效机制，进一步加大财政政策支持力度。国家发改委、国土资源部、财政部《关于印发第二批资源枯竭城市名单的通知》：确定第二批资源枯竭型城市32个。其中，地级市9个，县级市17个，市辖区6个。《国家发展改革委办公厅关于编制资源枯竭城市转型规划的指导意见》：资源枯竭型城市转型规划为省级专项规划，规定其编制、审批、备案的组织程序
2010	《国家开发银行支持东北地区等老工业基地全面振兴》：国家开发银行重点支持东北地区16个资源枯竭型城市转型试点。《国家发展改革委办公厅关于开展首批资源枯竭城市转型评估工作的通知》：规定首批资源枯竭型城市转型评估的时点、采用的数据截止日期和评估组织程序；启动全国资源型城市可持续发展规划编制工作。研制资源型城市可持续发展条例。《国家发展改革委关于印发2009年振兴东北地区等老工业基地工作进展和下一阶段重点工作安排的通知》：培育和壮大接续替代产业、提升城市整体功能和解决民生问题、加强环境整治和生态保护支持资源型城市转型项目

续表

年份/年	颁布的主要文件及出台的主要措施
2011	《国家发展改革委办公厅关于开展第二批资源枯竭城市转型评估工作的通知》：明确第二批资源枯竭型城市转型评估的时点、采用的数据截止日期和评估组织程序。国家发改委、国土资源部(现自然资源部)、财政部《关于印发第三批资源枯竭城市名单的通知》：确定第三批资源枯竭型城市 25 个。其中，地级市 8 个，县级市 5 个，市辖工矿区 7 个，县 5 个。财政部发布《资源枯竭城市绩效评价暂行办法》：加强资金使用绩效评价，提高转移支付资金使用效益
2012	《在中国共产党第十八次全国代表大会上的报告》《财政部关于印发〈2012 年中央对地方资源枯竭城市转移支付管理办法〉的通知》：推动战略性新兴产业、先进制造业健康发展，加快传统产业转型；根据转型评价结果，对纳入首批资源枯竭型城市的市(县、区)财力性转移支付在第一轮补助期(4 年)后延长至 2015 年。《西部大开发“十二五”规划》：开展六盘水、包头、鄂尔多斯、乌海、长寿、金昌、白银等资源型城市试点，建设一批循环经济示范城市
2013	国家发改委关于印发《全国老工业基地调整改造规划(2013—2022 年)》的通知：以资源开采加工为主导产业的城市，要合理控制资源开采规模和强度，延长产业链，提高加工深度，深化共伴生资源综合利用。国土资源部(现自然资源部)发布《关于加强老矿山找矿工作的通知》：将重点支持国家紧缺大宗战略性矿产、资源潜力大、企业积极性高的矿山，优先支持国务院批准的资源枯竭型城市的矿山和资源危机的其他矿山的找矿工作。《国务院关于化解产能严重过剩矛盾的指导意见》：通过 5 年努力，产能规模基本合理、发展质量明显改善、长效机制初步建立。《国务院关于印发全国资源型城市可持续发展规划(2013—2020 年)的通知》：规划包括 262 个资源型城市，分类引导各类城市科学发展，有序开发综合利用资源，构建多元化产业体系，切实保障和改善民生，加强环境治理和生态保护，加强支撑保障能力建设
2014	《国务院关于近期支持东北振兴若干重大政策举措的意见》：要完善城市功能，支持城区老工业区和独立工矿区搬迁改造，促进资源型城市转型，建设宜产宜居的现代城市
2016	《关于支持老工业城市和资源型城市产业转型升级的实施意见》：用 10 年左右时间，建立健全支撑产业转型升级的内生动力机制、平台支撑体系，构建特色鲜明的现代产业集群。财政部关于印发《中央对地方资源枯竭城市转移支付办法》：中央对地方资源枯竭型城市转移支付为一般性转移支付，补助对象为资源枯竭城市(第一轮 4 年、延续 5 年，之后退坡补助)、转型压力较大的独立工矿区和采煤沉陷区(3 年)，补助资金=定额补助+因素补助+奖惩资金。《国务院关于钢铁行业化解过剩产能实现脱困发展的意见》：用 5 年时间再压减粗钢产能 1 亿～1.5 亿 t
2017	《在中国共产党第十九次全国代表大会上的报告》：深化改革加快东北等老工业基地振兴，支持资源型地区经济转型发展。《关于支持首批老工业城市和资源型城市产业转型升级示范区建设的通知》：明确首批 12 个产业转型升级示范区，并公布其初步取得的经验和下一步建议重点探索的示范领域。《国家发展改革委关于加强分类引导培育资源型城市转型发展新动能的指导意见》：到 2020 年，成长型城市资源开发模式更加科学，城市发展和资源开发的协调机制初步建立；成熟型城市多元产业体系更加健全，内生发展动力显著增强；衰退型城市历史遗留问题得到基本解决，转型发展基础更加牢固；再生型城市新旧动能转换取得明显进展，经济社会发展步入良性轨道。《国家发展改革委办公厅关于首批重点采煤沉陷区综合治理工程实施方案的复函》：同意河北省、山西省、内蒙古自治区、辽宁省、吉林省、黑龙江省、安徽省、山东省、河南省、湖南省、重庆市、陕西省等 12 个省区等 17 个重点采煤沉陷区工程实施方案，并纳入国家发改委采煤沉陷区综合治理中央预算内投资支持范围
2018	《国家发展改革委办公厅关于第二批重点采煤沉陷区综合治理工程实施方案的复函》：同意河北省、山西省、内蒙古自治区、辽宁省、吉林省、江苏省、安徽省、山东省、湖南省、四川省、云南省、陕西省、甘肃省、宁夏回族自治区等 14 个省区等 16 个重点采煤沉陷区工程实施方案，并纳入国家发改委采煤沉陷区综合治理中央预算内投资支持范围
2019	《关于进一步推进产业转型升级示范区建设的通知》：拟支持北京京西、大连沿海、黑龙江大庆、江苏徐州、江西萍乡、河南西部、广东韶关、贵州六盘水等建设第二批产业转型升级示范区

注：根据文献[10]、[16]和国家发改委网站等资料整理。

我国资源型城市转型以 2007 年《国务院关于促进资源型城市可持续发展的若干意见》发布为界，此前主要依靠资源企业和资源型城市自身努力、自发进行转型。而此后，各级政府积极参与、紧密合作，给予许多优惠基金、项目和其他多方面帮扶，进入到政府主导的综合转型阶段[10]。

经过政府主导的 7 年转型实践，2013 年 11 月国务院印发了《全国资源型城市可持续发展规划(2013—2020 年)》[17]，在系统总结资源型城市转型经验和全面掌握资源型城市基本情况的基础上，根据资源保障能力和可持续发展能力差异，将资源型城市划分为成长型、成熟型、衰退型和再生型四种类型，分类型明确发展导向和重点任务[18]。坚持把经济结构转型升级作为资源型城市可持续发展的主攻方向[19]，推进资源型城市由单一的资源型经济向多元经济转变。并确定到2020年，基本完成资源枯竭型城市转型任务，资源富集地区资源开发与经济社会发展、生态环境保护相协调的格局基本形成，建立健全开发秩序约束、产品价格形成、资源开发补偿、利益分配共享、接续替代产业扶持等有利于资源型城市可持续发展的长效机制。随着资源(枯竭)型城市转型工作的推进，不少城市转型取得明显成效；从2017年起，国家开始支持资源型城市产业转型升级示范区建设。

2.2.2 政府在主导资源型城市转型中的作用

资源型城市发展的走向包括两种：演化为一般城市或退出城市行列。由于我国的资源型城市主要表现为城市人口规模大，不允许像美国和俄罗斯那样，简单地实行“矿竭城弃”的做法，也不允许采取听之任之的态度，唯一的办法就是政府主导资源型城市转型。政府在主导资源型城市转型中主要在以下方面发挥作用[10]。

1. 不断加强和完善资源型城市转型的组织领导

《2003年政府工作报告》提出了支持东北地区等老工业基地加快调整和改造的思路；同年10月，中央下发《关于实施东北地区等老工业基地振兴战略的若干意见》，做出实施东北地区等老工业基地振兴战略的重大决策；当年12月，又成立国务院振兴东北地区等老工业基地领导小组(领导小组办公室设在国家发改委)，其职责之一是研究东北地区等老工业基地优势产业发展、资源枯竭城市转型以及重大项目布局并协调实施。

2007年发布《国务院关于促进资源型城市可持续发展的若干意见》，旨在通过整体规划和政策调整建立资源型城市可持续发展的长效机制。这是中华人民共和国成立以来第一次专门针对资源型城市可持续发展问题制定出台的综合性政策文件，标志着资源枯竭型城市转型试点进入全面实施阶段。该《意见》第一次列出资源型城市转型问题解决的时间表，并试图从制度层面逐步解决资源型城市可持续发展问题。最重要的是提出建立健全资源开发补偿机制和衰退产业援助机制。2008年国务院实行机构改革，国务院原振兴东北地区等老工业基地领导小组办公室的职责划入国家发改委，成立东北振兴司，并设资源型城市发展处，专门推动资源型城市可持续发展工作。这在我国国家机关机构设置中是第一次，体现了国家对此项工作的重视。2010年，《资源型城市可持续发展条例》纳入立法议程，以期将资源型城市发展战略、增长机制、治理模式和政策体系的转换，以及相应的城市空间重构、社会结构和价值观的变迁等方面纳入法治化的轨道。针对钢铁、水泥、电解铝、平板玻璃、船舶等行业产能严重过剩，2013年《国务院关于化解产能严重过剩矛盾的指导意见》将化解产能严重过剩矛盾作为重点工作，推进产业结构调整。通过5年努力使这些行业的产能规模基本合理、发展质量明显改善、长效机制(过剩行业产能预警体系和监督机制基本建立)初步建立。

在系统总结转型经验和全面掌握资源型城市情况的基础上，国务院于2013年发布《全国资源型城市可持续发展规划(2013—2020 年)》[17]，系统提出开发秩序约束、产品价格形成、资源开发补偿、利益分配共享、接续替代产业扶持等五大机制，明确到 2020 年资源枯竭型城市历史遗留问题基本得到解决。2016 年针对产能过剩问题尤为突出，钢铁企业生产经营困难加剧、亏损面和亏损额不断扩大的情况，发布《国务院关于钢铁行业化解过剩产能实现脱困发展的意见》，着手推动钢铁行业供给侧结构性改革，坚持市场倒逼、企业主体、地方组织、中央支持，突出重点、依法依规，综合运用市场机制、经济手段和法治办法，因地制宜、分类施策、标本兼治，积极稳妥化解过剩产能。并从 2016 年开始，用 5 年时间再压减粗钢产能 1 亿～1.5 亿 t。

2. 加强资源勘探的地质工作，增加资源储量

2004 年，国土资源部出台《全国危机矿山接替资源找矿规划纲要(2004—2010 年)》，主要目标是在有资源潜力和市场需求的老矿山周边或深部，新发现并查明一批资源储量，延长矿山服务年限。2006 年，国务院颁布《国务院关于加强地质工作的决定》，主要是为提高后备资源的可供程度，努力增加资源储量，开拓新的资源供应基地。2013 年，国土资源部发布《关于加强老矿山找矿工作的通知》，将重点支持国家紧缺大宗战略性矿产、资源潜力大、企业积极性高的矿山，优先支持国务院批准的资源枯竭型城市的矿山和资源危机的其他矿山的找矿工作。

3. 开展资源枯竭型城市与地区转型试点工作

2001 年，国务院将辽宁省阜新市确定为全国第一个资源枯竭型城市经济转型试点市，随后黑龙江省大庆市和伊春市、吉林省辽源市(2005 年)、吉林省白山市(2006 年)和辽宁省盘锦市(2007 年)等先后被列为资源枯竭型城市经济转型试点城市。2007 年，国家发改委东北振兴司发布《东北地区振兴规划》，明确阜新、大庆、伊春、辽源、白山和盘锦等 6 个资源型城市经济转型试点主要任务。2010 年 12 月，国家批准设立唯一的一个“全省域、全方位、系统型”的国家级综合改革配套试验区——山西省国家资源型经济转型综合配套改革试验区。2012 年，内蒙古鄂尔多斯市资源型地区创新发展改革试点被列为国家发改委改革联系点。2017 年，国家发改委在《关于支持首批老工业城市和资源型城市产业转型升级示范区建设的通知》中，确定辽宁中部(沈阳—鞍山—抚顺)、吉林中部(长春—吉林—松原)、内蒙古西部(包头—鄂尔多斯)、河北唐山、山西长治、山东淄博、安徽铜陵、湖北黄石、湖南中部(株洲—湘潭—娄底)、重庆环都市区、四川自贡、宁夏东北部(石嘴山—宁东)12 个城市(经济区)为首批产业转型升级示范区。2019 年，国家发改委等五部委发布《关于进一步推进产业转型升级示范区建设的通知》，拟支持北京京西、大连沿海、黑龙江大庆、江苏徐州、江西萍乡、河南西部、广东韶关、贵州六盘水等建设第二批产业转型升级示范区。通过转型试点工作开展和产业转型升级示范区建设，为资源枯竭型城市转型提供实践经验。

4. 资源枯竭型城市的确认、转型规划编制、转型评估与财政支持

国务院分别于 2008 年 3 月、2009 年 3 月和 2011 年 11 月，分三批将全国 69 个市(县、

区）列为资源枯竭型城市（表 2.4）。国家发改委设立资源枯竭型城市吸纳就业、资源综合利用、发展接续替代产业和多元化产业体系培育中央预算内投资专项，中央财政给予 69 个资源枯竭型城市财力性转移支付资金支持。2011 年初，国家发改委、财政部联合印发了《关于印发大小兴安岭林区参照执行资源枯竭型城市转移支付政策的县（市、旗、区）名单的决定》，从 2011 年起，内蒙古的牙克石市、额尔古纳市、根河市、鄂伦春旗、扎兰屯市和黑龙江的逊克县、黑河市爱辉区、嘉荫县、铁力市等 9 县（市、旗、区）参照执行政策。与此同时，国家发改委通过资源枯竭型城市转型规划编制和转型评估，促进资源枯竭型城市转型发展。

表 2.4 2008～2011 年国务院分三批确定的资源枯竭型城市名单

省（区、市）	第一批/12 个	第二批/32 个	第三批/25 个
河北	—	下花园区、鹰手营子矿区	井陉矿区
山西	—	孝义市	霍州市
内蒙古	—	阿尔山市	乌海市、石拐区
辽宁	阜新市、盘锦市	抚顺市、北票市、弓长岭区、南票区、杨家杖子经济技术开发区	—
吉林	辽源市、白山市	舒兰市、九台市、敦化市	二道江区、汪清县
黑龙江	伊春市、大兴安岭地区	七台河市、五大连池市	鹤岗市、双鸭山市
江苏	—	—	贾汪区
安徽	—	淮北市、铜陵市	—
江西	萍乡市	景德镇市	新余市、大余县
山东	—	枣庄市	新泰市、淄川区
河南	焦作市	灵宝市	濮阳市
湖北	大冶市	黄石市、潜江市、钟祥市	松滋市
湖南	—	资兴市、冷水江市、耒阳市	涟源市、常宁市
广东	—	—	韶关市
广西	—	合山市	平桂管理区
海南	—	—	昌江县
重庆	—	万盛区	南川区
四川	—	华蓥市	泸州市
贵州	—	万山特区（现万山区）	—
云南	个旧市	东川区	易门县
陕西	—	铜川市	潼关县
甘肃	白银市	玉门市	红古区
宁夏	石嘴山市	—	—

注：①根据国家发改委网站资料整理，“—”表示“无”。
②第一批资源枯竭型城市中的大小兴安岭林区参照享受政策，其包括 9 个市（县）：内蒙古的牙克石市、额尔古纳市、根河市、鄂伦春旗、扎兰屯市和黑龙江的逊克县、黑河市爱辉区、嘉荫县、铁力市。

2007 年发布的《国务院关于促进资源型城市可持续发展的若干意见》明确中央和省级财政要进一步加大对资源枯竭型城市的一般性和专项转移支付力度。2007～2010 年，设立针对资源枯竭型城市的财力性转移支付。随后，中央财政给予资源枯竭型城市实施财政转移支付资金扶持。对首批 12 个资源枯竭型城市财力性转移支付于 2010 年到期，2011 年初国务院同意将财力性转移支付延长至 2015 年(没有转型成功的延期 5 年；转型成功的按照上一年补助基数分 3 年给予退坡补助，补助比例分别为 75%、50%和 25%)。随着对第二批、第三批资源枯竭型城市财力性转移支付陆续到期，为促进资源型城市和独立工矿区实现经济转型，规范中央对地方资源枯竭型城市转移支付资金管理，2016 年财政部发布《中央对地方资源枯竭城市转移支付办法》，进一步明确和规范中央对地方资源枯竭型城市、转型压力较大的独立工矿区和采煤沉陷区转移支付的时间期限、资金分配、资金计算办法和监督考核等。其中，中央对地方资源枯竭型城市转移支付为一般性转移支付，补助对象为资源枯竭型城市(第一轮 4 年、延续 5 年，之后为退坡补助)、转型压力较大的独立工矿区和采煤沉陷区(3 年)，补助资金=定额补助+因素补助+奖惩资金。从 2007 年起，中央对地方资源枯竭型城市的转移支付逐年增加。2007～2018 年，中央对地方资源枯竭型城市累计转移支付达 1559.83 亿元(图 2.2)。

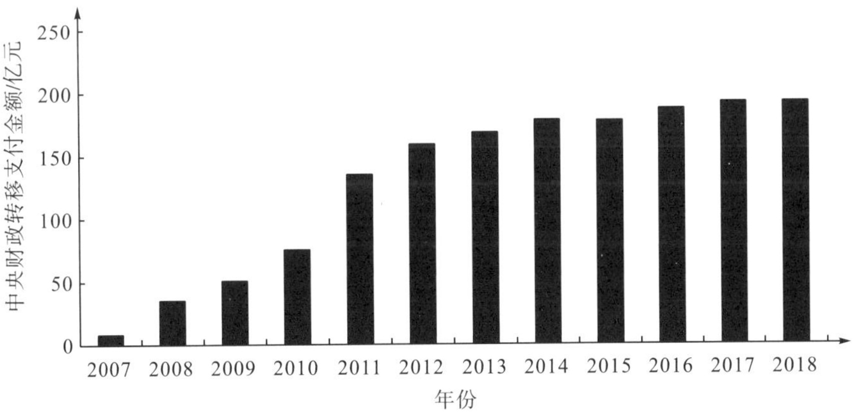

图 2.2 2007～2018 年中央财政对地方资源枯竭型城市累计转移支付统计

资源来源：根据国家发改委网站整理。

2.3 我国资源型城市转型范例

在政府对资源型城市转型的主导推动和财政支持下，资源型城市开展了创新探索和持续努力，不少资源型城市取得了较好的转型效果(表 2.5)[20-31]，一些转型试点城市已开始建设转型示范城市[14]。

表 2.5 中国资源型城市转型范例[10]

城市	原主导产业	主导替代产业	接替产业
河南焦作[20-23]	煤炭工业	旅游产业(矿山公园、地质公园)	能源、化工、原材料
甘肃白银[24, 25]	有色冶金	精细化工、机器制造、高新产业	有色金属及稀土材料、矿产和资源再生利用、新能源
辽宁阜新[14, 21, 26, 27]	煤炭工业	现代农业及农产品加工工业	煤的共生与伴生资源的开采利用

续表

城市	原主导产业	主导替代产业	接替产业
吉林辽源[26, 29]	轻工业	新材料产业、医药健康产业	煤矸石、粉煤灰等资源开发利用，异地煤矿开采
四川攀枝花[20]	钢铁工业	能源(水能)、电冶化工	旅游业、优质钢铁、钒钛新材料
甘肃玉门[29, 30]	石油工业	新能源(风能和光能)、装备制造	石油化工、矿冶建材
吉林白山[31]	综合资源	清洁能源、旅游、现代制药、绿色食品	木材产品、新矿产品原料

资料来源：根据参考文献[20]～文献[30]、国家发改委(东北振兴司)网站和部分资源枯竭型城市政府网站等资料整理。

转型取得成效的资源型城市各自依据自身所处的地理环境与社会经济状况，针对存在的主要问题，选择符合实际的替代接续产业，实施因地制宜的转型策略。其中，焦作、白银、阜新和玉门等城市在转型中取得比较成功的经验。

2.3.1 从“黑色”到“绿色”转型的焦作

位于河南省西北部的焦作市煤炭开采历史悠久，从唐代延续至今已逾千年。明清时期，焦作煤炭开发进入快速发展时期。1898 年，英国福公司开始在焦作开采煤炭，1909 年由英国福公司兴办焦作路矿学堂(焦作工学院和中国矿业大学的前身，2004 年焦作工学院更名为河南理工大学)，促进焦作煤炭开采日趋规模化和现代化。为了抵制英国福公司的垄断，焦作上千座小煤窑厂走向联合，组织了中州、豫泰、明德三个中方煤炭公司。三个中方公司经过多次协商，在 1914 年合并成立中原公司，与英国福公司抗衡。为避免中原公司和英国福公司长期斗争，两败俱伤，1915 年英国福公司与中原公司联合，实行分采合销，取名福中公司。1933 年两公司实行合采合销，改名中福公司(中福公司联合办事处)。抗日战争期间，中福公司曾一度南迁，在武汉汉口开办湖南湘潭谭家山煤矿，后又继续西迁进入四川盆地在重庆金刚碑办公，先后开办重庆江北天府煤矿、隆昌石燕煤矿、威远煤矿和犍为嘉阳煤矿。中华人民共和国成立后，1949 年成立焦作矿务局，2000 年改制为焦作煤业集团有限责任公司。焦作煤矿是中国煤炭工业的“活化石”，是中国近现代煤炭工业进步发展的参与者和见证者。中华人民共和国成立后，“一五”期间，国家把焦作煤矿列为重点建设单位，中马村矿作为苏联援建 156 个重点项目之一投入建设。20 世纪 80 年代和 90 年代，在产量衰减的情况下，焦作矿务局发展多种经营，成为全国煤炭行业的一面旗帜。1999 年在全国煤炭市场极度疲软的情况下，焦作矿务局已经走到了计划经济的尽头。由于水大、瓦斯大，开采成本高，企业兴办的学校、公安、后勤、医院等社会负担沉重，压得企业喘不过气来。面对这种困境，焦作市开始进行资源型产业转型发展。

焦作市的转型选择旅游业作为替代产业。该市在 1999 年陷入困境时开始强力实施“旅游带动战略”[20]进行转型发展，成立焦作市旅游局，正式将旅游业作为全市产业转型、经济结构调整的切入点和新的经济增长点，并坚持不懈地抓旅游景区建精品、旅游服务创品牌、宣传促销成规模。从 2000 年开始创建“中国优秀旅游城市”工程，2003 年“焦作山水”“云台山世界地质公园”等成为中国旅游知名品牌，云台山以独具特色的“北方岩溶地貌”被列入首批世界地质公园名录(2004 年)。同年，联合国世界旅游评估中心和世界旅游推广峰会全球秘书处授予焦作“世界杰出旅游服务品牌”荣誉(中国首个)。焦作市也于2004年获得“中国优秀旅游城市”称号。从1999年起，通过8年努力，共投入5亿多元用于旅游资源的开发和建设，焦作旅游实现了从“黑色印象”到“绿色主题”的转变[22]，在河南旅游业中已经形成“三分天下有其一”的局面。焦作从“黑色”到“绿色”的转型被写进中学地理新教材(2005年)。2007年，焦作市进入中国旅游城市百强，云台山景区入选首批国家5A级旅游景区。2008年3月，焦作被确定为全国首批资源枯竭型城市(煤炭类)。通过编制全市矿产资源规划，实施矿山企业的布局调整，2010年5月由国土资源部批准建设焦作缝山国家矿山公园。

焦作城市转型发展主要通过“四条路径”实现[23]：一是资源开发由地下转为地上，走综合发展道路；二是经济结构由“黑”变“绿”，走轻型工业化之路；三是旅游发展由温冷变为火爆，走旅游旺市之路；四是废物利用由废变宝，走循环经济之路。经过20多年的转型发展，焦作市产业结构发生根本性变化，最终摆脱城市经济对煤炭资源的过度依赖，由煤矿工业城市向综合性工业城市、山水旅游城市转变。焦作的转型被称为“焦作现象”。焦作成为国家旅游服务综合标准化示范市、中国最佳休闲旅游城市，中国旅游竞争力百强城市。2012年12月，焦作成为中原经济区经济转型示范市。

2.3.2 实施多元替代转型的白银和阜新

1. 联合国资源型城市持续发展范例奖：白银市

白银市是我国重要的有色金属工业基地，也是因矿而兴的典型矿业城市。中华人民共和国成立初期，白银市丰富的铜矿、煤矿资源优势吸引白银有色集团等大量国有企业进驻。20世纪60年代中期，白银市进入了矿产资源的大规模开发阶段，因连续10年铜产品产量达全国总产量的1/4，而号称“铜城”。1984～1988年，白银公司露天一号、二号矿区相继闭坑，白银市发展步入了资源枯竭转型期。然而，白银市在条块分割体制下，其管理体制、生产力水平、战略目标及城市功能的二元化现象极其明显。1985年，驻地大中型企业产值为23亿元，利税为4.82亿元，只有20%的产品税留在市里，地方财力薄弱，城市功能不全，企业只好背上“办社会的包袱”。为了扭转这种局面，白银市创立了处理地企关系的“三不三互”原则，即“地企之间，不比大小、互相尊重；不搞分割、互相协作；不分彼此、互相支持”。逐步形成以工业为主导，以农业为基础，城乡一体，工农并举；以工带农，工农互补，以城带乡，整体推动区域经济发展的局面[24]。

2008年，白银市被列入全国12个首批资源枯竭型城市经济转型试点市。该市突出培育有色金属及稀土新材料产业、精细化工一体化产业、矿产业和资源再生利用产业、能源和新能源产业、机械和专用设备制造业等八大支柱产业，促进经济可持续发展。在实施经济转型的同时，实施社会转型和文化转型，并形成自己的转型工作方法，被誉为资源型城市经济转型的“白银模式”。该市实施多元产业转型，涵盖农畜产品加工、文化旅游产业的发展到矿产资源深加工等各个领域。白银市转型发展高新技术产业和资源原材料深加工产业成效显著，获得联合国资源型城市持续发展范例奖[25]。

2. 全国第一个资源枯竭型城市经济转型试点市：阜新市

作为我国最早建立的能源基地之一，“煤电之城”阜新由于资源枯竭导致的煤矿关闭、工人下岗、经济下滑等诸多问题在2001年全面集中爆发。同年国务院将阜新市确定为全国第一个资源枯竭型城市经济转型试点市。阜新市着手巩固传统煤电优势、拉伸产业链，并立足本地资源、发展多元接续替代产业[27]，实施“产业转换+产业延伸”复合转型模式。从2001年起，阜新市经过5年转型走出“矿竭城衰”的困境，又经过5年的夯实发展，已于2011年开始着力创建资源型城市转型示范市[14]。

阜新作为全国第一个资源枯竭型城市经济转型试点市，其探索的时间最长、影响也最大。在煤炭产业方面，阜新实施“稳煤强电”和拉伸产业链的转型策略：2003年起利用国家财政支持，用6个多亿改造煤矿，年产增加375万t，保持产煤稳定。通过新建60万kW煤矸石发电厂和70万kW项目改造，总发电能力由约70万kW上升到200万kW；同时，积极探索煤炭深加工，通过上下游产品延伸开发，构成以清洁燃料、基本有机原料、合成材料等产品为主干的产品结构。在替代产业发展方面，在转型之初就将现代农业确立为阜新转型的突破口。通过引进双汇、伊利和草原兴发等70多家农产品加工龙头企业，形成以龙头企业带基地、以基地带种养户的“企业-基地-农户”现代农业发展模式，进而形成生猪、乳业、肉牛、肉鸡、花生、食用菌等10个农业产业化链条，以及阜蒙县、彰武县和高新区三个产业基地。同时发展风能、煤层气开发，以及装备制造、新型建材、精细化工、新型电子、服装、玛瑙等六大特色优势产业，实现产业多元化，并利用废弃煤矿建设全亚洲最大的矿山公园——阜新海州露天矿国家矿山公园。经过多年转型努力，农产品加工、装备制造、能源共同成为阜新市工业的三大支柱，其产值占全市规模以上工业的比例达到75%以上。

2.3.3 从“石油废城”向“能源新城”转型的玉门

因石油资源枯竭而衰退的玉门市在实施转型发展的过程中，抓住甘肃省“建设河西风电走廊，打造西部陆上三峡”的机遇，利用“世界风口”和太阳能富集优势，以风电为牵引，大力发展光电、水电、火电和生物质发电，并带动新能源装备制造业的发展，提高产业配套水平[29]。玉门市在2010年被评为国家绿色能源示范县，2011年成为全国“新能源产业百强县”第二名。2017年玉门市发电装机容量达372万kW，其中，风电装机240万kW、光电装机20万kW、水电装机17.2万kW、火电装机91.8万kW[30]。2010年，玉门市被国家能源局、财政部、农业部(现农业农村部)授予“国家绿色能源示范县”称号，连续三年被评为“中国新能源产业百强县”。通过设立玉门经济开发区(玉门镇)、老市区管理委员会(老市区石化工业园区、老君庙镇)和建材化工业园区(玉门东镇)，实施产业延伸、产业转型、产业升级，玉门从“一油独大”逐步迈向新老两种能源互促互补，石油化工、煤化工、新能源及其装备制造、绿色有机农产品生产加工、文化旅游等五大产业均衡发力的多元化经济发展格局[31]。为保持在全国光热产业的领先位置，2017年，玉门市启动了“玉门光热小镇”规划建设工作，规划建设以光热发电基地、装备制造基地、人才培训基地和光热研发中心为核心的“三基地、一中心”，旨在打造集光热发电、装备制造、科技研发、人才培训、文化旅游为一体的全产业链聚集体。总之，经过政府主导和城市与企业的多年转型努力，国内不少资源型城市相继取得转型发展的成功经验。

2.4 改革开放以来我国资源型城市转型研究

2.4.1 资源型城市转型的研究机构

20 世纪 80 年代起，在资源型城市自发转型阶段，国内煤炭等矿业城市组成的行业协会等社会团体开始关注矿业城市的发展。中国煤炭城市发展联合促进会等行业性学术团体率先介入，加强了煤炭资源型城市研究。1983 年，有关部门组织了“全国工矿城镇建设学术座谈会”。1987 年，以“煤炭城市”为主题召开了“全国煤炭城市经济社会发展问题研讨会”，并出版了论文集。为了为“四矿”（矿业、矿山、矿城、矿工）和政府决策服务，1990 年中国矿业协会（现为中国矿业联合会）成立，标志矿业资源型城市研究进入新阶段。中国矿业协会从 1997 年开始，分别在河南省平顶山市、陕西省铜川市、河南省郑州市、安徽省淮南市、辽宁省盘锦市、辽宁省阜新市、甘肃省白银市、吉林省白山市等城市举办中国矿业城市发展论坛，先后以矿业城市的产业结构调整、矿业城市的可持续发展、矿业城市的转型、矿业城市的环境保护、资源型（矿业）城市转型与可持续发展、矿业城市创新与发展、各矿业城市经验交流等为主题进行研讨交流。2004 年 11 月 22 日，由国务院振兴东北办公室、黑龙江省人民政府、吉林省人民政府、辽宁省人民政府和新华网共同主办的振兴东北网（网址为：http://www.zxdb.gov.cn）开通，设有“全国资源型城市可持续发展”栏目。该栏目报道全国资源型城市转型发展经验，把相关政策交给群众，让社会共同参与资源型城市发展。

2007 年《国务院关于促进资源型城市可持续发展的若干意见》发布后，我国资源型城市转型进入政府主导的综合转型阶段。国内资源枯竭型城市的衰退引起了学术界对资源（枯竭）型城市及转型的关注，一些专门的研究机构应运而生[10]。2009 年 9 月，东北师范大学成立了全国首个资源型城市研究中心。2009 年 12 月，国家发改委、北京产权交易所、北京环境交易所和《中国矿业资本》杂志社联合在北京成立了中国资源型城市可持续发展战略研究中心，其工作重点是打造资源型城市综合性交易和项目推荐平台。

随后，安徽、湖北、四川等省也分别在淮南市、黄石市和攀枝花市等资源型城市所在地的高等院校成立了资源（枯竭）型城市问题的省级高校人文社会科学重点研究基地：安徽省普通高等学校人文社会科学重点研究基地“资源型城市发展研究中心”（淮南师范学院，2011 年 4 月）、湖北省人文社会科学重点研究基地“资源枯竭城市转型与发展研究中心”（湖北师范学院，现湖北师范大学，2011 年 10 月）、四川省人文社科重点研究基地“资源型城市研究发展中心”（攀枝花学院，2013 年）。国家自然科学基金委员会、全国哲学社会科学规划办公室、国家发改委、教育部社会科学司等全国性机构及省级相关机构也通过相关项目支持资源（枯竭）型城市转型研究。国家发改委东北振兴司也从 2010 年开始发布全国老工业基地调整改造规划研究和东北地区等老工业基地振兴专项课题研究，开展资源型城市转型研究。经济类、地理类、管理类和历史类等学科刊物发表大量资源型城市的研究论文，有的刊物还专门开设资源型城市研究的专栏，如《资源与产业》专门开设“资源型城市可持续发展”栏目，并成为该刊物的优势特色栏目。

2.4.2 国内资源型城市转型研究进展

随着20世纪80年代国内一些资源枯竭型城市开始出现衰退，20世纪90年代学术界从工矿城市的专题研究转向资源型城市转型及其可持续发展研究。进入21世纪后，国内资源枯竭型城市问题越来越突出，资源型城市转型及可持续发展更是得到国内学者的广泛关注，并成为资源型城市研究的核心[32]主题。国内资源型城市转型研究早期从经济发展角度探讨产业转型，随后逐渐向产业转型政策、城市职能转变、转型效果评价体系和资源型城市规划、资源型地区城市化和城市空间发展等诸多方面拓展和深化[32,33]；研究对象从具体资源型城市转型的实证研究向资源型城市转型比较与类别分析的规范研究提升。

资源型城市转型路径和思路研究考虑的要素从单纯的经济因素向产业要素、生态要素和民生要素等多种转型要素综合转变[34]。无论是在资源型城市转型路径选择，还是转型评价研究中，不同类型的资源型城市比较研究开始成为重点[32,34,35]。国内外一些资源型城市已开展大量可持续发展方面的积极探索，并积累了一定经验。理论界归纳提出资源型城市产业代谢机制[36]：产业改造、产业延伸、产业救助、产业联盟、产业替代和产业置换等多种机制，相继提出了几种具有普遍意义的转型模式[37]：产业延伸模式、产业更新模式、复合模式，优势延伸模式、优势互补模式、优势组合模式和优势再造模式，并总结出大、小两种转型思路[38,39]。其中，实施大转型思路(引入全新替代产业)主要是通过调整产业结构和所有制结构来实现，也是目前改变资源型城市单一型经济结构的主要途径；而小转型思路(延伸产业链，带动相关产业)主要是利用本地资源和产业基础优势，通过发展资源的下游产业来实现。强调不同发展阶段城市的转型发展路径选择以及各种资源类别城市在不同转型要素下的路径选择[40]。资源型城市转型3种基本模式[41]为：产业链延伸模式(仅为城市发展的“权宜之计”，可以有效缓解资源型城市在短时间内衰退，但不是根本解决途径)、产业替代模式(多为“无奈之举”，资源型城市已经进入衰竭期，只有通过政府的大力投入来改变现状，植入和培育新型产业，保持城市生机)和产业多元化模式(较前两种模式更为全面，在城市转型初期采用第一种模式，中后期在产业链延伸的基础上发展替代产业，并解决各种矛盾和问题以实现资源型城市的持续繁荣)。随着资源型城市转型的推进，近年来，资源型城市转型评估研究日趋增多。从产业、民生、生态环境3个维度综合评估资源型城市转型[42]，用隶属函数性质的分段函数模型，识别转型阶段、分析转型特征及成因[43]并进行资源型城市转型期间产业结构升级变化的评价[44]。

资源型城市产业结构演变在短期内并不完全遵循三大产业演变的一般规律[45]，地方经济的发展也呈现矿业经济、乡村经济和城市经济交替上升的状况。资源(枯竭)型城市的转型过程既是经济结构转型(产业接续替代)过程，也是再城市化过程，还涉及劳动力转移等诸多方面。而经济结构转型(接续替代产业培育)则是资源(枯竭)型城市转型的核心所在。改变单一的产业经济结构，选择适宜的主导产业，并通过主导产业的前后向关联带动相关产业的发展。这种经济结构转型的思路已成为学术界和地方政府的共识[46]。在接续替代产业选取的大量实证研究中，提出了融合工业化水平（phase of industrialization）、产业竞争力（competitiveness of industry）、产业发展推动（drive for industrial development）和区位分析（locus analysis）的 PCDL 模型[47]，基于比较优势理论、用定性和层次分析法选择替代产业[48]，以及兼顾区域内外比较优势的替代产业选择模型[25]等研究方法；并提出接续替代产业发展的多种模式和路径[26,49]。基于产业发展理论提出资源型城市转型要实现产业链延伸、搬迁发展、退矿进一、退矿进二、退矿进三等五大替代产业的发展模式[49]。

随着资源枯竭型城市转型的推进，其资源型城市的区域协作[50]与产业集聚、城市空间演化和转型成效等也受到国内学者的关注。国内学者对资源型城市与区域发展、资源型城市地域特征、地域协同、产城模式、市矿协同、空间结构及地域空间优化等进行了大量研究。

当然，不同发展阶段的资源型城市和针对不同的转型矛盾，均应有不同的转型路径选择，即资源型城市的转型没有统一的最佳或最适方式。

2.5 小　　结

资源型城市具有独特的发展特点与规律，因此具有特殊的生命周期。任何开发不可再生资源的城市迟早都会遇到资源枯竭问题。计划经济时期，特别是“一五”时期和三线建设时期，是中华人民共和国成立后中国资源型城市发展的主要时段。改革开放后因资源开发而兴起的资源型城市日趋减少。从 20 世纪 80 年代开始，国内一些资源型城市开始出现衰退，到 21 世纪早期衰退更为严重。被废弃的新疆石油城镇依奇克里克、行政降级的云南省昆明市东川区、“油枯城迁”的甘肃省玉门市及曾经拥有亚洲最大的机械化露天煤矿的辽宁省阜新市都是资源枯竭型城市衰退的典型案例。

改革开放后，我国早期资源型城市转型以自发转型为主。而从 2007 年起我国资源型城市转型进入政府主导的综合转型阶段。政府主要从不断加强和完善转型组织领导，加强地质勘探、增加资源储量，开展转型试点，资源枯竭型城市确定、转型规划编制、转型评估与财政支持等方面主导资源型城市转型。在转型实践中，资源型城市探索出多元化的转型途径，并出现了从“黑色”到“绿色”转型的焦作、实施多元替代转型的白银和阜新、从“石油废城”向“能源新城”转型的玉门等成功转型的范例。

在资源（枯竭）型城市艰难转型的同时，研究资源型城市转型的机构应运而生。这些机构开展了大量实证研究，并取得丰硕成果。资源型城市转型是一个全面、综合的城市发展过程，但接续替代产业培育或经济结构转型是其关键所在。由于发展阶段和面临问题不同，资源型城市的产业转型路径与模式选择也不尽相同，即资源型城市的转型没有统一的最佳或最适方式。

参考文献

[1] 刘吕红. 中国资源型城市起点研究[J]. 兰州学刊, 2014(1): 89-94.

[2] 高中伟, 刘吕红. 我国“一五”期间资源型城市演进路径分析[J]. 四川师范大学学报, 2007, 34(6): 69-73.

[3] 吕勇. 新中国建立初期资源型工矿城市发展研究(1949—1957)[D]. 成都：四川大学, 2005.

[4] 董志凯, 吴江. 新中国工业的基石——“156”项建设研究[M]. 广州：广东经济出版社，2004.

[5] 周一星. 城市地理学[M]. 北京：商务印书馆, 2004.

[6] 中国社会科学院, 中央档案馆. 中华人民共和国经济档案资料选编: 固定资产投资和建筑业卷(1953—1957)[M]. 北京: 中国物价出版社, 1999.

[7] 刘吕红. 中国资源型城市发展中制度影响的历史分析[J]. 青海社会科学, 2012(6): 65-69.

[8] 陈东林. 三线建设：离我们最近的工业遗产[J]. 中国国家地理, 2006(6): 96-113.

[9] 周明长. 三线建设与中国内地城市发展(1964—1980年)[J]. 中国经济史研究, 2014(1): 142-151.

[10] 罗怀良. 改革开放以来中国资源(枯竭)型城市转型实践[J]. 四川师范大学学报: 自然科学版, 2015, 38(5): 774-781.

[11] 赵景海. 我国资源型城市发展研究进展综述[J]. 城市发展研究, 2006, 13(3): 86-91, 106.

[12] 张建华. 东川现象对资源衰竭型矿业城市——白银市转型的启示[J]. 资源·产业, 2005, 7(3): 19-22.

[13] 魏杰. 玉门城市搬迁经济转型实录[OL]. [2019-02-15]. http://www.yumen.gov.cn/lishiwenhua/lishiwenhua/wenshibolan/20170511/ 1516283382982c. htm.

[14] 刘燕, 王国辉. 阜新创建资源型城市转型示范市分析[J]. 辽宁工程技术大学学报(社会科学版), 2014, 16(2): 142-144.

[15] 高新才. 中国经济改革30年: 区域经济卷(1978—2008) [M]. 重庆: 重庆大学出版社, 2008.

[16] Li H J, Long R Y, Chen H. Economic transition policies in Chinese resource-based cities: An overview of government efforts [J]. Energy Policy, 2013, (55): 251-260.

[17] 国务院. 《国务院关于印发全国资源型城市可持续发展规划(2013—2020年)的通知》[OL]. [2013-11-22]. http://www.gov.cn/zwgk/2013-12/03/content_2540070.htm.

[18] 陆大道. 统筹兼顾, 全面部署, 资源型城市可持续发展迈入新阶段[J]. 国土资源, 2014(1): 10-11.

[19] 张文忠. 分类指导, 改革创新, 全面推进资源型城市可持续发展[J]. 国土资源, 2014(1): 11-13.

[20] 王永生. 攀枝花、阜新、焦作等矿业资源型城市成功转型告诉了我们什么[J]. 资源导刊, 2008(12): 10-11.

[21] Shao J, Zhou J Q. Study on the influences of industry transformation on the sustainable development of resource-exhausted city space [J]. Procedia Engineering, 2011(21): 421-427.

[22] 冯晓华. 中国资源型城市旅游业可持续发展探析——以焦作市为例[J]. 资源开发与市场, 2009, 25(5): 460-462, 436.

[23] 吴殿廷, 吴昊. 区域发展产业规划[M]. 南京:东南大学出版社，2018.

[24] 胡魁. 中国矿业城市基本问题[J]. 资源·产业, 2001, 3(5): 8-10.

[25] Long R Y, Chen H, Li H J, et al. Selecting alternative industries for Chinese resource cities based on intra- and inter-regional comparative advantages [J]. Energy Policy, 2013(57): 82-88.

[26] 孟韬. 资源枯竭型城市产业转型的定位与实践——阜新、辽源两个国家试点城市的经验比较[J]. 社会科学战线, 2007(5): 60-67.

[27] 冷艳菊, 赵宏燕. 资源枯竭型城市转型的路径——以阜新市为例[J]. 辽宁工程技术大学学报(社会科学版), 2011, 13(2): 169-171.

[28] 孙艳霜. 资源枯竭型城市经济转型的路径分析——以吉林省辽源市为例[J]. 长白学刊, 2013(2): 118-121.

[29] 汪晓文, 万劭琨, 赵梦园. 资源枯竭型城市经济转型中接续产业发展研究——以甘肃玉门市为例[J]. 经济视角, 2012(12): 8-11, 23.

[30] 玉门市人民政府, 玉门市地方史志办公室编. 玉门年鉴 2018[M]. 郑州: 中州古籍出版社, 2018.

[31] Liang S N, Jin Z H. Development models of resource-dependent cities' transformations and its experience and lessons—Take Baishan City's development of transformations as an example [J]. Energy Procedia, 2011(5): 1626-1630.

[32] 赵景海. 我国资源型城市发展研究进展综述[J]. 城市发展研究, 2006, 13(3): 86-91, 106.

[33] 胡礼梅. 国内资源型城市转型研究综述[J]. 资源与产业, 2011, 13(6): 6-10.

[34] 余建辉, 张文忠, 王岱. 中国资源枯竭城市的转型路径研究[J]. 世界地理研究, 2011, 20(3): 62-72.

[35] 余建辉, 张文忠, 王岱. 中国资源枯竭城市的转型效果评价[J]. 自然资源学报, 2011, 26(1): 11-21.

[36] 张复明. 资源型经济转型模式研究[J]. 经济研究参考, 2002(81): 15-20.

[37] 冯之骏. 经济战略研究与可持续发展的若干思考[J]. 中国人口•资源与环境, 2001, 11(2) : 1-5.

[38] 张米尔，孔令伟. 资源型城市产业转型的模式选择[J]. 西安交通大学学报(社会科学版), 2003, 23(1) , 29-32.

[39] 范育新, 高峰, 孙成权, 等. 有色金属资源城市经济转型发展的思考[J]. 中国人口•资源与环境, 2004, 14(3): 85-87.

[40] 张文忠, 余建辉, 王岱. 中国资源型城市转型路径和模式研究[J]. 城市与区域规划研究, 2011, 4(辑刊): 40-56.

[41] 韩术合, 张寿庭, 裴秋明. 资源型城市转型及可持续发展研究综述[J]. 国土资源科技管理, 2016, 33(1): 102-109.

[42] 余建辉, 张文忠, 王岱, 等. 资源枯竭城市转型成效测度研究[J]. 资源科学, 2013, 35(9): 1812-1820.

[43] 李汝资, 宋玉祥, 李雨停, 等. 吉林省资源型城市转型阶段识别及其特征成因分析[J]. 地理科学, 2016, 36(1): 90-98.

[44] 陈妍, 梅林, 胡宇娜. 东北资源型城市转型过程中产业结构升级演变研究[J]. 干旱区资源与环境, 2016, 30(12): 20-27.

[45] 陈晓建. 资源型城市产业发展轨道及转型模式思考[C] //中国城市规划学会. 转型与重构: 2011 中国城市规划年会论文集. 南京: 2011 中国城市规划年会, 2011.

[46] 吴强. 我国矿业城市经济结构转型的再思考[J]. 矿业研究与开发, 2004, 24(5): 13-15, 26.

[47] 尹红炜，孟宪忠，帅萍. 资源型城市选择接续产业的 PCDL 模型研究[J]. 城市规划, 2006(10): 13-15.

[48] 熊剑平，刘承良，张传琪，等.资源型城市发展评价与接续选择——以湖北省大冶市为例[J]. 经济地理, 2009, 29(8): 1282-1287.

[49] 张文忠, 王岱, 余建辉. 资源型城市接续替代产业发展路径与模式研究[J]. 中国科学院院刊, 2011, 26(2): 25-31.

[50] 王海飞. 兰白都市经济圈视角下的白银市可持续发展战略[J]. 经济地理, 2011, 31(4): 566-572.

第三章　西南地区成熟型资源城市分类及转型障碍

3.1　西南地区资源型城市发展历程及特征

中华人民共和国成立后，我国资源型城市主要兴起于“一五”时期和三线建设时期的计划经济时代。其中，三线建设对西南地区资源型城市的形成产生巨大影响，考虑到西南地区大三线建设范围，本书将西南地区成熟型资源城市的研究范围界定为四川、云南、贵州和重庆4个省(市)。因研究时点以及判定标准的差异，对资源型城市的界定尚没有公认的标准。本章对研究区域资源型城市的界定依据2013年《国务院关于印发全国资源型城市可持续发展规划(2013—2020年)的通知》。

地处西南地区的云南、贵州、四川、重庆4个省(市)天然气、有色金属、黑色金属、非金属等矿产资源丰富。这些地区既是我国重要的能源和原材料基地，又曾是三线建设[1]和西部大开发的重点区域，由资源开发而兴起的资源型城市众多。在《全国资源型城市可持续发展规划(2013—2020年)》[2]中确定的262个资源型城市涉及全国28个省(区、市)，上述4个省(市)共有50个资源型城市(地区)，属于资源型城市(地区)数量较多的省(市)(其中，四川省13个，云南省17个，贵州省11个，重庆市9个)(表3.1)。云南省更是全国资源型城市(地区)数量最多的省区。

表3.1　西南地区资源型城市(地区)统计　　(单位：个)

地区	城市类型												合计
	成长型			成熟型			衰退型			再生型			
	地级	县级	小计	地级	县级	小计	地级	县级	小计	地级	县级	小计	
四川	1	0	1	7	2	9	1	1	2	1	0	1	13
云南	2	0	2	4	6	10	0	3	3	1	1	2	17
贵州	4	0	4	1	5	6	0	1	1	0	0	0	11
重庆	0	0	0	0	6	6	0	2	2	0	1	1	9
合计	7	0	7	12	19	31	1	7	8	2	2	4	50

资料来源：根据国务院2013年发布的《全国资源型城市可持续发展规划(2013—2020年)》整理。

3.1.1　西南地区资源型城市的发展历程

1. 中华人民共和国成立前西南地区资源型城市发展

资源型城市是一定历史阶段的产物，属于历史范畴。中国资源型城市萌芽于南北朝时期，生长于唐宋时期，明显形成于明清时期[3]。中日甲午战争以后，中国出现了兴办工业的浪潮，这促使原有的资源型城市开始转型。同时，在清末矿产资源开发高潮中，又产生了一批近代新兴资源型城市。特别需要指出的是，长期的战争使资源型城市在一些开采战略物资的地区建立起来，这成为近代中国社会资源型城市发展的特色之一[4]。西南地区矿产资源丰富，但由于对矿产品资源需求和生产工艺的限制及区位与交通条件等因素的影响，该区早期矿产资源的开发规模有限。因矿产资源开发而形成的资源型城市出现相对较晚，最早的资源型城市(如四川自贡市、云南个旧市和东川市等)出现在清代。自贡、个旧和东川等是中华人民共和国成立前西南地区形成较早的主要资源型城市。

1)两次“川盐济楚”而兴起的盐都——自贡市

地处四川盆地南部低山丘陵区的自贡市于 1939 年设市，为民国年间最早建制设市的 23 个城市之一。自贡市是世界上最早开发利用天然气的地区，也是四川省最早的省辖市和工业重镇之一。自贡被称为“千年盐都”，其井盐生产始于东汉章帝时期，著名的盐井有富世井、大公井。北周武帝时(557 年)，. 因盐业发展，盐区人口增加，因盐置县设镇：以富世井为名设富世县，并以大公井为名设公井镇。唐代武德元年(618 年)升公井镇为县，隶荣州(取荣德山为名)；贞观二十三年(649 年)因避太宗李世民讳，改富世县为富义县。因自贡地区不断开凿盐井，经济繁荣，初步形成东富义、西荣州两个以井盐业为中心的经济区。宋代升富义县为富义监；太平兴国元年(976 年)因避太宗(赵光义)讳，改富义监为富顺监，富顺之名始于此；并废公井县入荣德县。明代降荣州为县，并易名富顺监为富顺县。明代嘉靖年间，富顺盐业生产中心西移，新井自流等井。富顺县自流井盐区与荣县贡井盐区相距 5km，产、运、销联系十分密切，“前明以来本属一厂，名曰富义”。富义厂是构成今日自贡城市框架的雏形。

自贡井盐生产发端于东汉，闻名于唐宋，鼎盛于明清。自贡在咸丰、同治年间成为四川制盐中心，井盐遍销川、滇、黔、湘、鄂诸省，供给全国 1/10 的人口食用。自贡在近代有两次发展的黄金时期，即两次“川盐济楚”[5]。一是太平天国战争时期(清咸丰年间)的“川盐济楚”。按照清朝的盐法引岸专商制度，湖广应为淮盐的运销区。当太平军以东京(今南京)为中心建立太平天国政权、控制长江流域的时候，盐法引岸专商制度无法实施，淮盐不能上运，清廷饬令“川盐济楚”。自贡地区(富顺和荣县)盐业生产步入鼎盛时期，其产量跃居天府之国井盐之首(年产量占全川的一半以上)，成为四川井盐业的中心。在 1868 年的官府报告中有：“四川井盐近来获利数倍，富顺尤为最旺”，且“富场产盐之多，远过犍为”。1902 年左右，四川富荣盐区(今自贡地区)的石星井首次使用蒸汽机车汲卤[6]。富荣盐区被誉为“富庶甲于蜀中”的“川省精华之地”和“盐都”。二是抗日战争时期的“川盐济楚”。1937 年抗日战争爆发，沿海地区相继沦陷，海盐内运停滞，湘鄂各地所需食盐靠川盐接济，自贡盐场产量大增，川盐再次济楚。其间，当时国内制盐巨头天津久大盐业公司内迁自贡。两次“川盐济楚”推动了自贡井盐的开采和区域经济的发展。但富顺、荣县两县分治的弊端成为自贡盐业发展的阻碍。为适应经济发展的需要和战时军需、民食及支援抗战，国民政府于 1939 年 8 月将富顺县第五区和荣县第二区的产盐区划出设市，取自流井和贡井第一字合称自贡市。至此，自流井和贡井地区之政区分别从富顺县和荣县分离。由于历史的选择，自贡盐业“独领风骚”、鼎盛辉煌，发展成为西南地区最早的资源型城市之一。

如今，在自贡市还保留有陕籍盐商的行帮组织西秦大会于清乾隆年间(1736～1752年)修建的自贡地区首座盐业会馆——西秦会馆。中华人民共和国成立后，自贡多次对西秦会馆进行保护和维修，并于1959年建立自贡盐业历史博物馆(图3.1)，全面展示了自贡盐业的历史演进和盐业经济的发展。

图3.1　自贡市西秦会馆(自贡盐业历史博物馆)

图片来源：自贡市人民政府网。

2)从银、铜开采到银、锡兼采的锡都——个旧市

位于云南省南部红河哈尼族彝族自治州的个旧以盛产锡而闻名于世，是全国有色金属工业基地之一，素有“锡都”之称。个旧是具有两千多年开矿历史的典型矿业城市。云南个旧是因锡而立、以锡而兴的冶金工矿城市。至今，红河个旧仍流传着“先有(云)锡，后有(城)市”之说。

我国早在公元前16世纪(商朝)就开始利用锡制作青铜器(锡铜合金)，《汉书·地理志》和《后汉书·郡国志》均有个旧锡矿开采的记载：“贲古，北采山出锡，西羊山出银，南乌山出锡”[7](贲古即个旧市卡房一带)。在距今两千多年前的汉代，个旧就对银、锡、铅进行了开采。西汉时，锡、银、铜采冶业已在个旧兴起。元、明时期，铜的开采很兴盛。但直到明代，个旧矿业才又开始有所发展。明正德五年(1510年)，《云南志》有“锡，蒙自个旧村出”之说，并以采银为主，铅锡次之。1840年以前，个旧最早开采的矿产资源主要是银和铜，到清初时银、锡兼采。

清初时期，白银和铜钱的需求量增大，由于清政府鼓励开采矿业，至乾隆年间，个旧矿冶业步入了兴盛时期。清康熙四十六年(1707年)在个旧设厂称“个旧厂”，专收锡、银课税。乾隆五年(1740年)，个旧大量开采锡矿，以满足铸造铜币所需的大量板锡。同年，清政府批准滇、黔、川三省收购个旧锡配铸青钱，锡矿开采迅速发展起来。1840 年鸦片战争以后，个旧主要开采对象是锡矿。光绪九年(1883 年)设立个旧厂务招商局，专管矿务，兼收课税。光绪十一年(1885 年)设个旧厅，建立衙署，经管个旧地区的矿务、税收和治安。光绪三十一年(1905 年)，朝廷准云南省在个旧建立大型官商合股企业——个厂官商股份有限公司。

1909～1937 年是中华人民共和国成立前个旧锡业最为鼎盛的阶段。宣统元年(1909年)滇越铁路通车，在蒙自碧色寨设站，大大加深了帝国主义掠夺个旧锡资源的力度，极大地刺激了锡矿开采。同年，大型官商合股企业个厂官商股份有限公司被改组为个旧厂锡务股份有限公司(云南锡业公司的前身)，并使用德国进口机器设备、工艺和聘用德国专家开展锡生产作业，开云南冶金工业近代化生产技术之先河[8]。金属锡由于具有特殊的功能，被广泛运用于军工、造船、运输、机械、罐头食品、航空、电子等诸多领域。锡不仅特殊而且很难回收，资本主义世界工业的发展对锡的要求量与日俱增与锡的出产量少之间产生了严重矛盾，许多资本主义国家的工业发展，都要仰仗于个旧的锡业，这使个旧这个偏远的西南小镇一时成为世界关注的焦点。清代以后，个旧锡的开采规模越来越大，产量居全国第一。1913 年 4 月，个旧厅改为个旧县，隶蒙自道，脱离蒙自县管辖，步入独立发展时期。20 世纪 30 年代末，个旧锡业生产达鼎盛时期，锡的出口量达全国的 90%以上。个旧从一个偏远的西南小镇迅速发展成为矿业城市，并形成相对完整的工业体系。

1938 年，国民党资源委员会在个旧成立“云南锡矿工程处”后，“四大家族”将锡务公司、炼锡公司及锡矿工程处合并组建“云南锡业公司”。随之，个旧锡业被官僚资本所控制。由于国民政府推行大锡统治政策，设立云南出口矿产品运销处，禁止自由买卖，产品统一由运销处低价收购，私人矿山、炉号严重亏损，停产倒闭。加之 1941 年日军侵占越南和缅甸，切断了云南与国外的交通线，直接影响着锡业生产。

3)“钱王故里”和“滇铜京运第一镇”——东川汤丹

昆明市东川区位于云南省东北部云贵高原北部边缘，境内有铜、磷、铁、黄金、铅锌、河沙、汉白玉、墨玉和石灰石等多种矿产资源。其中，东川铜矿储量丰富，是中国六大产铜基地之一，铜的地质储量占全国第二位，精矿含铜量为全国第三位。东川因铜而立，因铜而盛，也因铜而在行政区划上分分合合。东汉以前，东川铜矿即已开采鼓铸，驰名全国。明代嘉靖三十四年(1555 年)，皇帝下诏“即山鼓铸”铸制钱币。汤丹为云南首次铸币之地，并铸出开炉纪念巨币——“嘉靖通宝”，汤丹也因此被誉为“币帝故里”。据说汤丹自古以来就被称作“老厂”，也就是“古老的矿山”的意思。汤丹之名来源于“蟹壳出铜，其色发暗，以汤沃之，其色始丹”。

1723 年(清雍正元年)，清政府出现铸币铜原料供不应求的问题，当时东川府的铜通过历史上规模最大的“通京铜运”北运。铜运古道起于滇铜的主产地东川，最初的线路是经陆路到鲁甸、昭通，再到永善，从黄草坪下金沙江，过叙州(今四川省宜宾市)航运到四川泸州，沿长江过重庆、湖北汉口，到江苏扬州转进运河，北上天津、通州，又陆运至京师，途经今天的 11 个省(市)，全程达万里以上，称得上是水、陆联运的“万里京运之路”。后来，滇铜出省外运越来越多，完全取代了日本“洋铜”。这段早期的铜运驿道绕行乌蒙山间，山陡坡险，十步九折，铜运背夫不堪重负。于是到了后期，部分东川滇铜又从小江口下金沙江转水运，背夫们可少爬数百里山道。金沙江水道治理完毕之后，从会泽、娜姑到小江口的百里绝崖小道更成了乌蒙“京运”的捷径，每年有四百多万斤滇铜从此出省入京。

从清代雍正五年(1727 年)开始的大规模滇铜京运，持续了 185 年之久。而每年京运的数百万斤东川铜，主要是从汤丹起运，所以汤丹被称为“滇铜万里京运第一镇”。清代是东川产铜的极盛时期，当时云南产铜量占全国的 81%，而东川占全省的 72%。当时，东川铜每年运往京城铸钱或造器皿的达 158 万 kg。汤丹厂是清代全国第一大铜厂，清乾隆皇帝 1793 年曾为东川铜业御题了“灵裕九圜”匾额(现存于东川铜矿龙神庙)。鸦片战争爆发后，外国铜大量输入，我国铜矿业遭受冲击，东川产铜趋于衰落。

作为“钱王故里”和“滇铜京运第一镇”的汤丹镇目前仍保留有许多近代铜业开采的遗迹。其中，老明槽采矿遗址则是清代汤丹铜厂采矿区中心地带。老明槽之名的由来，意为古老的露天采矿场。“明槽”即露天采矿。汤丹洋人洞位于汤丹镇桃园村西约 2km。因负责此洞采掘的是一个日本人，时称日本人为“东洋人”，故此洞亦称“洋人洞”，此名称一直沿袭至今。汤丹赵氏宗祠位于今汤丹镇大坪地社区，修建祠堂的赵氏为近代以来在东川经营采矿冶铜业有名的富豪大户。2010 年，汤丹镇被纳入国家地质公园范围，众多的铜矿业相关遗迹使汤丹成为云南省唯一一个以工业遗迹为主题的省级历史文化名镇(2012 年 4 月)。

2. 中华人民共和国成立后西南地区资源型城市发展

中华人民共和国成立后，西南地区资源型城市同全国资源型城市一样，大多兴起和发展于早期的计划经济时期。其中，“一五”时期和三线建设时期是西南地区资源型城市快速发展的主要时期。

1)“一五”时期西南地区资源型城市发展

1953 年，云南锡业公司、个旧电站(火电站，1954 年更名为开远电厂)、会泽铅锌矿和东川矿务局等均为国家“一五”时期的 156 项重点建设项目之一。个旧和东川均属于中华人民共和国成立后在“一五”时期建成或基本建成的资源型城市。

由于个旧矿区历史上形成了私矿大于公矿的客观事实，中华人民共和国成立后云南锡业公司将数以千计的小生产者组织起来发展锡业生产，确立了国营锡业的主导地位。1951 年，个旧县改为省直辖市，之后，1958 年 9 月又凭借其重要的经济地位成为红河州州府，云南东南部政治、经济、文化中心从蒙自、石屏转移到个旧。至此，个旧成为一座名副其实的锡城。

东川属中国六大铜业基地之一，东川铜业作为国家“一五”时期的重点建设项目，开始了大规模的矿山现代化建设，东川铜业也迎来了新的发展高潮。1952 年 11 月政府成立东川矿务局，为加速东川矿山建设，云南省动员了 6 万多名民工，历时一年零十个月，于 1953 年 2 月修通了从嵩明羊街到因民的铜矿公路，结束了东川矿区没有公路和靠人背马驼运输的历史。同时还扩建(修建)了几座水电站和柴油发电站，为大规模的地质勘探和基本建设打下了坚实的基础。1954 年成立省辖地级东川矿区人民政府，1958 年撤区设立云南省直辖地级市(东川市，驻铜都镇)。东川矿务局从成立到破产的 48 年间，经历了大规模勘探、大规模矿山建设与开发、人口快速增长和资源快速消耗阶段[9]。在这 48 年间，汤丹镇作为东川矿务局所在地和主要原料供应地，为全国经济发展和国家建设做出巨大贡献。后因资源枯竭、市场原因等多种因素影响，其铜矿产业衰落。资源型城市东川市出现衰退，于 1998 年 12 月撤销东川市而设昆明市东川区。

2) 三线建设时期西南地区资源型城市发展

由于西南地区特殊的地理环境，三线建设时期成为西南地区资源型城市形成和发展的特殊时期。三线建设涉及西南三线、西北三线和中南三线，其重点在四川(包括重庆)、贵州、云南等西南三线地区，项目投资占全国三线建设的三分之一。西南地区的三线建设战略设计推动了区域的发展[10]，尤其是极大地促进了资源型城市的兴起或巨大发展。三线建设的工业布局要求选定地址必须符合这样的要求：一是接近铁矿区、煤矿区，原料丰富；二是接近煤矿区、水电站，能源丰富；三是水资源丰富；四是水陆交通便利；五是地形起伏大，平地少，有利于战略隐蔽。在这个背景下，四川攀枝花、贵州六盘水[11]等发展为新兴的资源型城市。

攀枝花以其丰富的资源，近矿、近煤、近水、近林及炼钢炼铁各种辅助原料齐备的全面优势，且地处内陆腹地，地势隐蔽，地形险要，是建立战略后方基地的理想场所。攀枝花市十分符合三线建设“靠山、分散、隐蔽”的布局原则，由此成为三线建设的重中之重。攀枝花钢铁工业基地是全国最大的三线建设项目，攀枝花市因此成为全国最大的新建三线建设城市。当时，攀枝花钢铁基地建设实行的是全国总动员进行支持的特殊体制[12]。1965 年前后，中央几乎同时批准设立安达特区(现黑龙江省大庆市)和攀枝花特区(对外称渡口市)[13]。该地成立攀枝花特区人民委员会，实行政企合一。有关企业工作以冶金部领导为主，有关地方工作以四川省人民委员会(现四川省人民政府)领导为主。为了保证攀枝花钢铁基地的顺利建设，国家对攀枝花钢铁基地在资源配置上给予大幅度倾斜[12]：对攀枝花特区实行综合项目计划单列，集中财力和物力保证建设，及时进行行政区划调整，选配优秀人才到攀枝花，组建专门为攀枝花建设服务的交通运输部直属第一汽车运输公司。从投入人力、物力和财力来看，国家在攀钢一期工程建设和专门为攀枝花建设的成昆铁路中一共投入近百亿元，约占三线建设总投资的 1/20；投入人力约 50 万人(不含大量无正式编制民工)，约占三线建设投入人力总量的 1/10。相关资料显示[14]：“攀枝花钢铁工业基地在 1964～1985 年，国家共投资 35.27 亿元(含技术改造投资 6.72 亿元)，形成固定资产原值 24.92 亿元(其中，仅攀枝花钢铁公司同期国家投资达 17.55 亿元)。据估计，1964～1980 年，国家对渡口市的总投资达 26 亿元，占全国三线建设总投资的 1.21%以上。”与此同时，工业基地建设推动了城市的迅猛发展，攀枝花市由 1964 年的山区传统农业区域发展成为 1978 年拥有 33.4 万人的新兴中等资源型城市。经过长期建设，特别是三线建设时期的建设，攀枝花市成为西南地区最大的钢铁工业城市。2015 年 3 月 3 日，在攀枝花建市 50 周年之际，位于攀枝花市花城新区的攀枝花中国三线建设博物馆正式开馆(图 3.2)。

图 3.2　攀枝花中国三线建设博物馆

图片来源：攀枝花中国三线建设博物馆网站。

位于贵州高原西部乌蒙山区的六盘水市，是国家三线建设时期发展起来的一座以能源原材料工业为主的典型资源型城市。六盘水矿产资源丰富，煤储量居全省之首。六盘水煤田煤炭资源远景储量为 844 亿 t，探明储量 22137 亿 t，具有储量大、煤种全、品质优的特点，是全国十四大煤炭基地的重要组成部分，是长江以南最大的主焦煤基地，素有“江南煤都”之称。1964 年 5 月，根据中共中央工作会议精神，原国家计委和煤炭工业部经过调查对比，六盘水以其区位优势和煤炭资源，特别是其中优质冶金焦煤的巨额储量，被国家确定为西南三线建设的主要煤炭基地：六枝、盘县、水城三县境内均建立了煤炭基地。六盘水这一组合性的专用地名也由此而得，接着六枝、盘县、水城三个矿区(后改特区)作为煤炭基地也相继成立。1966 年中央批准成立六盘水地区工业建设指挥部。1967 年 10 月，六盘水地区革命委员会筹备小组成立，六盘水开始作为一个行政辖区而存在，其下辖三个特区(前述六枝、盘县、水城三个特区)。1970 年 12 月六盘水分别将隶属安顺地区、兴义地区、毕节地区的郎岱县、盘县、水城县分别与六枝、盘县、水城三个特区合并，合并后仍分别称为六枝、盘县、水城特区，隶属六盘水地区。三线建设直接促进了六盘水市的兴起和发展，1978 年 12 月，六盘水地区改为省辖六盘水市，下辖六枝特区、盘县特区、水城特区，市政府驻水城特区。经过三线建设，六盘水成为以煤炭、钢铁、建材和能源等为主的资源型城市。六盘水市 2013 年 8 月 17 日建成的贵州三线建设博物馆是国内第一家以“三线文化”为主题的博物馆(图 3.3)。

3)改革开放后西南地区资源型城市发展

20 世纪 80 年代改革开放以后，西南地区重点加强对原有资源开发基地的改造，资源开发强度有所减缓。资源开发机制转变和单一型资源开发由于地理环境的束缚，致使围绕资源开发而形成大型城市聚落的可能性相对越来越小。改革开放后，在西南地区发展和形成的资源型城市主要有云南省兰坪白族普米族自治县、晋宁县和四川省绵竹市等。

1965 年在云南省兰坪白族普米族自治县发现兰坪铅锌矿，1979 年开始开发并形成一定生产能力，1998 年 12 月成立云南兰坪有色金属有限责任公司。随着铅锌矿开发规模的扩大，兰坪白族普米族自治县发展为资源型城市。云南省晋宁县的磷矿品位高，磷矿含镁低，可露天开采，晋宁县被誉为世界四大磷都之一。1981 年 5 月晋宁县建设现代化露天矿山晋宁磷矿，为云南磷化集团有限公司下属的四大主体矿山之一，是集采、选为一体的大型现代化露天矿山。随着磷矿的大规模采选开发，晋宁县也发展成为资源型城市。

图 3.3　六盘水市的贵州三线建设博物馆

图片来源：贵州三线建设博物馆网站。

四川省绵竹市境内的磷矿和煤炭等矿产丰富，其中，磷矿在全省占重要地位。该市磷矿主要有什邡式磷矿（海相沉积磷矿床）和清平式磷矿（海相沉积磷块岩矿床）两种类型。20 世纪 50～60 年代先后建设有天池煤矿（1958 年）、太阳寺磷矿和全国重点化学矿山、国家大（二）型矿山企业清平磷矿（1964 年）等。改革开放后，该市矿产开采业持续扩大：在原天池煤矿的基础上，于 1993 年成立天池集团开发天池煤矿和太阳寺磷矿；在原清平磷矿的基础上，于 2006 年由中国昊华化工（集团）总公司和德阳市政府国有资产监督管理委员会共同出资改组为德阳昊华清平磷矿有限公司，并形成年产 100 万 t 磷矿石生产能力；从 1985 年起，依托纯碱生产逐步发展形成集磷化工、钛化工、矿冶和生物科技为一体的龙蟒集团。绵竹市也发展成为以磷矿开采为主的位于重化工产业链条上的非金属矿资源型城市。

总之，进入 21 世纪后，随着国内资源枯竭型城市问题进一步凸现，生态环境保护及对天然林实施禁伐，传统资源型产业如钢铁、煤炭、水泥和玻璃等产能过剩，在吸取资源枯竭型城市问题教训的基础，西南地区因传统资源开发形成的资源型城市更是日趋少见。与此同时，资源型城市特别是资源枯竭型城市也开始转型发展。

3.1.2　西南地区资源型城市的特征

西南地区位于我国西南内陆地区，包括四川盆地、云贵高原和横断山区等多个地理单元。该区地势起伏大，地貌类型多样，地理环境复杂，非地带性分异显著而独特。独特的区位条件和复杂的地理环境使该区社会经济发展既表现出明显的区域差异性和复杂性，也使西南地区资源型城市具有自己的特征。

1. 西南地区资源型城市的类型复杂多样

西南地区地理环境复杂多样，矿产和森林等自然资源丰富，区域自然资源的分布和组合多样，开发历史和发展基础差异显著。因此，西南地区不仅资源型城市数量众多，而且类型复杂多样。

如前所述，西南地区四省(市)共有 50 个资源型城市，属于资源型城市数量较多的省(市)(表 3.1)。从资源型城市发展阶段来看，该区不仅资源型城市数量众多，而且囊括了成长型、成熟型、衰退型和再生型等所有发展阶段类型的资源型城市。其中，又以成熟型资源城市最多(共 31 个，见表 3.2)，占该区 50 个资源型城市的 62.0%，高于全国平均水平(53.8%)。西南地区成熟型资源城市在四省(市)分布比较均匀，其中尤以云南省最多，四川次之，贵州和重庆再次。从成熟型资源城市的行政级别来看，西南地区地级成熟型资源城市以四川省最为集中，达 7 个。而县级成熟型资源城市则主要分布在云南、贵州和重庆三省(市)。

表 3.2　西南地区成熟型资源城市统计

省区	地级	县级	合计/个
云南	曲靖、保山、普洱、临沧	安宁市、开远市、晋宁县、新平彝族傣族自治县、兰坪白族普米族自治县、马关县	10
贵州	安顺	清镇市、开阳县、修文县、遵义县、松桃苗族自治县	6
重庆	—	铜梁县(现铜梁区)、荣昌县(现荣昌区)、垫江县、城口县、奉节县、秀山土家族苗族自治县	6
四川	广元、广安、自贡、攀枝花、达州、雅安、凉山彝族自治州	绵竹市、兴文县	9

注：根据国务院发布的《全国资源型城市可持续发展规划(2013—2020 年)》整理。

从资源型城市的地理环境来看，西南地区资源型城市所处的地理环境复杂、开发的矿产资源类型多样、发展基础与面临的转型障碍各异，特别是城市内部差异更为突出，与国内其他地区存在显著差异。我国其他地区的资源型城市所依托的矿产资源和森林资源种类均比较单一，如东北地区资源型城市主要依托化石能源(煤炭和石油)、铁矿和森林等资源，华北地区资源型城市主要依托化石能源(煤炭和石油)，西北地区资源型城市主要依托化石能源、有色金属矿产等资源等。由于西南地区地质演化历史和地质构造复杂，其矿产资源的种类复杂，又是全国第二大林区所在。因此，从资源型城市所依托的资源类型来看，与全国其他地区资源型城市依托较为单一类型的资源相比，西南地区资源型城市所依托的资源类型也表现出复杂多样性。西南地区既有依托化石能源矿产(煤、天然气等)、黑色金属矿产(铁矿、铅锌矿)和有色金属矿产(锡、铜、铝、黄金、稀土和汞等矿产)的资源型城市，也有依托非金属矿产(磷、重晶石、硫和石灰石等)的资源型城市，还有依托森林资源的资源型城市(云南省丽江市、新平彝族傣族自治县和香格里拉市等)。西南地区一些资源型城市同时蕴藏和开采多种矿产资源，如四川省攀枝花市既有丰富的钒钛磁铁矿和煤矿，还有丰富的苴却砚、晶质石墨和花岗石资源。四川雅安市既开采石棉矿、稀土矿，还开采花岗石等建材矿产。又如达州和广元两市既有丰富的煤炭矿产，还有储量可观的天然气等其他矿产资源等。需要指出的是，西南地区有一部分资源型城市仍然是国家未来的重要资源供应和后备基地，如贵州省清镇市是未来重要的铝土矿后备基地，云南省马关县是未来重要的锡矿后备基地，四川省凉山彝族自治州是未来重要的稀土矿后备基地。

值得注意的是，西南地区自然环境独特，旅游资源丰富，不少资源型城市本身还具有较优质的旅游资源，如贵州省安顺市拥有著名的黄果树瀑布，六盘水市具有优越的气候旅游资源(被誉为“中国凉都”)、夜郎国文化遗址和大洞古人类文化遗址，四川省自贡市有恐龙博物馆和盐业历史博物馆(西秦会馆)，泸州市有古蔺县红军四渡赤水太平渡陈列馆，广元市有剑门蜀道，云南省普洱市有茶马古道等。同时，该区一些资源型城市在矿产开发中形成独具特色的工业遗迹旅游资源，如具有优越康养气候与生态环境的四川攀枝花市拥有成昆铁路、象牙微雕钢城(弄弄坪)和中国三线建设博物馆等精品工业旅游资源；云南昆明市东川区依托东川铜矿建有国家矿山公园，当年东川矿务局驻地汤丹镇作为“钱王故里”和“滇铜京运第一镇”，成为云南唯一的工业遗迹古镇；而个旧作为在云南省较早呈现工业文明的地区，具有多处锡文化古墓葬遗址和工业遗址，其中矿冶遗址和数千米长的矿道堪称“中国冶金活态博物馆”、鸡街寸轨火车站已被列为全国重点文物保护单位、29 号小火车头堪称国宝；“中国凉都”贵州六盘水也建有贵州三线建设博物馆等。

2. 西南地区资源型城市兴起背景和发展历程特殊

如前所述，西南地区开发历史相对于其他地区较晚。现代资源型城市多兴起于中华人民共和国成立后的计划经济时期——“一五”时期和三线建设时期。其中，具有浓郁备战特征的三线建设使西南地区资源型城市的形成和发展具有特殊性。

1965 年 2 月 26 日，国务院发布《关于西南三线建设体制问题的决定》，决定成立西南三线建设委员会，李井泉任主任，程子华、阎秀峰为副主任。三线建设在全国建成的以大中城市为核心的成渝、川黔滇、关中、兰州天水、武汉—大冶、鄂西、豫西和湘中等八大新工业区[15]中，西南地区就有成渝工业区和川黔滇工业区两大工业区。成渝工业区和川黔滇工业区沿宝成(宝鸡至成都)铁路、成昆(成都至昆明)铁路、贵昆(贵阳至昆明)铁路、川黔(重庆至贵阳)铁路、襄渝(襄樊至重庆)铁路、成渝(成都至重庆)铁路为发展轴，以成都、昆明、贵阳、重庆为中心，包括德阳、绵阳、广元、乐山、西昌、渡口、六盘水、遵义、自贡、泸州、内江、达县(现达川区)等数十个中小工业城市和工业城镇组成的“四边形状”的西南工业城市聚集区。三线建设在进行战备工业建设的同时，推动了西南地区资源型城市的快速发展。其中，新建攀枝花和六盘水两个工业城市，依托原有老城扩建和发展 10 个资源型城市和一些独立工矿区(表 3.3)。

表 3.3　三线建设时期西南地区新建和扩建的资源型城市

发展类型	数量/个	城市(所在省区、设立时间)	城市发展模式
新建城市	2	攀枝花(四川，1965)、六盘水(贵州，1978)	在非城市地区集中建设
扩建城市	10	四川：广元(四川，1985)、自贡(四川，1939)、雅安(四川，1983)、华蓥(四川，1985)、达县(四川，1976)、绵竹(四川，1996)	依托老城扩建

续表

发展类型	数量/个	城市(所在省区、设立时间)	城市发展模式
		重庆：南川(重庆，1993)、万盛(重庆，1955)	
		贵州：安顺(贵州，1958)	
		云南：曲靖(云南，1983)	

从表 3.3 中可以看出，在西南地区的三线建设中，四川省(重庆市当时属于四川省)更是三线建设的重中之重。当时，四川以既有城市和新城市为载体，规划建设了四大工业区：由成都、绵阳、德阳、广元、乐山等城市组成的以航空、电子、机械、核工业等为主的川西(成都)工业区，以钢铁、造船、常规武器等为主的重庆工业区，由自贡、内江、宜宾、泸州等城市组成的以煤炭、机械、天然气、化工为主的川南工业区，由渡口、西昌等城市组成的以钢铁及有色金属工业为主的攀西工业区。随着众多三线企业向四川部分城市的搬迁，推进了“大成都、大重庆”城市群、广元—江油—绵阳—德阳和乐山—内江—自贡—宜宾—泸州等城市带的形成。其中，形成和扩建了不少资源型城市，如广元、自贡、雅安、华蓥山、达县等。

3. 地级资源型城市特别是地级成熟型资源城市地位突出

在西南地区 50 个资源型城市中，有地级资源型城市 22 个(表 3.1)。这 22 个地级资源型城市(地区)的面积和人口(2016 年)分别占西南地区四省(市)总面积和总人口的 43.57%、45.48%，而 22 个地级资源型城市的生产总值仅占西南地区四省(市)总生产总值的 28.30%(因重庆市没有地级资源型城市，该 22 个地级资源型城市生产总值占四川、云南和贵州三省生产总值总值的 36.68%)。可见，该区地级资源型城市的转型发展和提升对西南地区区域经济的整体发展具有重要影响。此外，从城市建制的设置情况来看，在西南地区 50 个资源型城市中有建制城市 24 座(其中，地级城市 18 座、县级市 6 座)，分别占西南地区 2016 年 65 座建制城市(地级城市 32 座、县级市 33 座)的 36.92%(地级市的 56.25%和县级市的 18.18%)。也可以看出，西南地区地级资源型城市在该区建制地级城市中同样具有重要作用。

在西南地区 22 个地级资源型城市中有成长型资源城市 7 个、成熟型资源城市 12 个、衰退型资源城市 1 个和再生型资源城市 2 个。分别统计该区 4 种地级资源型城市发展阶段类型的面积、人口和生产总值(2016 年)的构成占比(图 3.4)，又可以看出该区地级成熟型资源城市分别占该区地级资源型城市面积、人口和生产总值的 51.75%、49.34%和 52.93%。可见，西南地区地级资源型城市特别是地级成熟型资源城市在西南地区是一类非常重要的城市。

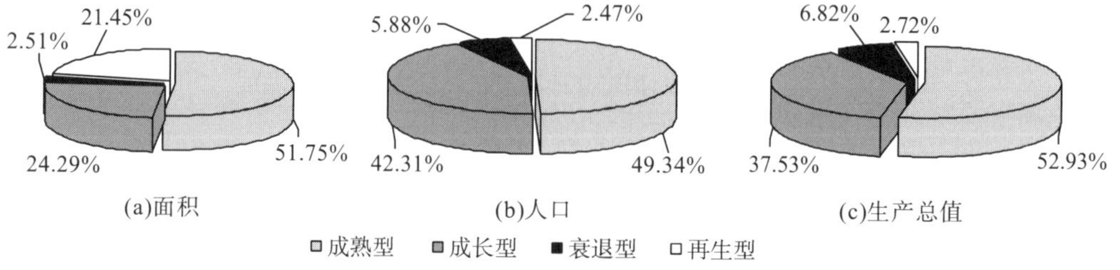

图 3.4 西南地区 4 类地级资源型城市面积、人口与生产总值所占比例构成图

当然，需要指出的是西南地区地级成熟型资源城市所处环境、依赖资源和经济发展水平等差异明显(表 3.4)，需要分类进行研究。

表 3.4 西南地区地级成熟型资源城市概况(2016 年)

省区	城市	设立年份	人口/万人	面积/km²	生产总值/(×10⁵万元)	辖区	人口密度/(人/km²)	人均生产总值/(元/人)	矿产类型
四川	广元市	1985	305	16311	66.00	3 区 4 县	187	25072	煤、天然气、砂金
	达州市	1999	684	16588	144.71	4 县 2 区 1 市	412	25921	天然气、煤
	广安市	1998	467	6341	107.86	2 区 1 市 3 县	737	33130	天然气、煤、石油
	自贡市	1939	327	4381	123.46	4 区 2 县	746	44481	岩盐、煤等
	雅安市	2000	155	15046	54.53	2 区 6 县	103	35335	石棉、锰、石材
	攀枝花市	1965	111	7401	101.47	3 区 2 县	149	82221	钒钛磁铁矿、煤等
	凉山彝族自治州	1952	512	60294	131.48	16 县 1 市	85	25680	铅锌、稀土、煤等
云南	曲靖市	1997	653	28905	177.51	1 市 1 区 7 县	226	29266	煤、天然气、锰等
	保山市	2000	261	19637	61.34	1 区 1 市 3 县	133	23692	硅、铁
	普洱市	2003	251	45385	56.75	9 县 1 区	55	21685	黄金、铁、铜、铅等
	临沧市	2003	237	23620	55.08	1 区 7 县	100	21906	锗、硅藻土等
贵州	安顺市	2000	300	9267	70.14	2 区 4 县	324	30216	煤、重晶石、石灰石等

注：①数据资料截至 2016 年底，人口数据为年末户籍人口数。

4. 资源型城市的地质环境问题突出

西南地区受地质构造、地形起伏和降水时空不均等因素的影响，滑坡、泥石流等山地地质灾害频发。资源型城市矿产开采活动一方面加剧地质灾害，另一方面又产生环境污染等问题。例如，华蓥市瓦店高顶煤矿区、毕节市织金县织河煤矿区、黔南布依族苗族自治州荔波县茂兰煤矿区、开远市开远小龙潭煤矿区等地因煤矿开采造成的塌陷区问题突出，需要及时治理；昆明市东川区东川铜矿区、玉溪市易门县易门铜矿区的滑坡泥石流则属于地质灾害重点治理区域；铜仁市贵州汞矿区、个旧市个旧锡矿区等地的重金属污染治理，泸州市大树硫铁矿区的尾矿库和兴文县诸多小硫铁矿开采污染等问题均比较突出。

其中，云南省昆明市东川区的泥石流问题较严重。该区地质岩层古老，岩性复杂，以纵贯全境、规模巨大的小江深大断裂带为东川境内的主构造带。此断裂带受挤压剧烈，岩体破碎，加之历代伐薪炼铜等诸多原因，形成大量地表碎屑物质，致使东川成为举世闻名的现代暴雨型(或雨洪型)泥石流强烈活动区。该区水土流失严重，东川的森林覆盖率由 1958 年的 30%下降到 1990 年的 14.6%。为此，中国科学院成都山地灾害与环境研究所在铜都镇绿茂乡蒋家沟下游、大凹子的右岸建有专门的泥石流观测站——东川泥石流观测站

(1961 年开始建站，103° 08′E，26° 14′N)（图 3.5）。由于该区泥石流类型齐全、爆发频发，泥石流观测研究基地闻名，东川还建有泥石流国家地质公园。

图 3.5 中国科学院东川泥石流观测站园区

图片来源：中国科学院网站。

东川的地质灾害给当地生产和生活带来巨大威胁与损失。例如，1968 年 7 月东川蒋家沟暴发的泥石流堵断小江流域，形成江水回溯 10 多公里的堰塞湖，淹没两岸通往矿区的公路桥和小江铁路桥等三个月，淹没万亩良田，粮食损失 320 多万千克，带来巨大经济损失。1984 年 5 月 27 日，东川因民矿区黑山沟发生史上死伤最惨重泥石流，导致 121 人死亡、34 人受伤。据统计，2011 年在东川区 1858.79km^2 的面积上，有地质灾害点约 400 个，其中滑坡 249 个，泥石流 113 个，崩塌 21 个，塌陷 18 个。其中，被列为重点监测的地质灾害点有 104 个。在东川形成资源型城市矿山开采后独特的所谓采空区、塌陷区和地质灾害隐患区等东川“三区”。东川“三区”因受泥石流、崩塌和滑坡等地质灾害隐患威胁居民生命财产安全，或由于地质灾害使其丧失基本生产资料无法维持正常生活等原因，而需要搬迁移民，形成特殊的东川“三区移民”。据统计，东川这些地质灾害点共涉及该区 8 个乡镇 12 个村 363 个村民小组的 1.625 万户约 6.5 万人需要搬迁[16]。2009 年 4 月 28 日，东川区决定用 5～10 年的时间把矿区存在安全隐患的居民、不具有生产生活条件和不利于生态环境建设的村庄、散户全部搬迁完毕。但由于目前国内移民搬迁的政策大多针对水利水电工程建设移民、煤炭采空区移民和生态移民等，东川“三区移民”没有现行政策依据，移民实施的资金问题突出。

类似矿产开采出现的地质灾害等问题在个旧市和攀枝花市也比较突出。个旧市经过长期锡矿开采，1998 年闭库的牛坝荒尾矿库约有 665$hm^2$①，蓄积尾矿 3000 多 m^3，高出城区

① $1hm^2=10000m^2$

250m，在雨季，该尾矿库对个旧市区有地质灾害的威胁。同时，个旧市城区西南山上 360hm^2 的裸露采空区，每到雨季也形成巨大的威胁。又如，攀枝花市西区连续 50 多年的大规模深度煤炭开采，造成大面积采空区，引发山体滑坡断裂、地面沉陷、水土流失等，导致地下水位下降、地表水枯竭、土壤肥力下降等生态问题。其中，宝鼎矿区的采空区面积就达 150 多平方公里，涉及 14 个村 41 个村民小组的 2398 户 9633 人，其中危房户 339 户 1353 人，安置搬迁压力较大。

此外，西南地区资源型城市因矿产开采还存在环境污染问题，如攀枝花市环境污染事故时有发生。2002 年 7 月 4 日，攀枝花市境内黄磷厂的泥磷池垮塌，引发黄磷泄漏事故，不仅直接造成人员伤亡，还对大气造成严重污染。

西南地区资源型城市在地域空间上还有一个突出特征——其地域空间变动具有突发性和频繁性，且该区资源型城市的区位条件整体偏远。这一特征将在第七章予以详细讨论。

3.2 基于区域视角的西南地区成熟型资源城市分类及类型特征

国内学者进行的大量资源型城市转型实证研究[17]、理论分析[18]与转型总结[19]都表明，处于成熟阶段(繁荣期)的成熟型资源城市发展是转型的最佳时期。按照《全国资源型城市可持续发展规划(2013—2020 年)》，成熟型资源城市未来应高效开发利用资源，提高资源型产业技术水平，延伸产业链条，加快培育一批资源深加工龙头企业和产业集群；积极推进其产业结构调整升级，尽快形成若干支柱型接续替代产业；高度重视生态环境问题，将企业生态环境恢复治理成本内部化，切实做好矿山地质环境治理和矿区土地复垦；大力保障和改善民生，加快发展社会事业，提升基本公共服务水平，完善城市功能，提高城镇化质量。

虽然成熟型资源城市的资源开发处于相对稳定阶段，资源保障能力较强，经济社会发展水平较高，是现阶段国家能源资源安全保障的核心区，但其正向衰退型资源城市演进发展，资源枯竭与城市衰退是其潜在威胁和突出问题。因此，成熟型资源城市迫切需要及早探索和谋划其转型发展[20, 21]。资源型城市转型受多种因素的综合影响，并没有统一的最佳或最适转型方式[22]。西南地区地级资源型城市特别是地级成熟型资源城市在西南地区是一类非常重要的城市。作为西南地区相对发达地区经济重要组成部分的成熟型资源城市，其类型复杂多样、发展历史特殊、所处环境与经济发展差异显著、地质环境问题突出，更需要加强对其进行分类研究。

3.2.1 西南地区成熟型资源城市的类型划分

国内资源型城市分类研究源于 1978 年的煤矿城市职能划分[23]，采选业产值比例[24]、采掘业从业人员占比[25]及采掘业和制造业从业人数比值(采掘-制造比)[26]等被选作职能划分指标。职能划分研究推动了城市分类以及资源型城市判识。总之，国内对资源型城市的分类研究则不多见，且多以资源类型和发展阶段等进行资源型城市类型划分。

按照资源类型差异，资源型城市通常可以划分为金属矿产型城市(包括钢铁城市和有色金属城市)、非金属矿产型城市(除化石能源以外的非金属矿产资源城市)、煤矿型城市、石油天然气型城市(又称油气型城市)和森工型城市等类型。不同资源类型的资源型城市因具有不同的特征和不同的转型难度，应采取不同的转型途径，其转型效果也不尽相同[18,21,27-30]。资源型城市发展阶段的类型研究主要依据资源型城市的生命周期进行划分。余建辉等[31]以资源保障能力和可持续发展能力两个基础指标评价将资源型城市划分为成长型城市、成熟型城市、衰退型城市(或枯竭型)、再生型城市等 4 种类型。

从总体上讲，国内资源型城市分类研究以煤矿城市和资源枯竭型城市的实证研究居多。而资源类型、发展阶段、地理区位，乃至区域环境、社会经济发展和文化等诸多因素均影响资源型城市转型发展。但以转型为核心对大中尺度区域内成熟型资源城市的系统综合分类尚未见报道。因此，加强资源型城市的综合分类研究，特别是加强成熟型资源城市的综合分类与转型发展研究就显得尤为必要。

1. 研究对象的选取与区域视角的确定

对国内 44 个不同行政级别资源枯竭型城市转型的研究表明[28]，由于地级城市的城市体量较大，资源型经济特征明显，发展过程中积累的问题和矛盾较多，比县级资源型城市转型困难，转型难度较大，转型效果也相对较差。如前所述，在西南地区 31 个成熟型资源城市中，有 12 个地级行政区(11 个地级市和 1 个自治州)和 19 个县级行政区(4 个县级市、12 个县和 3 个自治县)。在 12 个地级行政区资源型城市中，由于四川省凉山彝族自治州的辖区、矿产开发、经济发展和城镇化水平与体系等方面具有独有的特征，与其他 11 个地级市存在明显差异，难以与该区其他成熟型资源城市进行比较。故本节选取其中的 11 个地级市(其中，四川 6 个：广元、广安、自贡、攀枝花、达州、雅安。云南 4 个：曲靖、保山、普洱、临沧。贵州 1 个：安顺，重庆市无地级成熟型资源城市)作为研究对象，进行西南地区地级成熟型资源城市的类型划分、特征分析和转型障碍探讨。

产业接续替代/经济结构转型是资源型城市转型的核心任务/主攻方向[32]。此外，资源型城市转型既涉及区域城市化和生态环境保护，还应考虑区域经济协作[33]与集聚等。因此，资源型城市转型升级必须要扎根于城市所在区域更深层次的社会图景中，才有可能实现其成功转型和持续发展[34]。在山地众多的西南地区，成熟型资源城市所处地理环境复杂、内部发展差异突出。考虑到其地理环境分异的特殊性和城乡二元结构的突出性，参考“城镇实体空间”和“区域基质空间”的概念[35]，本书将地级成熟型资源城市的全部区域(全市域)视为城市的基质区域空间，而将城市的核心实体(市辖区)视为城市的核心区域空间。在对大中尺度区域(西南地区)成熟型资源城市的类型划分、类型特征及转型障碍分析中，尝试从资源型城市内部不同区域空间(基质区域空间“全市域”与核心区域空间“市辖区”)之间差异的视角进行探讨。

2. 聚类指标选取、数据来源与聚类方法

资源型城市实施转型、竞争力重塑与提升涉及经济发展(产业转型)、社会转型(民生)、环境改造(生态环境建设)等多方面[29]，其中经济发展(产业转型)是原始动力[36]或主攻方向[33]。资源型城市产业转型又体现在城市职能的转变或演化上。资源型城市所处的区位、时代环境、资源状况、转型进程等都会影响资源型城市的职能转变与城市产业转型[26]。在影响资源型城市转型的因素中，除经济与产业因素外，通常应当考虑其发展基础、民生状况及生态环境状况等因素。此外，在西南地区这样一个自然环境非地带性分异显著、社会人文经济迥异的地区，城市内部差异也是一个不容忽视的重要因素。本书研究尝试从资源型城市的“全市域”（将其视为城市的基质区域空间）与“市辖区”（将其视为城市的核心实体）两个区域空间层次的视角，建立相关指标表征其内部差异。

基于上述分析，经综合筛选并结合数据资料的可得性与可比性，本书确定发展基础、产业特征、民生状况、生态环境和内部差异 5 个方面的 28 个指标作为聚类指标。具体来讲，在发展基础方面，选用人口密度（人/km^2）、人均 GDP（$\times 10^3$ 元/人）、城镇化率（%）、第一产业和第三产业生产总值分别占 GDP 的比例（%）及人均固定资产投资额（$\times 10^3$ 万元/人）等 6 个指标。在产业特征方面，共选取 7 个指标：表征资源产业职能的 2 个指标——采矿业从业人口占第二产业从业人口的比例（%）、第二产业从业人口占从业人口的比例（%），表征产业规模或产业刚性的 2 个指标——规模以上工业企业平均产值（$\times 10^3$ 万元/个）、规模以上工业企业平均固定资产（$\times 10^3$ 万元/个），表征其科技创新能力和对外开放程度的 3 个指标——科学研究、技术服务和地质勘查业从业人口占从业人口的比例（%），科学技术支出占公共财政支出的比例（%）和规模以上工业企业中外资企业占比（%）。在民生状况方面，选用城镇居民人均可支配收入（$\times 10^3$ 元/人）、农村居民人均可支配收入（$\times 10^3$ 元/人）、人均社会消费品零售额（$\times 10^3$ 元/人）、每万人拥有公共汽车（辆/万人）和每万人医疗床位数（床/万人）等 5 个指标。在生态环境方面，考虑工业固体废物综合利用率（%）、污水处理厂集中处理率（%）、生活垃圾无害化处理率（%）、建成区绿化覆盖率（%）和主城区空气质量达标率（%）等 5 个指标。在城市内部区域差异方面，本书研究通过对“全市域”与“市辖区”两个区域空间层次的经济、产业等进行综合对比，从区域视角出发，尝试选用市辖区人口密度与全市域人口密度的比值、市辖区人均 GDP 与全市域人均 GDP 的比值、市辖区第二产业产值占比和第三产业产值占比与全市域第二产业和第三产业产值占比的比值以及市辖区职工年平均工资与全市域职工年平均工资的比值等 5 个指标。

西南地区地级成熟型资源城市聚类分析选用的 5 类 28 个指标及单位见表 3.5。本书研究中 11 个地级成熟型资源城市的聚类指标值（2016 年）主要来源于《中国城市统计年鉴2017》[37]，个别指标数值参考相关城市 2016 年国民经济与社会经济统计公报、年度政府工作报告和环境质量公报。

表 3.5 西南地区地级成熟型资源城市聚类分析指标

指标类型	指标
发展基础	x_{11} 人口密度/（人/km^2）
	x_{12} 人均 GDP/（$\times 10^3$ 元/人）
	x_{13} 城镇化率/%
	x_{14} 第一产业生产总值占 GDP 的比例/%
	x_{15} 第三产业生产总值占 GDP 的比例/%

续表

指标类型	指标
	x_{16} 人均固定资产投资额/(×10³ 万元/人)
产业特征	x_{21} 采矿业从业人口占第二产业从业人口的比例/%
	x_{22} 第二产业从业人口占从业人口的比例/%
	x_{23} 规模以上工业企业年平均产值/(×10³ 万元/个)
	x_{24} 规模以上工业企业平均固定资产/(×10³ 万元/个)
	x_{25} 规模以上工业企业中外资企业占比/%
	x_{26} 科学研究、技术服务和地质勘查业从业人口占从业人口的比例/%
	x_{27} 科学技术支出占公共财政支出的比例/%
民生状况	x_{31} 城镇居民人均可支配收入/(×10³ 元/人)
	x_{32} 农村居民人均可支配收入/(×10³ 元/人)
	x_{33} 人均社会消费品零售额/(×10³ 元/人)
	x_{34} 每万人拥有公共汽车/(辆/万人)
	x_{35} 每万人医疗床位数/(床/万人)
生态环境	x_{41} 工业固体废物综合利用率/%
	x_{42} 污水处理厂集中处理率/%
	x_{43} 生活垃圾无害化处理率/%
	x_{44} 建成区绿化覆盖率/%
	x_{45} 主城区空气质量达标率/%
内部差异	x_{51} 市辖区人口密度与全市域人口密度的比值
	x_{52} 市辖区人均 GDP 与全市域人均 GDP 的比值
	x_{53} 市辖区第二产业产值占比与全市域第二产业产值占比的比值
	x_{54} 市辖区第三产业产值占比与全市域第三产业产值占比的比值
	x_{55} 市辖区职工年平均工资与全市域职工年平均工资的比值

由于上述 28 个聚类指标具有不同的量纲、不同的数量级单位和不同的取值范围，在聚类分析前需要进行量纲一致性处理。本书研究采用标准化变换对指标数据进行量纲一致性处理，其计算式为

$$x_{ij}^{*}=\frac{x_{ij}-\overline{x_j}}{s_j} \tag{3.1}$$

式中，x_{ij}^{*} 为量纲一致性变换处理后第 i 个城市的第 j 个指标数值；本书研究讨论的城市总数为 11 个，故 i 为 1～11；本书研究共选用 28 个指标，故 j 为 1～28；x_{ij} 为第 i 个城市第 j 个指标的实际值；$\overline{x_j}$ 为第 j 个指标的均值；s_j 为第 j 个指标的标准差。

s_j 计算公式为

$$s_j = \sqrt{\frac{1}{n-1}\sum_{i=1}^{n}\left(x_{ij} - \overline{x_j}\right)^2} \tag{3.2}$$

式中，s_j、x_{ij}、$\overline{x_j}$ 的含义同前；n 为城市数量。

本书研究采用应用广泛的系统聚类法进行聚类分析。其基本过程为：首先每个聚类对象自成一类，然后进行各聚类对象间的相近性或距离测度计算，将最相似的两类合并，合并后再计算新类与其他类的相近性或距离，这样不断重复，直至所有聚类对象归为一类为止。在聚类过程中，采用的聚类原则不相同，计算各样本要素间或特征值间的关系程度或相似程度的相似系数和距离等分类统计量的方法也不尽相同。本书研究采用应用比较广泛、分类效果较好的聚类原则——离差平方和法（ward variance minimization algorithm,WARD）[38, 39]进行聚类分析。离差平方和法的基本思想是先将 n 个样品各自成一类（此时，离差平方和 W=0），然后每次将其中某两类合并成一类，因每当缩小一类时离差平方和就要增加，每次选择使 W（离差平方和）增加最小的两类进行合并，直至所有样品聚为一类为止。离差平方和法聚类原则要求采用欧氏距离平方计算样品间距离。

3. 西南地区地级成熟型资源城市的类型划分

先将西南地区 11 个地级成熟型资源城市的 5 类 28 个聚类指标数值代入式（3.1）和式（3.2）进行量纲一致性变换处理。再将量纲一致性变换处理后的 28 个聚类指标数值通过 SAS（Statistical Analysis System）软件[38]对其进行聚类分析，其聚类结果如图 3.6 所示。

从图 3.6 中可以看出，西南地区 11 个地级成熟型资源城市可划分为四类：Ⅰ类包括自贡、雅安 2 市，Ⅱ类包括广元、安顺、保山、曲靖、广安、达州 6 市，Ⅲ类包括普洱、临沧 2 市，Ⅳ类仅有攀枝花市。

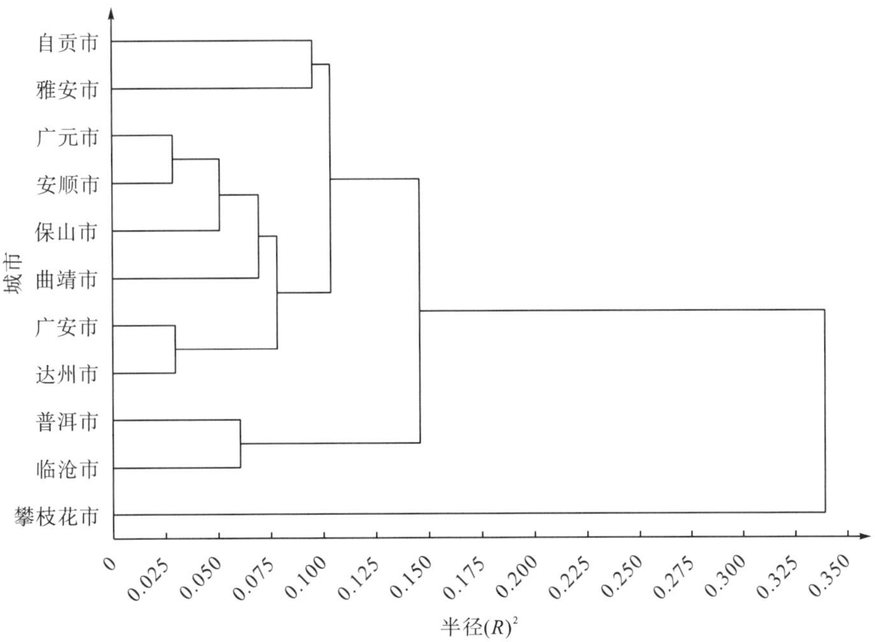

图 3.6　西南地区地级成熟型资源城市聚类谱系图

分别统计上述聚类分析得出的 4 类城市面积、人口与 GDP 在西南地区地级成熟型资源城市中所占的比例，如图 3.7 所示。从图 3.7 中可以看出：Ⅰ类城市数量少，该类城市面积、人口与 GDP 在西南地区地级成熟型资源城市中所占比例均较小(10%～20%)。Ⅱ类城市数量多，在西南地区地级成熟型资源城市中无论面积(50.32%)，还是人口(71.19%)与 GDP(61.59%)都占有相当大的份额，是该区最主要的地级成熟型资源城市，应予以高度重视。Ⅲ类城市位于云南西部边陲，面积广大(35.77%)，而人口(13.01%)所占比例较小，GDP(10.98%)所占份额更小，其转型发展涉及人口少，但对民族地区以及边疆发展却至关重要。Ⅳ类城市仅有攀枝花市，该市面积(3.84%)与人口(2.95%)在西南地区地级成熟型资源城市中所占比例很小，但其 GDP(9.96%)所占比例却不容忽视，这是一类需要特别关注的成熟型资源城市。

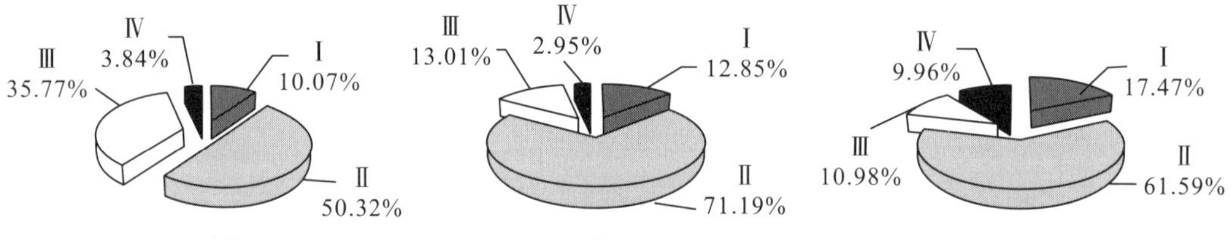

图 3.7 四类城市的面积、人口与 GDP 在西南地区地级成熟型资源城市中所占比例图

3.2.2 西南地区 4 类地级成熟型资源城市的特征分析

分类统计上述西南地区 4 类地级成熟型资源城市的聚类指标(表 3.6)，通过综合对比分析可得出各类城市的特征如图 3.7 所示。

表 3.6 西南地区地级成熟型资源城市聚类指标分类统计值

指标		Ⅰ	Ⅱ	Ⅲ	Ⅳ	该区平均值
发展基础	x_{11}	248.00	275.00	71.00	149.00	194.00
	x_{12}	36.93	23.50	22.92	91.78	27.17
	x_{13}	46.55	41.75	38.76	65.34	44.24
	x_{14}	12.54	19.10	27.46	3.38	18.00
	x_{15}	31.99	38.12	38.46	26.12	35.97
	x_{16}	26.16	24.45	25.23	62.98	25.91
产业特征	x_{21}	5.66	14.00	4.06	23.01	11.50
	x_{22}	38.25	38.49	35.11	53.61	39.21
	x_{23}	25.16	21.99	16.40	50.94	24.18
	x_{24}	15.24	10.83	43.80	21.97	18.64
	x_{25}	2.20	1.75	3.12	1.54	2.06

续表

指标		Ⅰ	Ⅱ	Ⅲ	Ⅳ	该区平均值
	x_{26}	0.40	1.14	5.39	1.94	1.84
	x_{27}	0.83	0.54	0.41	1.67	0.63
民生状况	x_{31}	27.90	27.03	23.01	32.86	26.99
	x_{32}	12.17	10.32	8.37	14.06	10.64
	x_{33}	15.70	9.03	6.51	28.66	11.57
	x_{34}	3.81	3.59	4.43	9.10	4.28
	x_{35}	64.76	42.39	43.01	83.25	50.83
生态环境	x_{41}	78.94	83.24	54.46	19.58	71.44
	x_{42}	92.24	88.08	89.34	39.80	84.67
	x_{43}	89.06	97.58	95.76	99.86	95.90
	x_{44}	40.64	33.36	39.23	40.01	36.35
	x_{45}	72.60	89.88	99.85	100	89.47
内部差异	x_{51}	2.49	1.58	1.13	2.22	1.72
	x_{52}	1.13	1.37	1.64	1.08	1.35
	x_{53}	0.92	1.04	1.09	0.97	1.02
	x_{54}	1.17	1.15	1.29	2.29	1.28
	x_{55}	1.04	1.03	1.06	0.98	1.03

注：表中数据为2016年数据，各指标的含义与单位同表3.5。

1. 在发展基础方面

该区4类地级成熟型资源城市的发展基础由好到差依次为：Ⅰ类＞Ⅱ类＞Ⅳ类＞Ⅲ类。Ⅰ类城市自贡、雅安紧邻区域中心城市(成都市)及较发达地区(成都平原经济区或成都平原城市群)，交通发达；矿产开发与城市发展历史悠久(自贡早在1939年就设市，而中华人民共和国成立前雅安曾是西康省省会)，工业化程度较高(第二产业占GDP的比例达68.01%)，第三产业相对发达(达31.99%)，产业初具多元化特征。Ⅱ类6个城市的区位仅次于Ⅰ类城市，人口稠密(人口密度达275人/km^2，接近该区地级成熟型资源城市平均值的2倍)，多为铁路、公路等重要次级枢纽；矿产开发历史较长，产业与经济发展基础较好。Ⅲ类城市普洱、临沧位于云南西部边陲，位置相对偏远，地形起伏较大，又属于多民族聚居区，人口稀疏(71人/km^2，不及该区地级成熟型资源城市人口密度平均值的一半)；基础设施普遍缺乏，工业化水平偏低(第二产业占GDP的比例仅34.08%)，经济发展整体滞后。Ⅳ类城市攀枝花虽然远离中心城市和发达地区，自然环境限制较大，但三线建设时期大规模的开发建设，交通等基础设施得以快速改善，大量的人口迁移使人口迅速增加(三线建设时期增长最快，由1965年的34.76万人增加到1980年的80.12万人，增长了1.3倍)，工业化程度高(第二产业占GDP的比例高达70.50%)。

2. 在产业特征方面

该区 4 类地级成熟型资源城市产业的资源性由强到弱依次为：Ⅳ类＞Ⅱ类＞Ⅰ类＞Ⅲ类。Ⅳ类城市攀枝花的产业资源型特征典型，且规模以上工业企业的年平均产值、固定资产等指标远大于四类城市平均值，资源产业的刚性大。围绕资源开发设立的攀枝花钢铁研究院和攀枝花国家钒钛高新技术产业开发区等具有较强的钒钛磁铁矿利用研发能力(科学研究、技术服务和地质勘查业从业人口占从业人口的比例达 5.39%，为该区地级成熟型资源城市平均值的近 3 倍)。Ⅱ类城市资源保障程度高，采矿业从业人口占第二产业从业人口的比例较高(达 14.00%)；规模以上企业数量众多，企业规模体系较合理；但科技投入和研发能力较有限。Ⅰ类城市的矿产资源(盐卤与石棉等)接近枯竭，资源型产业占比较低；但规模以上工业企业偏少，研发创新能力不足。Ⅲ类城市的矿产资源开发规模小，采矿业从业人口占比低(仅 4.06%)；规模以上企业数量少，经济发展相对滞后制约了科技投入和研发能力。

3. 在民生状况方面

该区 4 类地级成熟型资源城市民生状况由高到低依次为：Ⅳ类＞Ⅰ类＞Ⅱ类＞Ⅲ类。从城乡居民可支配收入、人均社会消费品零售额、每万人拥有公共汽车和每万人医疗床位数等民生状况的指标数值来看，Ⅳ类城市最高、Ⅰ类城市次之、Ⅱ类城市再次、Ⅲ类城市最低。但需要指出的是，Ⅰ、Ⅱ类城市对外交通联系便捷程度、对人口的吸引力等均优于Ⅲ、Ⅳ两类城市。

4. 在生态环境方面

该区 4 类地级成熟型资源城市的生态环境由好到差依次为：Ⅲ类＞Ⅱ类＞Ⅰ类＞Ⅳ类。Ⅰ类、Ⅱ类和Ⅲ类城市的固、液、气三废污染共存，而Ⅳ类城市的固体废弃物数量巨大。污染物排放量由大到小依次为Ⅳ类＞Ⅱ类＞Ⅰ类＞Ⅲ类，而污染物治理能力由大到小依次为Ⅱ类＞Ⅰ类＞Ⅲ类＞Ⅳ类。Ⅱ类城市工业污染较突出，Ⅰ类城市水、气环境保护压力大，特别是自贡市的城市内河釜溪河水质污染严重[40]，Ⅲ类城市生态环境整体较优、生态环境保护压力小。而Ⅳ类城市既面临巨大的固体废弃物污染治理与处理，还面临金沙江、安宁河等干热河谷生态环境建设。

5. 在内部差异方面

该区 4 类地级成熟型资源城市的内部差异由大到小依次为：Ⅳ类＞Ⅲ类＞Ⅱ类＞Ⅰ类。Ⅳ类城市攀枝花作为移民城市，工业与城市的嵌入性和城乡二元结构特征相当明显，城市经济与县域经济的差异在 4 类城市中比较突出和典型。Ⅲ类城市发展整体滞后，其城市经济与县域经济存在的差异属于低层次发展的内部差异。Ⅱ类城市和Ⅰ类城市地域差异存在相似性，整体相对较小。但Ⅱ类城市的区域内部差异略高于Ⅰ类城市。

从总体上讲，Ⅰ类城市资源产业转型压力相对较小。Ⅱ类城市数量多，面积、人口与 GDP 所占份额大，其转型发展对西南地区影响大。Ⅲ类城市面临转型和脱贫成果巩固的双重压力。Ⅳ类城市攀枝花的发展历程与特征独特，区域内部差异突出，是该区一类比较特别的成熟型资源城市。

3.3　西南地区各类型地级成熟型资源城市转型障碍分析

综合区位与发展基础、矿产资源保障、产业转型刚性约束、民生状况、生态环境和区域内部差异等因素，可得出西南地区 4 类地级成熟型资源城市转型的主要障碍。

(1) 西南地区Ⅰ类地级成熟型资源城市的转型障碍。该区Ⅰ类地级成熟型资源城市(自贡、雅安)邻近省会城市成都市，交通发达，区位优越；矿产开采与城市发展历史悠久，经济基础较好。自贡的盐卤、雅安的石棉等非金属矿产已近枯竭，资源保障程度较低。该类城市资源产业的转型压力相对较小，但该类城市受周边中心城市(成都市)的产业竞争与屏蔽作用突出，优势产业不突出，经济发展缺乏新增长点，创新发展不够(如对雅安市境内石棉、汉源两县境内丰富的碲铋开发能力有限)，以致城市与经济发展相对滞后。主城区水体与大气污染治理比较突出，特别是自贡市城市生态环境维护应给予重视。因此，Ⅰ类地级成熟型资源城市转型主要面临经济创新发展不足和城市生态保护等障碍。

(2) 西南地区Ⅱ类地级成熟型资源城市的转型障碍。该区Ⅱ类地级成熟型资源城市(广元、安顺、保山、曲靖、广安、达州)以天然气、煤炭等化石能源开发为主，矿产资源保障程度或接续前景可观。尤其是近期在四川盆地北部和东北部发现广元元坝、达州普光等大型天然气气田[41]，给广元、达州、广安等城市提供了较好的资源接续保障。产业发展的多元化和适中的企业规模、较好的民生状况和较小的区域内部差异对转型的限制与影响小。但该类城市产业与周边中心城市存在产业趋同问题[42]；资源开发产业链(四川盆地的天然气化工链、曲靖和安顺的煤化工产业链等)延伸不够，支柱产业与优势产业群有待提升与优化。虽然污染治理能力强，但其天然气、煤炭等资源相关产业的工业污水、SO_2 和固体废弃物等排放量也较大，面临较大污染治理压力[43]。因此，Ⅱ类地级成熟型资源城市转型主要面临资源开发产业链延伸不够、环境污染治理等障碍。

(3) 西南地区Ⅲ类地级成熟型资源城市的转型障碍。该区Ⅲ类地级成熟型资源城市(普洱、临沧)以有色金属、贵重金属和建材等矿产开发为主，矿产资源开发规模小[44]，资源产业偏小偏弱，规模经济不发育。农业占比最高、工业化程度最低、以旅游业为主的第三产业有一定基础，资源保障和资源产业对转型发展的约束小。工业企业经济规模偏小，工业污染物排放量小，使该类城市环境污染负荷小，并有一定绿色产业发展基础[45]。这类城市的发展整体滞后使城市区域内部差异不明显。但该类城市既受地形起伏等自然环境的限制，又远离中心城市和经济发达地区、区域交通通达性差。该类城市的城乡居民人均可支配收入、人均社会消费品零售额等民生指标在四类城市中最低。自身优势未能转化成经济发展优势，民生贫困与人文生态落后交织对转型发展的制约相当明显。

因此，Ⅲ类地级成熟型资源城市转型主要面临全域发展与人文生态整体落后，产业转型与文化保护(民俗文化、茶文化与茶马古道等)、绿色发展的协调难度大，城市自身优势(区位、绿色和民俗等)与支柱产业不匹配等障碍。

(4) 西南地区Ⅳ类地级成熟型资源城市的转型障碍。该区Ⅳ类地级成熟型资源城市(攀枝花)作为三线建设的重点城市，建设了西南地区最大的钢铁基地，工业化水平快速提升，人均 GDP 高。工业化程度的快速提升和工业规模经济带来的规模效益，使城乡居民可支配收入、人均社会消费品零售额、每万人拥有公共汽车和每万人医疗床位数等民生指标在四类城市中最高。但由于该市远离中心城市和发达地区，加之自然条件的限制，使其对外协作困难[46]。资源优势突出且保障程度高，但经济过分倚重第二产业，第一、三产业相对薄弱。以攀枝花钢铁集团和攀枝花矿务局等特大型企业为主体，工业规模经济相当突出[47，48]。资源型产业典型且规模宏大对转型造成较强的刚性约束。大规模和高强度的铁、煤开采和钢铁冶炼产生大量固体废弃物。加之工业污染物治理能力在 4 类城市中最低，特别是工业固体废弃物综合利用率(19.58%)和污水处理厂集中处理率(39.80%)分别仅为 4 类城市平均值的 27.41%和 47.01%。该市又处于典型的金沙江干热河谷区，生态建设任务重。该市属发展历史很短(始于 20 世纪 60 年代)的典型移民城市，工业与城市的嵌入性和城乡二元结构特征相当明显。城市内部突显的社会经济差异，急需探索合理地域空间发展模式[49]以推进区域协同。

因此，Ⅳ类地级成熟型资源城市(攀枝花市)转型发展主要面临对外协作难度大，资源产业特征典型和工业经济规模的刚性约束与创新困难，巨大的固体废弃物排放量和过低的工业污染治理能力、脆弱干热河谷叠加地形起伏巨大的裂谷带，使环境保护与生态建设任务繁重，突出的内部差异和城乡二元结构严重阻碍城乡统筹和区域协同推进等障碍。

3.4 小 结

西南地区因矿产资源开发而形成的资源型城市出现相对较晚，最早的资源型城市(自贡、个旧和东川等)出现在清代。自贡、个旧和东川等城市是中华人民共和国成立前西南地区形成较早的资源型城市。中华人民共和国成立后，西南地区资源型城市同全国资源型城市一样，其大多兴起于早期的计划经济时期。“一五”时期和三线建设时期是西南地区资源型城市快速发展的主要时期。其中，由于西南地区特殊的地理环境，三线建设时期成为西南地区资源型城市形成和发展的特殊时期。

西南地区资源型城市具有独特的五大特征：一是该区资源型城市无论是依托的资源，还是所处发展阶段均具有类型复杂多样的特征；二是该区资源型城市兴起背景和发展历程特殊，特别是具有浓郁备战特征的三线建设使西南地区资源型城市的形成和发展具有特殊性；三是地级资源型城市特别是地级成熟型资源城市在西南地区的地位突出；四是随着矿产资源等的开采利用，西南地区资源型城市的地质灾害和环境污染等地质环境问题突出。

由于西南地区地级资源型城市特别是地级成熟型资源城市在西南地区是一类非常重要的城市。本章基于区域视角通过聚类分析和综合对比，对西南地区 11 个地级成熟型资源城市进行类型划分、分类特征与转型障碍探讨。结果表明[50]，该区地级成熟型资源城市可以分为 4 类，各类城市具有不同特征和转型障碍，也存在复杂的“全市域”和“市辖区”差异。Ⅰ类城市(雅安、自贡)资源产业转型压力相对较小。Ⅱ类城市(广元、安顺、保山、曲靖、广安、达州)数量多，面积、人口与 GDP 所占份额大，其转型发展对西南地区影响大。III类城市（普洱、临沧）面临转型和脱贫成果巩固的双重压力。Ⅳ类城市（攀枝花）的发展历程与特征独特，是该区一类特别的成熟型资源城市。因此，该区成熟型资源城市转型必须坚持分类指导的原则，应根据各自转型面临的主要障碍，采取相应措施，才能收到良好效果。本章尝试以转型为核心，基于区域视角进行成熟型资源城市系统分类，但由于资源型城市转型既受资源保障能力、发展历程等城市自身因素所限制，又有所在区域自然、社会经济环境制约，还受宏观经济政策和市场的影响，成熟型资源城市转型发展的区域视角研究仍需深入探讨。

参考文献

[1] 刘吕红. 中国资源型城市发展中制度影响的历史分析[J]. 青海社会科学, 2012(6): 65-69.

[2] 国务院. 国务院关于印发全国资源型城市可持续发展规划（2013—2020 年）的通知[OL]. [2013-11-12]. http://www.gov.cn/zwgk/2013-12/03/content_2540070.htm.

[3] 刘吕红. 中国资源型城市起点研究[J]. 兰州学刊, 2014(1): 89-94.

[4] 刘吕红. 中国资源型城市发展中制度影响的历史分析[J]. 青海社会科学, 2012(6): 65-69.

[5] 李小波. 资源枯竭型城市的旅游文化复兴——以盐都自贡为例［J］. 旅游学刊, 2013, 28(8): 16-18.

[6] 刘吕红, 阙敏. 清代资源型城市概念阐释[J]. 文史杂志, 2005(5): 65-67.

[7] 陈应龙, 宋焕斌. 云南省个旧市矿业发展史研究[J]. 中国矿业, 2010, 19(12): 13-16.

[8] 个旧市志编纂委员会编纂. 个旧市志[M]. 昆明: 云南人民出版社，1998.

[9] 张建华. 东川现象对资源衰竭型矿业城市白银市转型的启示[J]. 资源・产业, 2005, 7(3): 19-22.

[10] 郝静. “三线”建设: 西部工业文明的曙光[J]. 中国档案, 2009(6): 80-81.

[11] 彭敏. 当代中国的基本建设[M]. 北京: 中国社会科学出版社, 1989.

[12] 郑有贵, 张鸿春. 三线建设和西部大开发中的攀枝花——基于攀枝花钢铁基地建设和改革发展的研究[M]. 北京: 当代中国出版社, 2013.

[13] 黎明, 田利军. 论三线建设时期特区体制的兴起与衰落——以攀枝花特区为中心的考察[J]. 乐山师范学院学报, 2017, 32(1): 113-118.

[14] 周明长. 三线建设与四川省城市现代化[J]. 当代中国史研究, 2014,21(1): 51-58.

[15] 周明长. 三线建设与中国内地城市发展(1964—1980年)[J]. 中国经济史研究, 2014(1): 142-151.

[16] 马婷婷.昆明东川 6.5 万人受地质灾害威胁，因采矿致水土流失[OL].[2013-03-27].http://www.chinanews.com/gn/2013/03-27/4679969.shtml.

[17] 郑伯红, 张方, 廖荣华. 资源型城市核心竞争力的演变与调控——以冷水江市为例[J]. 人文地理, 2002, 17(6): 15-19.

[18] 张文忠, 王岱, 余建辉. 资源型城市接续替代产业发展路径与模式研究[J]. 中国科学院院刊, 2011, 26(2): 134-141.

[19] 马克, 李军国. 我国资源型城市可持续发展的实践与探索——国内资源枯竭型城市十年经济转型经验与展望[J]. 经济纵横, 2012(8): 1-7.

[20] 沈镭, 程静. 矿业城市可持续发展的机理初探[J]. 资源科学, 1999, 21(3): 44-50.

[21] 樊杰, 孙威, 傅小锋. 我国矿业城市持续发展的问题、成因与策略[J]. 自然资源学报, 2005, 20(1): 68-77.

[22] 张文忠, 余建辉, 李佳洺. 资源枯竭城市转型的驱动因素和机理解析[J]. 中国科学院院刊, 2016, 31(1): 92-100.

[23] 李文彦. 煤矿城市的工业发展与城市规划问题[J]. 地理学报, 1978, 33(1): 63-77.

[24] 樊杰. 我国煤矿城市产业结构转换问题研究[J]. 地理学报, 1993, 48(5): 218-225.

[25] 周一星, 孙则昕. 再论中国城市的职能分类[J]. 地理研究, 1997, 16(1): 11-22.

[26] 刘云刚. 中国资源型城市的职能分类与演化特征[J]. 地理研究, 2009, 28(1): 153-160.

[27] 余建辉, 张文忠, 王岱. 中国资源枯竭城市的转型路径研究[J]. 世界地理研究, 2011, 20(3): 62-72.

[28] 余建辉, 张文忠, 王岱. 中国资源枯竭城市的转型效果评价[J]. 自然资源学报, 2011, 26(1): 11-21.

[29] 余建辉, 张文忠, 王岱, 等. 资源枯竭城市转型成效测度研究[J]. 资源科学, 2013, 35(9): 1812-1820.

[30] 李汝资, 宋玉祥, 李雨停, 等. 吉林省资源型城市转型阶段识别及其特征成因分析[J]. 地理科学, 2016, 36(1): 90-98.

[31] 余建辉, 李佳洺, 张文忠. 中国资源型城市识别与综合类型划分[J]. 地理学报, 2018,73(4): 677-687.

[32] 张文忠. 分类指导, 改革创新, 全面推进资源型城市可持续发展[J]. 国土资源, 2014(1): 11-13.

[33] 王海飞. 兰白都市经济圈视角下的白银市可持续发展战略[J]. 经济地理, 2011, 31(4): 566-572.

[34] 罗怀良. 改革开放以来中国资源(枯竭)型城市转型实践[J]. 四川师范大学学报: 自然科学版, 2015, 38(5): 774-781.

[35] 张京祥. 城镇群体空间组合[M]. 南京: 东南大学出版社, 2000.

[36] 郑国. 城市发展阶段理论研究进展与展望[J]. 城市发展研究, 2010, 17(2): 83-87.

[37] 国家统计局城市社会经济调查司. 中国城市统计年鉴 2017[M]. 北京: 中国统计出版社, 2017.

[38] 高惠璇. 实用统计方法与 SAS 系统[M]. 北京: 北京大学出版社, 2001.

[39] 徐建华. 现代地理学中的数学方法[M]. 北京: 高等教育出版社, 1994.

[40] 罗怀良. 四川水资源可持续利用与水质保护研究[J]. 四川环境, 2003, 22(3): 352-357.

[41] 马永生, 蔡勋有, 赵培荣, 等. 四川盆地大中型天然气田分布特征与勘探方向[J]. 石油学报, 2010, 31(3): 347-354.

[42] 彭邦文, 曹洪华. 城市群产业分工与结构趋同演进研究——以滇中城市群为例[J]. 资源开发与市场, 2015, 31(10): 1169-1173.

[43] 赵先贵, 赵晶, 马彩虹, 等. 基于足迹家族的云南省资源与环境压力评价[J]. 生态学报, 2016, 36(12): 3714-3722.

[44] 杨丽娟. 临沧市矿业开发中存在的环境问题及保护对策建议[J]. 环境科技导刊, 2012, 31(5): 57-61.

[45] 潘志伟, 陆志明. 浅谈普洱茶业的可持续发展——基于资源的可持续利用的视角[J]. 中国农业资源与区划, 2013, 34(5): 111-114.

[46] 罗怀良. 山地资源型城市攀枝花转型发展的地域协同研究[J]. 现代城市研究, 2019, 34(3): 91-96.

[47] 罗怀良. 攀枝花市资源开发与经济持续发展研究[J]. 资源开发与市场, 2003, 19(6): 381-383.

[48] 王睿, 罗怀良, 谢传敏, 等. 基于偏离-份额分析法的攀枝花市产业结构分析[J]. 资源与产业, 2015, 17(6): 132-137.

[49] 张继飞, 邓伟, 刘邵权. 西南山地资源型城市地域空间发展模式: 基于东川区的实证[J]. 地理科学, 2013, 33(10): 1206-1215.

[50] 罗怀良. 基于区域视角的西南地区成熟型资源城市分类及转型障碍研究——以地级成熟型资源城市为例[J]. 山地学报, 2018, 36(4): 598-606.

第四章　成熟型资源城市攀枝花市资源开发与区域发展的协同演进

地级资源型城市特别是地级成熟型资源城市在西南地区资源型城市中具有突出地位，其兴起背景和发展历程特殊，区域工业化、产业结构演化和区域发展又具有独特特征。本章以典型的地级成熟型资源城市攀枝花市为代表，首先探讨攀枝花市资源开发与区域发展的历程及关联特征，接着采用偏离-份额分析方法分析其产业结构演化，最后通过产业结构高度和生产活动梯度指数研究其资源开发与区域发展的地域分异演化，以期揭示其转型升级与区域发展的协同演进。

4.1　攀枝花市概况及主要自然资源

四川省攀枝花市位于 26° 05′N~27° 21′N 和 101° 08′E~102° 15′E，北与四川省凉山州的德昌、盐源、会理三县相接，南与云南省华坪、永仁、宁蒗三县相邻。攀枝花市辖区面积为 7401.4km^2，辖东区、西区和仁和区三区及米易、盐边两县。全市 2017 年末总人口为 109.44 万人，人口密度为 151 人/km^2，城市化率为 65.99%。

该市有 42 个民族，其中，汉族人口占 87%，人口较多的少数民族有彝族、傈僳族、苗族等。该市地处四川省西南部的川滇交界处、金沙江与雅砻江汇合处，是四川南向门户、攀西地区重要交通枢纽和商贸物资集散地及川滇交界处的经济中心；也是长江流域经济带重要的能源、原材料基地和中国西部最大的钢铁基地、钒钛之都和康养胜地。

4.1.1　攀枝花市概况

1. 攀枝花市自然地理环境特征

攀枝花市地处横断山脉和云贵高原交界处的攀西裂谷中南段，经过市区东侧的川滇南北向构造带中段为市域境内主要断裂带，其包括昔格达断裂、李明久断裂、桐子林断裂、树河-普威断裂、金河-箐河断裂、西番田断裂、倮果断裂、惠明-红石岩断裂等。该市市域山脉为走向近于南北的大雪山南延部分。地势总体由西北向东南倾斜，境内海拔最高点位于盐边县红宝苗族彝族乡（原择木龙乡）境内百灵山穿洞子（海拔 4195.5m），最低点为仁和区平地镇的师庄（海拔 937m），相对高差达 3258.5m。辖区内山高谷深，盆地交错分布，地貌形态主要以剥蚀构造地貌（褶皱高山、褶皱中山、褶断中山、断块中山）、溶蚀构造地貌（溶蚀构造高山、溶蚀构造中山）和侵蚀堆积地貌（河谷阶地、山间盆地和蚀余台地）为主[1]，属中低山丘陵、山原峡谷地貌。地形复杂，以山地为主，中山和低中山的面积占全市面积的 88.38%。

攀枝花市光照充足、太阳辐射强(年日照时数为 2300～2700h)，年平均温度高(年均温为 20.4℃，为四川省年平均气温和总热量最高地区)、四季不分明(海拔 1400～1500m 以下的河谷地区全年基本无冬，秋春两季相连，夏季长达半年左右)、昼夜温差大(全年以 1 月和 2 月的日温差最大，月平均温差为 13℃，最大日温差可达 20℃以上)，干季和雨季分明(第一年 11 月至次年 5 月为干季，6～10 月为雨季或湿季)。年降水量为 760～1200mm，80%～90%的降水量主要集中在雨季(6～10 月)。该市河谷地区无霜期达 300 天以上，蒸发量大，气候干燥，干热河谷特征明显，其干热程度以沿金沙江河谷为甚，米易县安宁河谷次之，盐边雅砻江河谷一带再次。受地形起伏影响，攀枝花市具有以南亚热带为基带的立体气候类型[1]，具有小气候复杂多样等特点：依据气候带温度指标，海拔 1400m 以下的地区相当于南亚热带的热量水平，1400～1800m 相当于中亚热带的热量水平，1800～2100m 相当于北亚热带的热量水平，2100～2500m 相当于南温带的热量水平，2500～3300m 相当于温带的热量水平，3300m 以上相当于北温带的热量水平。

受地形起伏和气候垂直分异的影响，攀枝花市植被与土壤的垂直分带明显，由河谷向山地上升依次为：稀树草原—云南松林(阳坡)、常绿阔叶林—常绿落叶阔叶混交林—落叶阔叶林，燥红土(南部)—赤红壤、红壤—黄红壤—黄棕壤。攀枝花市的植物区系主要属于泛北极植物区、中国喜马拉雅山亚区，还有印度-马来亚成分。全市野生植物有 190 余科，900 属，2300 余种。其中，位于攀枝花市区内的“植物活化石”苏铁，与熊猫和恐龙并称为“巴蜀三宝”。该市有野生经济动物 5 纲，共 158 种。其中，山鹧鸪、穿山甲、小熊猫、黑熊、猕猴、云南竹叶青蛇等都属于国家级重点保护野生动物。攀枝花是四川唯一的南亚热带水果生产基地，盛产芒果、枇杷、莲雾(洋蒲桃)、石榴、草莓、樱桃等特色水果，一年四季鲜果不断。

攀枝花市有大小河流 95 条，分属金沙江水系、雅砻江水系和安宁河水系。金沙江、雅砻江及其支流安宁河在攀枝花市东部桐子林地区交汇。该市年过境径流量达 1102 亿 m^3，受地形起伏影响，河流落差较大，水能资源丰富，目前已开发建设有二滩、桐子林等多座大型水电站。

2. 攀枝花市社会经济现状

攀枝花是国家在三线建设过程中建立起来的一座典型移民城市。20 世纪 60 年代，国家将攀枝花作为开展三线建设的重中之重，毛泽东力主倡导并亲笔批示建设攀枝花。1965 年 2 月 5 日，攀枝花特区正式成立；同年 4 月 22 日，改名为渡口市。1987 年 1 月 23 日，渡口市更名为攀枝花市。建市初期，在“备战备荒为人民、好人好马上三线”的时代号召下，武汉、辽宁、上海、天津、重庆、成都等全国各地数十万大军奔赴攀枝花建设“大三线”。经过 20 多年的建设，在西南高山峡谷区建成了中国西部首个大型钢铁企业攀枝花钢铁公司，创造了在 2.5km^2 面积上建设成套钢铁厂的世界奇迹、在一片不毛之地上建设了百里钢城的奇迹。

经过 50 多年的建设与发展，如今的攀枝花已建成西南地区最大钒钛、钢铁基地，四川南向门户上重要的交通枢纽和商贸物资集散地。2017 年，攀枝花市实现地区生产总值

1144.25 亿元，占四川省经济总量的 3%；在四川省居第二位，仅次于成都，攀枝花市三次产业结构为 3.2∶65.2∶31.6。该市产业结构呈现“二三一”的特征，即第二产业产值和占比较大，而第一、三产业不够发达。在攀枝花市经济中，工业尤其是重工业占有绝对的优势地位，目前形成了以钢铁、钒钛、能源、化工等为主的优势产业，特别是钢铁产业具有较大的规模。近年来，该市正从钢铁工业城市向钒钛之都、地区中心城市和阳光宜居城市转型。2005 年四川省首届冬季旅游发展大会在攀枝花召开，攀枝花荣获“中国优秀旅游城市”称号，旅游业发展迅速。2017 年，攀枝花接待游客 2317.69 万人次，旅游总收入达 279.31 亿元。目前，市域内已建成成昆铁路、京昆高速、丽攀高速、国道 108 线、省道 214 线、省道 310 线，并建有保安营机场。到 2017 年，攀枝花市等级公路里程达到 3592.86km，其中高速公路达 195km。

4.1.2　攀枝花市主要自然资源

攀枝花市位于攀西大裂谷中南段，被誉为“富甲天下的聚宝盆”，自然资源不仅丰富，且还颇具特色。得天独厚的资源优势曾使攀西地区成为全国 19 个国土资源重点开发区之一。攀枝花市的优势资源主要有 3 种：以钒钛磁铁矿为主的矿产资源、富集的水能资源和独特的农业资源等。

1.“钒钛之都”丰富的矿产资源

攀枝花市为我国重要构造成矿带攀西裂谷带中成矿条件最好、钒钛磁铁矿等最富集的地区(图 4.1 为露天开采的攀枝花钒钛磁铁矿)。目前，该市共发现矿种 76 种，查明有资源储量的矿种 39 种，共发现各类矿产地 490 余处(含矿点、矿化点)，其中，特大型、大型矿床 46 个，中型矿床 30 个。攀枝花市钒钛资源储量居全国之冠，被誉为中国钒钛之都。其中，钒钛磁铁矿探明储量 71.8 亿 t(中国四大铁矿之一，占全国储量的 1/5)，伴生的钒保有储量为 1020 万 t(居世界第三)、伴生的钛保有储量为 4.39 亿 t(居世界第一)，钒、钛储量分别占全国的 64%和 94%。攀枝花市在拥有全国第四大铁矿的同时，与钢铁等冶金工业相配套的辅助矿产也极为丰富。其中，煤(探明资源储量逾 10 亿 t)、石灰岩、白云岩、

图 4.1　露天开采的攀枝花钒钛磁铁矿

图片来源：攀枝花市政府网站。

耐火黏土和建材资源遍布全市，它们质优量大，显示出很好的配套能力。此外，该市还有丰富的苴却砚原石(储量为2077万t、被誉为“中国苴却砚之乡”)、晶质石墨(储量为1555万t,居西部之首和全国第三),以及以“米易绿”为代表的花岗石资源(地质储量超过8500万m^3)等矿产资源。

2. 开发条件优越的水能资源富集区

攀枝花市河流属长江水系，境内有大小河流95条，这些河流纵横攀枝花市全境，年径流量达1102亿m^3。受地形起伏影响，攀枝花市河流流量和落差大、水能资源密集程度高，平均水能密度是世界平均水能密度的4.7倍[2]。该市水能理论蕴藏量达492.9×10^4kW，可开发量为410.1×10^4kW，占水能蕴藏量的83.2%。攀枝花市不但水能富集，而且开发条件优越。首先，该区河流的山区性特征明显，多深切峡谷。金沙江上的金沙水电站、银江水电站和雅砻江上的二滩水电站和桐子林水电站等均位于高山峡谷间，岩性坚硬，可建高坝，易获得高水头；且水电站建设的坝线短、工程量小、淹没面积和搬迁人口少。其次，该区水电开发的配套资源组合良好，丰富的煤炭资源为与水电开发配套发展调峰火电奠定了充足的燃料基础；而丰富的石灰岩、钒钛磁铁矿石等矿产资源为水泥工业和钒钛、钢铁工业提供了充足的建材保证。总之，攀枝花市水能资源丰富，且开发条件十分优越。

3. “南亚热带飞地”的独特农业资源

受地理位置和地形影响，攀枝花市具有独特的“岛状”南亚热带湿润季风气候。该市属于高海拔的低纬度地区，日照时数长(年日照时数为2300～2700h)，太阳辐射强。海拔1400m以下的河谷地区全年日照时数为2361.5～2709.5h，日照率高达53%～58%，为四川盆地平均水平的两倍，居全省之冠。低山地带光热资源特别丰富，年平均气温高(大多数地方的年平均气温为20.4℃)，河谷地区一年当中无霜期在300天以上，是四川省平均气温和总热量最高的地区。攀枝花市具有“南方的热量，北方的光照”的特点。这使得攀枝花市农作物能实现一年两熟或一年三熟。充足的太阳辐射、适宜的温度和湿润环境为粮食作物、经济作物、蔬菜和水果的生长提供了良好条件。受地形起伏的影响，该市立体气候特征明显，利于多种植物的生长。市境内金沙江河谷和安宁河流域是我国为数不多的不受台风侵扰的南亚热带气候区，有“天然温室”之称，为热带水果(香蕉、芒果等)和经济作物(甘蔗和烤烟等)生长提供了优越的气候条件。同时，该区耕地资源丰富，特别是大面积中低产田增产潜力大。

4.2 攀枝花钢铁基地建设与攀枝花市城市发展

攀枝花市凭借丰富的钒钛磁铁矿及其配套的煤炭、石灰石等矿产资源、水能资源和气候资源等，通过建设攀枝花钢铁基地，进而建设了一座现代化钢铁工业城市、钒钛之都、川西南与滇西北区域中心城市和宜居旅游城市。

4.2.1　攀枝花钒钛磁铁矿和攀枝花煤田的发现与勘探

1. 攀枝花钒钛磁铁矿的发现和勘查

早在《后汉书·郡国志》中便有台登(今泸沽)、会无(今会理)出铁的明确记载。而在清朝，会理小关河一带的冶铁业已经十分鼎盛，小土炉多达百座。1912 年修订的《盐边乡土志》记载“磁石名戏石，产白水江边，能戏金铁。”这是迄今见到的对攀枝花钒钛磁铁矿最早的文字记载。

从 19 世纪末到 20 世纪初期，随着西方列强对我国的侵略渗透，一些西方地质工作者对攀西大裂谷产生浓厚兴趣。根据资料记载，法国的莱克勒，德国的李希霍芬、乐尚德，匈牙利的劳策，瑞士的汉威等通过各种途径先后进入攀枝花地区，对矿产资源情况进行了一些零星的踏勘工作。

从 1914 年起，丁文江、谭锡畴、黄汲清、常隆庆、刘之祥、程裕祺等中国地质学家先后来到攀枝花进行地质调查，反复追寻铁矿等矿藏，终于于 1936 年 3 月发现矿苗，证实攀枝花地区有磁铁矿。据王鸿祯等编写的《中国地质事业早期史》(1990 年，北京大学出版社)记载，20 世纪 30 年代后期到 40 年代的抗日战争时期，我国的地质研究范围扩展到西南地区和大西北地区。1932 年 10 月成立的中国西部科学院地质研究所(设于今重庆市北碚区，常隆庆经翁文灏推荐任研究所主任)，是当时我国西南地区唯一的地质科研单位，对于西南地区现代地质科学的发展有着不可磨灭的贡献。

1937 年常隆庆所著的《宁属七县地质矿产》第一次向世界披露了攀西地区无比丰富的矿藏资源，为攀西地区的地质研究奠定了基础。常隆庆不仅是发现攀西地区丰富矿产资源的地质学家，而且也是建设攀枝花工业基地最早的思考者和蓝图描绘者。常隆庆于 1936 年 2 月、1937 年 4 月、1940 年 8 月先后三次深入民国时期宁属七县(今攀西地区)进行地质矿产调查，并发现攀枝花兰尖磁铁矿。同时率先提出“建设宁属为中国重工业区”的重要建议，为攀西地区矿产资源的进一步勘探、开发和攀西工业基地的建设，打下坚实的基础。

地质学家汤克成 1940 年 5 月、6 月先后调查红果煤田、发现和调查倒马坎攀枝花铁矿后，对该区煤炭和铁矿两种资源配置关系进行缜密思考。1942 年 6 月，汤克成奉西康钢铁厂筹备处之命，详勘攀枝花及倒马坎铁矿区。我国在 1929 年发现(承德)大庙钒钛磁铁矿之后，攀枝花钒钛磁铁矿成为 1940 年 6 月被汤克成发现的新矿种[3]。原中央地质调查所的李善邦、秦馨菱等确定攀枝花磁铁矿为含钛、含钒磁铁矿。发现、勘测并确定攀枝花钒钛磁铁矿，是众多地质学家历经多年深入调查研究、上下求索的一项重要科学成果。

中华人民共和国成立后，攀枝花的地质勘查历史翻开了崭新的一页。1954 年，地质部(现地质矿产部)决定成立 43 个地质普查队，对全国 6 个片区的 80 余个矿产地进行地质大普查。西南地区设立 7 个大队，确定 13 个普查点。其中，攀枝花被纳入会理地质大队力马河普查点的重点普查范围。1954 年 6 月，西南地质局根据全国统一部署，决定详勘攀枝花。西南地质局局长黄汲清指示勘探队技术负责人秦震，专程拜访常隆庆先生，并向常先生请教攀西矿产资源情况。1958年，由秦震主编、长达2400页的《攀枝花钒钛磁铁矿储量报告书》完成，该报告书提交攀枝花钒钛磁铁矿储量达10亿t，为开发攀枝花工业基地提供了科学依据。

根据20世纪40年代地质专家调查资料，20世纪50年代中期在北自四川省西昌，南至川滇边界的金沙江200km的安宁河谷和金沙江河谷地带发现了几处大铁矿：攀枝花铁矿(为一长19km、宽2km，C2级储量10亿t的斜长矿带，包括兰家火山、尖包包、倒马坎、朱家包包、公山、纳拉箐等矿体)、西昌太和铁矿、米易白马铁矿和会理(今为盐边)红格。矿点多达100处之多，远景储量约50亿t。同时，还在金沙江河谷地区发现炼焦煤。

2. 攀枝花煤田的发现与勘探

在重点调查攀枝花铁矿的同时，地质工作者还对煤田、辅助原料等进行了同步调查勘探。1955年6月，西南地质局508地质队赴攀枝花对纳拉箐煤矿进行调查，查勘了北起灰家所、南至马鹿塘的详细情况。

1956年1月，西南地质局派王卓之等10人调查纳拉箐煤田情况，认定该煤田具有储量大、煤质好、离攀枝花铁矿近等优势，决定对该煤田开展全面勘探。同年3月，西南地质局组建547地质队重点对纳拉箐煤田进行普查。

1957年1月，为满足纳拉箐煤田普查之需要，云南省地质局与永仁县合作，修通了永仁至纳拉箐的简易公路。1958年8月25日，永仁地质队提交了《永仁煤田纳拉箐、华坪矿区地质勘探报告》，测定全区煤炭储量达5.44亿t。

4.2.2 攀枝花钒钛磁铁矿开发与攀枝花钢铁基地建立

1. 攀枝花钢铁基地建设的决策

1958年3月春天“成都会议”时，毛泽东批准了建设攀枝花钢铁公司的设想方案，要时任冶金工业部(现国家冶金工业局)部长王寿鹤考虑一下在攀枝花(当时选址西昌)建设钢铁厂的可能性。同年4月，国家计划委员会(现国家发改委)和冶金工业部派出工作组，考察利用攀枝花钒钛磁铁矿建设钢铁厂的地址，并推荐优先在西昌河东地区建厂。1958年下半年开始，全国共调集钢铁、有色金属、煤炭、铁路和林业等部门8万人到攀枝花地区进行地质勘探、铁路修建、冶炼科学技术研究等工作。西昌钢铁厂(四零公司)开工建设，并于1962年下马，攀枝花钒钛磁铁矿第一次开发失利[4]。

20世纪60年代，国内外环境日趋恶化。中共中央从战略需要出发，根据战略位置的不同，将我国各地区划分为一线、二线、三线，以战备的方式把三线建设战略推向前台。三线建设开始于“三五计划”时期。1964～1980年，在中国西部的13个省(区)进行了一场以战备为指导思想的大规模国防、科技、工业和交通基本建设，史称三线建设。其中，西南地区“大三线”建设中的“两点(攀枝花钢铁基地和六盘水煤炭基地)一线(成昆铁路)”也称“两基一线”是四川(包括现在的重庆)、贵州和云南三线建设的重中之重，被邓小平同志于1965年11月底视察西南三线建设地区时形象地称为“钟摆式摆动”[5]。所谓“钟摆式摆动”或“钟摆式布局”是指：以攀枝花为中心，向北和向东形成一个扇面三角区域，攀枝花的钢材运往成都、重庆，六盘水的煤炭运往攀枝花，成都、重庆的机器运往攀枝花和六盘水两个工业基地。

1964 年 5 月 15 日，毛泽东在北京主持召开中央工作会议，从战略高度提出一、二、三线建设布局。西南地区三线建设的第一个重点是钢铁工业基地，攀枝花被列为三线建设重点。中央工作组经过调查，从 18 个基地选址中，集中考虑乐山九里、西昌牛郎坝和攀枝花弄弄坪 3 个备选地址。经过对钢铁基地和原材料基地协作和三线建设要求的综合比较，攀枝花弄弄坪条件最好。毛泽东听取汇报后，指示钢铁基地选址攀枝花。作为三线建设中的“龙头”之一，攀枝花钢铁基地是中华人民共和国成立以来罕见的特大型综合建设项目。1964 年 2 月 8 日，冶金工业部从全国各地抽调 108 名冶金科研人员，成立“攀枝花铁矿冶炼试验组”。1964 年 8 月，鞍山钢铁研究院整体搬迁至四川，并更名为西南钢铁研究院（驻重庆市），主攻攀枝花钒钛磁铁矿应用研究以解决攀枝花铁矿资源利用的技术难题。1964 年 7 月，攀枝花基地调查小组确定在攀枝花建设工矿区，同年 9 月编制了《攀枝花矿区总体规划草案》，规划了攀枝花工业区的基本格局：规划范围达 300km^2，人口规模为 12 万人，职工为 5.1 万人。

2. 攀枝花钢铁基地建设的体制

攀枝花钢铁基地建设采取设置攀枝花特区、冶金工业部统一领导、国务院相关部门和省市对口建设与生产承包制等特殊体制。攀枝花特区体制从 1965 年延续到 1971 年结束，攀枝花特区体制取消之后，将其保留为渡口市建制。

1965 年 1 月 7 日，中共西南局向中共中央、国务院提出《关于成立攀枝花工业区人民政府的请示》，建议在攀枝花工业区党委统一领导下，成立一个工业区人民政府。同年 2 月 5 日，中共中央、国务院正式做出《关于成立攀枝花特区人民委员会的批复》，指出：为了保证攀枝花地区的工业建设，统一安排生活供应、文教卫生、治安保卫等行政管理工作，宜基本上采用大庆形式（因开发大庆油田，设立安达特区），即成立攀枝花特区人民委员会，实行政企合一。在政府工作中，有关企业工作以冶金工业部领导为主，有关地方工作以四川省人民委员会领导为主，并任命时任冶金工业部副部长徐弛为特区党委书记兼总指挥。同年 4 月 22 日，国务院批准四川省人民委员会的请示报告，为了便于保密，同意将攀枝花特区人民委员会改名为四川省渡口市人民委员会。

1965 年 3 月，冶金工业部决定抽调曾经建设武汉钢铁厂和马鞍山钢铁厂车轮轮箍厂的第一冶金建设公司（简称“一冶”）的建设力量承担攀枝花钢铁基地建设任务。5 月开始，“一冶”所属机动公司、第五工程公司、特种工程公司的先遣人员陆续到达。到 7 月底，攀枝花钢铁基地的弄弄坪厂区已集结建设队伍 2300 人，勘察设计人员 500 人。1965 年 5 月，徐驰在金沙江轮船上召开会议研究加快攀枝花钢铁基地建设时，提出投资拨给一家掌握，甲、乙、丙三方统一由冶金施工单位牵头，建设工期一气呵成。1966 年 4 月，总指挥部又将四零公司（原西昌钢铁厂）并入冶金指挥部。冶金指挥部形成了甲、乙、丙三方一体，在渡口总指挥部领导下全权指挥钢铁工程建设的领导体制。

三线建设初期的最大特点是边调查、边规划、边组织、边设计和边建设（简称“五边工程”）。1966 年 1 月，国家批准了攀枝花钢铁基地一期工程总体设计。为确保攀枝花钢铁基地的顺利建成，国家采取对攀枝花市实行综合项目计划单列、集中财力物力保证建设、及时进行行政区划调整、选配优秀人才到攀枝花、组建专门为攀枝花建设服务的交通运输部直属第一汽车运输公司等措施。1966 年 5 月 20 日，冶金工业部根据攀枝花建设需要，经请示国家基本建设委员会(现住房和城乡建设部)批准，决定将“一冶”(第一冶金建设公司)一分为二，把“一冶”的第四、第五两个土建工程公司，第二、第三两个井巷工程公司以及其他专业公司和辅助单位的一半人员分出，成立第十九冶金建设公司(简称“十九冶”)。6 月 1 日，第十九冶金建设公司正式成立，当时有职工 18988 人。从投入人力、物力、财力来看，国家在攀钢一期工程建设和专门为攀枝花建设的成昆铁路中一共投入近百亿元，约占三线建设总投资的 1/20；投入人力约 50 万人，约占三线建设投入人力总量的 1/10。总之，攀枝花钢铁基地的建设是全国总动员的结果。

3. 攀枝花钢铁基地建设的两大战役

攀枝花钢铁基地的建设大会战经过两个战役。第一战役又称“二二一”攻坚战，其目标是主攻两矿(铁矿、煤矿)、确保两厂(电厂、水泥厂)和狠抓运输。第二战役包括“夺铁—保钢—成材”三大歼灭战。

在攀枝花钢铁基地建设的第一战役中，铁矿建设采取兰家火山和尖包包两个采区同时建设。把矿山冶建力量和矿建力量集中在一起，集中力量建设由兰家火山和尖包包两座相邻铁矿组成的兰尖铁矿和选矿厂。兰家火山平硐、尖包包平硐和矿山到选矿厂铁路线为该期工程的重点。从开工到投产只用了 4 年时间，1970 年 2 月兰尖铁矿建成投产。由此主攻铁矿的目标基本实现，保证了攀钢一号高炉 1970 年 7 月 1 日出铁的需要，攀枝花铁矿区也进入了边生产、边建设时期。

主攻煤矿按照“夺煤保电—夺煤保铁—夺煤保钢”的顺序展开：小宝鼎煤矿(设计生产能力为 15 万 t/年)和沿江煤矿(设计生产能力为 36 万 t/年)的建成保证了渡口电厂用煤需要；太平煤矿(设计生产能力为 75 万 t/年)、龙洞煤矿(设计生产能力为 21 万 t/年)和花山煤矿(设计生产能力为 60 万 t/年)的建成保证了攀钢炼铁所需要的主焦煤和气肥煤，巴关河洗煤厂(设计生产能力为 180 万 t/年)的建成保证了提供炼焦精煤；大宝鼎煤矿(设计生产能力为 90 万 t/年，1965 年 3 月正式出煤)的建成保证了炼钢用煤所需。

电厂建设有两处：一处是渡口发电厂(501 电厂 3.6 万 kW)扩建，另一处是河门口电厂(502 电厂 20 万 kW：4×2.5 万 kW，2×5 万 kW)，主战场在河门口。扩建 3 台 1.2 万 kW 机组的渡口电厂于 1967 年 5 月全部建成。1970 年 6 月，河门口电厂一期 10 万 kW 工程投产送电。而后，河门口电厂二期建成，加上渡口电厂和随后建设的新庄电厂(503 电厂，10 万 kW)，全市火力发电总装机容量达 33.6 万 kW。在确保电厂建设的同时，指挥部还投入人力、物力，确保水泥厂的修建。1965 年紧急拆迁德阳 3.2 万 t 水泥小立窑，仅用半年时间迁进攀枝花建成投产；后又仅用 10 个月时间便高速度建成设计生产能力为 24 万 t/年的渡口水泥厂主体工程，确保了攀枝花钢铁基地初期建设和成昆铁路建设的需要。

在第二战役中，“夺铁”会战是攀枝花开发建设史上规模最大也最为壮观的歼灭战。具体部署有三：一是“精矿下山”，二是“九通一烘”，三是“铁水奔流”。为保证攀钢 1970 年 7 月 1 日出铁，铁矿矿山采取分期建设方针。首先集中精力建设兰家火山和尖包包两个采场和选矿厂。1966 年 9 月我国最大的选矿厂——攀枝花选矿厂破土动工，1970 年 2 月兰尖铁矿建成投产，选矿厂主厂房和一、二系列也于同年 6 月建成投产，相关配套的铁路运输和供水、供电系统也基本建成，确保了攀钢一号高炉 7 月 1 日出铁的需要。“九通一烘”在面积仅有 2.5km^2 的弄弄坪展开，集中了冶金、建工、交通、林业、电力、铁道兵、解放军 02 部队、851 部队等 3 万多人，由冶金工业部统一安排和调配，按照高炉、焦化、烧结、总图公用、氧气站 5 个片区展开施工。在各方的密切协作、艰苦奋斗下，1970 年 6 月下旬，一号高炉系统工程基本完成。1970 年 6 月 29 日凌晨 4 点 24 分，攀枝花钢铁公司第一炉铁水冶炼出来，终于实现了“铁水奔流”。

“夺钢大会战”（又称“保钢”）分四个阶段：第一阶段是 1970 年 3 月至 1970 年底，主要抓基础工程，完成地下管网和土建工程；第二阶段是 1971 年 1～5 月，主要任务是结构安装；第三阶段是从 1971 年 6～8 月，主要集中力量安装一号转炉系统的全部机电设备；第四阶段是 1971 年 9 月，主要通过组织无负荷、负荷、单机和联动试车，为试炼创造条件。1971 年 10 月 1 日，攀钢试炼出第一炉钢。至此，攀钢进入“钢花飞溅、铁水奔流”的时代。

在“保钢攻坚战”结束后，就开始以成材为中心的轧钢工程攻坚战(即“成材”)。首先集中力量建设初轧厂，工程分土建和设备安装两部分。土建以轧机基础为重点，设备安装以大型开坯机、剪切机和主电室大马达改造为重点。1972 年 12 月 7 日，成功进行热试轧，1150mm 大型开坯机开始出钢坯。从此，结束了攀钢只出铁块、钢锭的历史。轧钢厂的建设，首先集中力量建设方圆钢系统，1974 年 8 月 16 日，轧钢厂方圆钢系统建成并成功进行热试轧，攀钢开始为国家生产经济建设急需的钢材。至此，攀枝花钢铁基地一期工程基本建成。攀钢一期工程从 1966 年动工兴建，到 1974 年优质、低成本的基本建成，堪称中国工业建设史上的奇迹。

4.“象牙微雕”钢城和成昆铁路

攀枝花钢铁基地的设计与攀枝花钒钛磁铁矿冶炼技术攻关同步进行。攀枝花钢铁联合企业是以攀枝花为中心的第一个钢铁企业，其包括弄弄坪钢铁厂、攀枝花铁矿及密地选矿厂。设计规模为年产钢 100 万 t、生铁 100 万 t、钢材 70 万～80 万 t，铁矿年开采量为 1200 万 t，750m^3 高炉 3 座、80t 氧气顶吹转炉 3 座。该钢铁基地由重庆黑色冶金设计院、长沙矿山设计院、鞍山焦化耐火材料设计院等设计单位的 1300 余名设计人员设计。设计队伍在艰苦的“席棚设计院”进行了世界工业史上罕见的设计大会战。

中华人民共和国成立后早期新建的大中型钢铁联合企业一般采用“苏联模式”：“三大一人”(大平地、大厂区、大铁路和人字形)。但攀枝花弄弄坪根本不具备这些条件：面积仅 2.5km^2，三面环山、一面临江；自然地形坡度达 10%～20%，最大坡度达 50%；且地质条件复杂(有 5 条大冲沟壑、2 条断裂带横切场地，有古滑坡存在等)。一个年产 150 万 t 钢材的大型钢铁联合企业——攀枝花钢铁厂精巧布置在面积 2.5km^2、高低落差达 80 多米的弄弄坪上，被誉为“象牙微雕”钢城(图 4.2)。攀枝花钢铁公司的设计采用阶梯构形，适应山区特点和场地狭小的客观条件，进行多台阶式竖向布置的特殊设计。整个弄弄坪被分为三大阶梯系统和 23 个小台地，将炼铁、炼钢、轧钢 3 个主体厂沿等高线顺序布置在同一平面上，其建筑系数达 34.1%，占地指标达到国际先进水平。设计人员巧妙构思，精心安排，在仅仅 2.5km^2 的土地上合理安排下这样一个大型钢铁联合企业，这一设计成为世界冶金设计史上的奇迹。

图 4.2 “象牙微雕”钢城：攀枝花弄弄坪

图片来源：攀枝花市政府网站。

在建设攀枝花钢铁基地的同时，为保证物质运输，成昆铁路也同步加紧修筑。成昆铁路全长 1090.9km，北起四川省会成都市，从成都平原傍峨眉山麓南下，逆汹涌的大渡河、转牛日河而上，攀越连绵崎岖的大、小凉山，沿奔流湍急的孙水河、安宁河、雅砻江，下至海拔 1000m 左右的金沙江河谷，连接攀枝花，再溯龙川江上至海拔 1900m 左右的滇中高原，南止于云南省会昆明市。成昆铁路的建设对于改善西南地区的交通状况与建立机动灵活的战略大后方，配合攀枝花钢铁工业基地建设与西南地区资源开发，促进西南地区特别是少数民族地区经济发展和民族团结，均具有极其重大的意义。

中华人民共和国成立后，“一五”期间经过数年努力，初步提出成昆铁路东线、中线和西线三大线路走向方案。当时，苏联专家认为在成昆铁路三线方案中只有中线可行，另外两条线路尤其是西线根本无法修筑。但成昆铁路西线方案经过即将开发的攀枝花钢铁基地，意义重大。最后定夺线路时，成昆铁路采用了最险峻的西线方案，东线方案则成为今天的内(江)昆(明)铁路。

成昆铁路沿线不仅地形复杂，地势险峻，而且由于历次构造运动的影响，地质情况极其复杂。铁路沿线区域新构造运动活跃，全线有 500 多公里位于 7～9 度地震烈度区。铁路沿线存在着严重的山地崩塌、落石、滑坡与泥石流等山地地质灾害，至今仍使穿越成昆铁路的人们心惊胆战。在这样的地质地理环境下修建现代化铁路，必然要采用密集的桥梁和隧道，工程十分艰巨。为了跨越地形障碍，成昆铁路全线共建桥梁 991 座，桥梁总长 106.1km，其中 200m 以上的大桥有 113 座。开凿隧道 427 条，隧道总长 344.7km，其中 3km 以上的长隧道有 9 条。桥梁和隧道总长度占整条铁路长度的 41.6%。受地形的限制，在沿线 122 个车站中有 42 个车站不得不全部或部分建造在桥梁上或隧道里。从金口河到埃岱段 58km 的线路就有隧道 44km，几乎成为地下铁路。其中，穿越全线最高点小相岭(海拔 2244m）的沙马拉达隧道全长 6379m，是当时全国最长的铁路隧道。为了克服地势高差，全线设计了 7 处螺旋形、圆形、灯泡形盘山展线，13 次跨越牛日河，8 次跨越安宁河，47 次跨越龙川江。牛日河上的尼波和红峰两站之间直线距离只有 7km，但高差达 142m，自然坡度为 20‰以上，不得不将线路以 16‰的最大限制坡度在山间三叠交叉，跨大中桥梁 6 座、隧道 11 条，线路延长了 1 倍。在地势险峻的龙川江峡谷，由于隧道在大山里迂回重叠，进口和出口竟出现在同一个方向，而高度已相差几十米。

总之，成昆铁路穿越地质大断裂带和地形起伏巨大的区域，其设计难度之大、工程之艰巨、施工之复杂，均属前所未有。沿线山势陡峭，奇峰耸立，深涧密布，沟壑纵横，地形和地质条件极为复杂，被外国专家断言为修路禁区。在“地质禁区”修筑成昆铁路使我国的铁路修建技术达到了世界先进水平，为人类在险峻复杂的地理环境中建设高标准铁路创造了成功的范例。

作为三线建设的龙头和缩影，攀枝花从 1965 年 3 月 4 日开发建设以来，通过攀枝花钢铁基地建设和成昆铁路的修建，用十多年时间在不毛之地上成功崛起了一座现代钢城，推动了边远民族地区经济社会的发展，并形成了一个百万人口的现代化工业城市。

4.2.3　攀钢后期建设与攀西战略资源创新开发试验区

在攀枝花钢铁基地建成后，又接续开展了攀钢二期工程、攀钢三期工程、钒钛基地、攀西战略资源创新开发试验区等建设，不断拓展和深化攀枝花资源的综合开发利用。攀钢的生产规模不断扩大、产品品种逐步增多、产品质量持续提高，资源综合利用程度得以深化。攀枝花钢铁公司也实现由“钢坯公司”到“钢材公司”再到“材变精品”的转变，攀枝花市也由“钢铁之都”转变为“钒钛之都”。

1980 年，攀钢生产能力达到或超过设计水平（形成年产 150 万 t 钢的综合生产能力）。1985 年钢材产量创历史纪录：生铁 208 万 t、钢 177 万 t、初轧坯 158 万 t、轨梁材 95 万 t、钒渣 6.85 万 t。但铁多钢少、坯多材少的“钢坯公司”特征仍十分突出。为改变这种落后状况，国家于 1986 年 1 月 14 日～1997 年 3 月 31 日启动总投资 93.53 亿元的攀钢二期工程建设项目。攀钢二期工程全部按国家审定的项目及其内容建设，顺序开展第一战役——铁、焦、烧系统工程；第二战役——连铸、热轧、电厂一期工程，第三战役——冷轧、冷轧铁路联络线、发电厂二期、转炉提钒及万立方制氧机工程。历时 11 年，攀钢二期工程建成投产后，其总体装备水平达到 20 世纪 80 年代末 90 年代初的国际先进水平，具备年产热轧卷板 100 万 t、冷轧薄板 50 万 t、重轨 55 万 t 和线材 20 万 t 的综合生产能力，材钢比例由 1985 年的 55%上升到 82%，形成大中型材、板材、化工产品和钒钛制品四大支柱产品系列；进一步扩大了矿产开发和钢铁产业规模，攀钢实现了由“钢坯公司”向“钢材公司”的战略性转变。从此，攀钢成为中国重要的、西部最大的钢铁生产基地、中国最大的铁路用钢生产基地、中国最大的钒原料生产基地、中国最大的钒制品生产基地和世界三大产钒企业之一。

随后，攀钢于 2001 年 6 月 12 日至 2005 年又进行了总投资 84 亿元的三期工程建设。攀钢三期工程包括钢铁主业技术改造、钒钛资源综合利用和环保节能等三大系统，以“十大工程”为标志：全连铸改造、热轧技改、轨梁万能轧机生产线、冷轧酸轧联机改造、冷轧增建热镀铝锌机组、三氧化二钒扩能改造、钒氮合金生产线、微细粒级钛精矿生产线、高钛渣工程、氯化法钛白扩能改造工程。攀钢三期工程建设促进了攀枝花市由“钢铁之都”向“钒钛之都”转变。攀钢三期工程建成后，钢铁生产工艺技术和装备达到国内先进或领先水平，部分达到世界先进水平；钒工艺及其新产品开发技术世界领先；钛产品生产工艺技术国内全面领先，在世界上具有重要影响力。攀钢也由此实现了“材变精品”的战略转变，主要技术经济指标持续优化，部分指标进入国内外先进行业。攀钢在西部最大钢铁生产基地、中国最大铁路用钢生产基地的基础上，增添国内品种结构最齐全且生产规模最大的无缝钢管生产基地、重要特殊钢科研生产基地和重点军工配套企业、最大钛原料和钛白粉生产基地、中国最大与世界第二的钒制品生产企业等桂冠。

从“十一五”开始，攀钢立足钒钛磁铁矿资源优势，坚持把做好资源作为基础、做大钒钛产业作为重点、做精钢铁产业作为关键，抓紧实施一批关系长远和战略全局的重点工程，推进发展转型和做强做优。突出做大钒钛产业，加快特色产业发展步伐；坚持做精钢铁产业，切实提升产业竞争实力；着力做好资源战略，提高资源保障和供应链增值能力。攀钢以高水平综合利用攀西钒钛资源为己任，依靠自主创新探索出难利用、低品位、多金属共生的钒钛磁铁矿综合利用道路，钒钛磁铁矿资源综合利用技术水平国际领先，并自主开发出一批循环经济工艺技术。

为进一步推动攀西地区的资源综合开发利用，2013 年由国家发改委批准设立攀西战略资源创新开发试验区。该试验区面积达 3.1 万 km^2，是目前国内唯一一个资源开发综合利用试验区。该试验区包括攀枝花市全境，凉山州的西昌市、冕宁县、德昌县、会理县、会东县、宁南县，以及雅安市的石棉县和汉源县，共 3 市(州)11 个县(市、区)。试验区内，蕴藏着探明储量世界第一的钛、世界第三的钒、国内第二的稀土和有“第二国宝”之称的原生碲铋矿。随着攀西战略资源创新开发试验区的建设，深化创新主体深度合作，构建政产学研用协同创新生态，组建了国家钒钛制品质量监督检验中心、钒钛产业研究院、稀土产业研究院、碲铋产业研究院、钒钛资源综合利用国家重点实验室等一批重大科技创新平台。累计建成国家重点实验室 2 个、国家企业技术中心 5 家、国家地方联合工程研究中心 1 个、省级重点实验室 2 个、省级工程实验室 1 个、省级工程技术研究中心 5 个、省级企业技术中心 11 家。2017 年攀枝花实现钒钛产业总产值 215 亿元。其中，钒产品产能和产量居全国第一；钛产业实现产值 132.18 亿元。攀枝花市工业逐步由钢铁经济为主向钒钛、钢铁经济并进转变，由初级产品向精深加工转变。

2018 年 1 月 17 日，在攀西战略资源创新开发试验区第四次部省联席会议上，审议并原则通过了《攀西战略资源创新开发试验区建设规划(2018—2022 年)》，力争到 2022 年，将试验区建成世界级钒钛产业基地和我国重要的稀土研发制造基地，成为国内资源富集地区资源科学开发的示范区。到 2022 年，试验区建设取得明显成效，建成世界级钒钛产业基地和我国重要的稀土研发制造基地，成为国内资源富集地区资源科学开发的示范区。

4.2.4 攀枝花市的城市发展

攀枝花钢铁基地的建设与发展，推动了钢铁工业城市攀枝花的发展。随着资源开发从钒钛磁铁矿向水能、农业资源和旅游资源等的拓展，攀枝花市也由钢铁工业城市向区域中心城市和现代宜居城市转变。建市 50 多年来，攀枝花市的城市规划、城市规模和城市扩展正从纯粹的工业区向现代城市中心区转移，从沿江两岸低谷区向沿江两岸中高山区转移，从建筑密集区向结合空间区域转移(表 4.1)。

表 4.1 攀枝花市开发建设以来各时期城市总体规划及其城市定位

时间	规划单位	规划文件	总体规划、定位与核心城区布局
1965 年	国家计划委员会	《攀枝花工业区总体规划》	确定攀枝花工业区的基本格局，远期规划 12 万人，职工 5.1 万人。根据资源分布和山区地形条件，本着有利生产、方便生活的原则，将冶金、煤炭、电力、建材等骨干工业沿金沙江两岸布列，弄弄坪为钢铁联合企业所在地，弄弄坪以东攀枝花—密地地区为铁矿采选区，以西陶家渡、河门口为煤炭采选、电力、建材工业区，以南大渡口—仁和地区是商业批发和党政机关所在地。布局弄弄坪、攀(枝花)密(地)、河门口、陶家渡、大渡口—仁和等五个较为集中的城市片区
1969 年	国家基本建设委员会城市规划局、四川省城市规划设计局(现四川省城乡规划设计研究院)	《攀枝花工业区总体规划》	以攀钢一期工程建成生产规模确定城市发展规模，人口规模由 12 万人扩大至 30 万～50 万人。新增格里坪、金江、炳草岗 3 个片区，城市组团达到 8 个：弄弄坪、攀(枝花)密(地)、河门口、陶家渡、大渡口和仁和、格里坪、金江、炳草岗。市行政中心由大渡口迁至炳草岗，以片区为单元，通过铁路、公路和桥梁将整个城市串联起来，奠定了渡口城市用地布局的基础，并首次提出市政规划的设想
1974 年	渡口市委、市革命委员会	《渡口市总体规划》	以攀钢二期工程发展规模及其配套工业和地方工业的发展为依据，对工业用地等做了安排。规划城市人口为 50 万～60 万人。提出城市建设标准和用地指标，并对道路、给排水等市政工程建设做出规划，标志着攀枝花逐渐由一座工矿区向一座工业城市发展。并进行片区规划，在炳草岗开创性规划商业步行梯道：攀枝花步行梯道(长 253.7m、宽 30m、9 个平台，落差为 28.47m、落差达 11.2%)
1978 年	渡口市政府	《渡口市城市总体规划》	以冶金工业为主的工业城市，城市人口规模为 50 万人左右，在建设钢铁基地的同时，逐步建设成为钒钛基地和能源基地，建成具有亚热带风光和地方特色的现代化城市。城市布局为 8 个片区：弄弄坪片区为钢铁工业中心，攀(枝花)密(地)片区为铁矿采选及机修基地，陶家渡片区为煤炭工业基地，河门口片区以电力、建材工业为主，格里坪片区以木材贮运及加工为主，渡口—仁和片区以地方工业和商业仓库为主，炳草岗片区为全市行政、文化中心，金江片区因处于金沙江市区河段下游，规划为发展化工企业用地，并考虑铁路及仓储用地
1997 年	攀枝花市政府	《攀枝花市城市总体规划(1997—2020)》	城市规模到 2000 年控制在 56 万人左右，到 2010 年控制在 66 万人左右。加强城市公共功能建设，规划建成区建设用地规模：到 2000 年控制在 50km^2 以内，到 2010 年控制在 60km^2 以内。攀枝花市是我国西部以资源综合开发利用为主的现代城市，是川滇交界毗邻地区的区域性中心城市。城市由东西向发展轴转向东西、南北丁字型发展轴，并向以南北轴发展为主的方向转变
2006 年	攀枝花市政府	《攀枝花市城市总体规划(2007—2025)》	建设中国的钒钛之都，我国西南重要的工业基地和能源基地，川西南、滇西北区域综合交通枢纽与物流中心，大香格里拉旅游环线重要中心。到 2010 年城市人口达 72 万人，城市建设用地控制在 75.0km^2 以内；2015 年城市人口为 80 万人，城市建设用地控制在 85.0km^2 以内；2025 年城市人口为 102 万人，城市建设用地控制在 115.05km^2 以内；城镇化率为 83.3%
2015 年	攀枝花市政府	《攀枝花市城市总体规划(2011—	建设成为川滇交界毗邻地区区域性中心城市，具有南亚热带风光的宜居城市，以资源综合开发利用为主的现代特色工业城市。2020 年城市中心城区常住人口为 91 万人，城市建设用地为 100.1km^2，终极人口规模为 120 万人，

续表

时间	规划单位	规划文件	总体规划、定位与核心城区布局
		2030)》	城市用地终极规模为 135km^2
2017年	攀枝花市政府	《攀枝花市城市总体规划(2011—2030)》(2017版)	建设川滇交界毗邻地区区域性中心城市，具有南亚热带风光的宜居城市，以资源综合开发利用为主的现代特色工业城市。城市中心城区功能结构为“一心(以机场为中心的城市绿核)两轴(沿金沙江的东西向轴线、沿仁河沟的南北向轴线)四片(炳草岗—仁和的江南片区、弄弄坪—瓜子坪的江北片区、格里坪—清香坪的城西片区、金江—团山—迤资的城东片区)”。2020 年城市人口达 90 万人，城市建设用地为 100.71km^2；2030 年城市人口为 109 万人，城市建设用地达 119.9km^2；城镇化水平达到 81.94%

注：根据《攀枝花市志》《攀枝花市城市总体规划(2007—2025 年)》《攀枝花市城市总体规划(2011—2030 年)》(2017 版)等整理。

在攀枝花钢铁基地建设时期，曾对攀枝花工业区进行过几次城市规划编制和修改。1965 年 9 月编制完成《攀枝花工业区总体规划》，该规划根据资源分布和山区地形条件，把攀枝花工业基地沿金沙江两岸布列，将冶金、煤炭、电力、建材等骨干企业分布在弄弄坪、陶家渡、河门口、攀(枝花)密(地)、大渡口—仁和等五个较为集中的片区。1969 年又对《攀枝花工业区总体规划》进行调整，新增格里坪、金江、炳草岗 3 个片区。1974 年编制的《渡口市总体规划》以攀钢二期工程发展规模及其配套工业和地方工业的发展为依据，对工业用地等做了安排，并提出城市建设标准和用地指标，标志着攀枝花逐渐由一座工矿区向一座工业城市发展。1978 年第四次调整《渡口市城市总体规划》，在城市布局上进一步明确了 8 个城市片区的功能。格里坪片区以木材储运及加工为主；河门口片区以电力、建材工业为主；陶家渡片区为煤炭工业基地；弄弄坪片区为钢铁工业中心；攀(枝花)密(地)片区是铁矿采选及机修基地；渡口—仁和片区以地方工业和商业仓储为主；炳草岗片区为全市行政、文化中心，并为炳草岗、攀(枝花)密(地)、弄弄坪、渡(口)仁(河)等四个片区的公共活动中心。金江片区规划为化工企业发展用地，并考虑了铁路和仓储用地。

在攀枝花钢铁基地建设时期，城市布局实际是以产业功能布局为主，兼顾生活设施和公共基础服务。居民点实质是附近企业的职工集中居住区(又称家属区)，它们和企业生产区基本在一个片区，有的小企业生产和生活区更是不分。这种城市布局强化了企业功能，加之在特定条件下企业代行许多社会职能，包办了职工的生老病死，家属子女的安置、入学等事务，企业对市民的影响甚于其他因素，城市街区的企业烙印根深蒂固。这种城市布局使街区文化呈现出浓厚的企业文化特色。攀枝花早期企业建设实行的是对口援建，即由来自一个或几个地方的相关企业承包建设攀枝花的某个企业，这些来自外地的援建者往往集中居住在援建企业所在的街区，这些街区就有了鲜明的移民原住地特色。

此阶段，由攀枝花钢铁基地建设而形成的冶金企业工业区便是攀枝花城市核心区域(城市实体空间)的“原始构架”。高山峡谷的地形地貌严重限制了攀枝花城市建设，一方面使攀枝花城市难以形成平原城市整体恢宏的气势；另一方面又给攀枝花城市规划和建设带来巨大困难。在早期建设攀枝花钢铁基地时，受备战思想的影响，为了就近利用自然资源和相关配套设施，加之高山峡谷的地形限制，其工业基地以“沿江、分组团”的带状布局结构布局。随着攀枝花钢铁基地建设而诞生的钢铁工业城市也就呈现出带状组团结构。

在早期的钢铁工业城市时期，攀枝花市各组团的工业企业生产用地紧邻居住用地和公共设施用地。后来，随着钢铁工业基地生产规模与聚集人口规模的不断扩张，工业生产用地与居住用地相互交叉与混杂，不仅使城市景观和环境受到严重破坏，生产与居住相互干扰、相互影响，而且还使生产用地与生活用地的规模相对狭小，造成基础设施配套极不完善，企业的生产秩序和职工的生活环境都不能得到保障，给城市的发展带来很大限制。攀枝花市重要的 8 个工业组团基本位于主城区，对城市环境的污染更大。由于用地的混杂、分散，各组团用地规模、人口规模均相对狭小。因此，城市基础设施配套既存在不完善，也造成重复建设，城市功能不能得到充分体现。而且企业承担了大部分基础设施和公共设施的建设和管理工作，造成攀枝花城市的现状基础设施和公共设施规模小、分布散等特点，布局既不合理又不经济。炳草岗、渡(口)仁(和)片区外的城区组团城市功能极不完善，影响了攀枝花市的整体发展。

进入 21 世纪以后，随着攀枝花市推进以钢铁工业为主向以钒钛为主转变，由粗放式发展为主向集约化发展为主转变，由初级产品为主向精深加工为主转变，由分散布局为主向工业园区布局为主转变，城市空间格局也发生相应调整与变化。目前，攀枝花市市域内已形成两条区域工业产业带：一条是安宁河工业产业带，从米易白马工矿区开始，沿安宁河、成昆铁路、雅攀高速公路和 214 省道，由北向南至城区东部的钒钛产业园区；另一条是从格里坪沿金沙江由西向东至金江的金沙江工业产业带。城市工业以矿山采选、钢铁冶炼、钒钛综合利用、能源、建材、煤化工等工业为主体。这两条产业带的特点是沿江河、沿交通干线、近资源，在原城市组团的外围布局、形成产业集中的产业园区(表 4.2)。

与此同时，攀枝花市也以旅游业为龙头加快建设宜居城市。该市以 2005 年四川省第一届冬季旅游发展大会的召开为契机，全力发展旅游产业，凭借自身独特的旅游资源优势，打造具有鲜明地域特色的“大三线工业探秘之旅”“大西南阳光温泉度假之旅”“大裂谷奇异风光之旅”“川滇民族风情之旅”四大旅游品牌，建设宜居旅游的阳光花城。攀枝花市的定位逐渐由钢铁工业城市向现代城市、区域中心城市和宜居城市转变。城市发展也由东西方向单向轴线向东西、南北双轴网格化方向发展。

表 4.2 攀枝花市城市核心组团外围的主要产业园区

产业园区	位置	面积/km^2	主要产业类型
钒钛产业园区	金江镇以南的团山—迤资地区	50	实施一园多区的规划布局，重点发展钢铁、钒钛、电冶化工等重化工业，是攀枝花市未来工业发展的重要载体
西区民营经济创业园区	西区格里坪镇以西	6	以发展煤化工、建材和钢铁深加工为主
新久工矿区	盐边县东南部	—	重点发展矿业采选
白马工矿区	米易县白马乡	—	主要以采选矿、原料加工、钛精矿延伸加工和非高炉钢铁冶炼为主

注：根据文献[7]和攀枝花市政府网站资料等整理。

4.3 攀枝花市资源开发与区域发展历程及关联特征

攀西地区的资源开发作为中华人民共和国成立后国家经略西部的缩影，从 20 世纪 60

年代中期以来 50 余年的繁盛与沉寂，无不受到国家战略调整的重大影响而成为宏观层面战略在中观层面和微观层面的现实投影[7]。近 50 多年来，攀西地区经历了三线建设时期集全国之力进行钢铁基地建设大规模开发的第一次高潮，经过改革开放后 20 世纪 90 年代后期的低潮，又迎来西部大开发以后以攀西战略资源创新开发试验区建设（2013 年由国家发改委批准设立，是目前国内唯一一个资源开发综合利用试验区）为主的第二次创业和跨越发展。攀枝花市是过去攀枝花钢铁基地建设和现在攀西战略资源创新开发试验区建设的核心城市，其资源开发与城市、区域发展高度关联。

4.3.1 攀枝花市资源开发与区域发展的阶段划分

攀枝花市是一座因钒钛磁铁矿开发而兴起的典型移民城市、资源型城市。从 1965 年在云南省永仁县、华坪县和四川省盐边县、会理县交接地带设立攀枝花特区[8]开始进行钒钛磁铁矿开发、建设攀枝花钢铁基地起，其地域范围不断拓展扩大。先后有云南省永仁县（1974 年 10 月）和四川省会理县（1978 年 7 月）部分地区，以及四川省米易县和盐边县两县（1978 年 10 月）整体划入其辖区范围。20 世纪 90 年代，受二滩电站建设淹没影响，市域辖区发生行政区划调整：1990 年 7 月原仁和区所属的红格、新九、新民、安宁、和爱等 5 乡划归盐边县，盐边县城健康镇因淹没而迁建桐子林镇。直到 1994 年攀枝花市东区、西区和仁和区进行行政区划调整后，其市域范围和行政区划才得以稳定。

随着资源开发与区域经济发展，攀枝花市建市 52 年（1965～2016 年）来主要矿产工业产品产量（生铁、钢、成品钢材、原煤、焦炭、发电量等）也随之增长（图 4.3）。

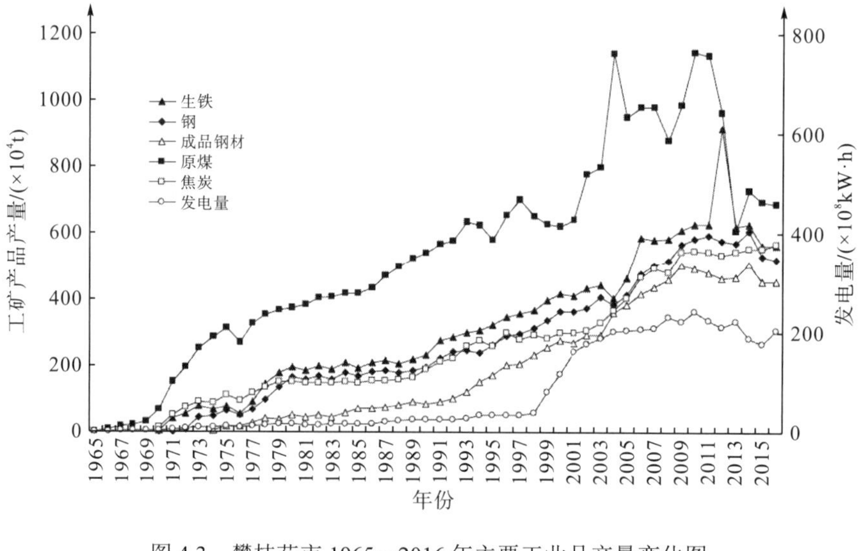

图 4.3 攀枝花市 1965～2016 年主要工业品产量变化图

以钒钛磁铁矿为主的矿产资源、独特的南亚热带立体气候等农业自然资源、水能和康养旅游资源等是攀枝花市主要优势资源。攀枝花在开发钒钛磁铁矿中，为保证农产品供给而开发农业自然资源。同时，为保证能源供给、改善能源结构和改进钢铁冶炼工艺，丰富的水能资源也得到逐步开发。综合图 4.3 数据和相关文献[2, 7-17]，攀枝花市资源开发、产业发展与地域空间演化历程可以划分为三个阶段[18]（表 4.3）：矿产资源开发阶段(1965～1989 年)，资源多元开发阶段(1990 年～2004 年)，资源综合利用阶段(2005 年起至今)。

表 4.3　攀枝花市 1965～2016 年资源开发与区域发展阶段[19]

阶段	资源开发	产业发展	地域空间演化
矿产资源开发阶段(1965～1989 年)	钒钛磁铁矿、煤矿、石灰石和铝矾土等矿产	1. 建成西南最大钢铁基地。1970 年出铁、1971 年出钢、1974 年出钢材，1978 年一期工程基本建成，1980 年达到并超过设计能力 2. 依托钢铁基地建设，形成煤炭、电力、水泥等关联产业 3. 形成攀钢、攀矿、十九冶、攀枝花矿务局等大型、特大型资源型企业	1. 市域持续扩大。云南省永仁县部分(1974 年)、四川会理县部分以及米易、盐边两县(1978 年)划入 2. 形成 3 区 2 县格局。东区、西区为城区，郊区(现为仁和区)、米易和盐边为乡村区域 3. 组团式城市片区。攀枝花—密地、弄弄坪、河门口、大渡口—仁和、宝鼎、金江、炳草岗和格里坪八大组团
资源多元开发阶段(1990～2004 年)	矿产、农业自然资源、水能	1. 钢铁工业持续扩张。建设攀钢二期工程(1986～1997 年)，2001 年成立四川省攀枝花高耗能园区 2. 发展农业产业化。两期国家农业综合开发(1994 年一期，1999～2000 年二期) 3. 开发雅砻江水能。建设二滩电站(1990～1998 年，330×10^4kW)	1. 市域行政区划格局稳定，但城乡差距加大。 2. 水能开发导致行政区划调整。受二滩电站建设淹没影响，盐边县城迁建桐子林镇(1996 年)，仁和区 5 乡(1990 年，红格、新九、新民、安宁、和爱)划归盐边县 3. 城市核心区域扩大。1994 年仁和区部分乡镇划入东、西区，东区部分区域划入仁和区。城市组团进一步紧密
资源综合利用阶段(2005 年至今)	矿产、农业自然资源、水能、太阳能、旅游资源等	1. 钢铁产业转向钒钛产业。攀钢三期工程建设完成(2001～2005 年，2005 年建成)，四川攀枝花钒钛产业园区(2006 年)、省级钒钛高新技术产业园区(2014 年)、国家级钒钛高新技术产业开发区(2015 年) 2. 开发水能、光伏及储能产业。桐子林电站(2010 年)、金沙电站(2016 年)、银江电站(2017 年)，全国最大民用光伏项目攀枝花学院 2.1MW 太阳能屋顶光伏发电项目(2013 年) 3. 发展旅游产业。四川省首届冬季旅游发展大会、“中国优秀旅游城市”(2005 年)，建设“阳光花城，康养圣地”(2012 年)，首届中国阳光康养产业发展论坛(2014 年)，中国三线建设博物馆(2016 年)	1. 城镇体系沿安宁河谷和成昆铁路展布。沿成昆铁路和安宁河谷，从南到北依次为城市实体空间(东区、西区和仁和区城区)、桐子林镇(盐边县城)、丙谷镇(米易县城)等城镇 2. 城市职能由冶金工业城市向区域中心城市转变。产业转型，大型资源型企业承担的大量社会职能逐步分离 3. 城市实体空间由东西向组团片区演化为双轴网络化结构。东西向老城区片区间联系日益紧密。2011 年开始花城新区流沙坡、炳草岗、渡(口)仁(和)、沙沟和总发等南北向 5 片区建设，城市实体空间由东西向沿江分散组团式结构向双轴(东西、南北)网络化结构发展

注：本表由参考文献[7]～文献[17]整理和综合而得。

从表 4.3 中可以看出，攀枝花市在资源开发与区域发展各阶段其资源开发、产业发展和地域空间演化具有以下特征。

1. 矿产资源开发阶段(1965～1989 年)

该阶段攀枝花市主要通过钒钛磁铁矿、煤矿、石灰石和铝矾土等矿产资源开发，以攀枝花钢铁基地建设带动该市钢铁工业基地和城市发展。

20 世纪 60 年代中期，在备战形势判断的背景下，我国开展了三线建设。攀枝花市因资源禀赋优越，具有符合三线建设特殊区位要求。具体来讲，攀枝花市资源开发符合三线建设工业布局的选址要求：攀枝花钢铁基地弄弄坪接近铁矿区(兰尖火山铁矿)、煤矿区(宝鼎山煤矿）和林区（格里坪务本林区），原材料丰富；接近煤矿区（宝鼎山煤矿等）、水电站（金沙江、雅砻江水力资源），能源丰富；水资源丰富（金沙江）；水陆交通便利；地形起伏大，平地少，有利于战略隐蔽。三线建设的中心是成（都）昆（明）铁路一线，西南三线建设以攀枝花为中心。通过在承德钢铁厂、首都钢铁厂和西昌钢铁厂的高炉试验，在攻克钒钛磁铁矿冶炼难题后，攀枝花钢铁厂开始建设。攀枝花钢铁基地的厂址选择曾经做过多个方案的比较，最后确定在攀枝花弄弄坪。弄弄坪位于金沙江左岸（北岸），选矿厂位于弄弄坪东边的兰尖火山钒钛磁铁矿山脚下攀（枝花）密（地）片区，距离钢铁厂仅 9km。在弄弄坪西边的煤矿附近建立洗煤厂，距钢铁厂仅 11km。弄弄坪西边的水泥厂接近石灰石矿。支线铁路（攀枝花至格里坪）将洗煤厂、焦化厂、石灰石矿、白云岩矿、发电厂等工厂与选矿厂、钢铁厂连接起来，生产协作方便、交通方便。

攀枝花市早期的能源工业以火电为主，同时开发太阳能、沼气和煤气。1964 年先期建设 623kW 的柴油机发电站，以供建设急需。1965 年 7 月～1967 年 3 月建设了装机容量为 4 万 kW（2×0.2 万 kW 和 3×1.2 万 kW 汽轮发电机组）的渡口发电厂（亦称 501 电厂，后称攀枝花发电厂）。随着攀钢的建设逐渐进入高潮，渡口发电厂的电力已不能完全满足建设的需要。1966 年 11 月～1971 年 12 月在金沙江北岸、巴关河西边的台地上，建设装机容量为 20 万 kW（4×2.5 万 kW 和 2×5 万 kW 高温高压汽轮发电机组）的河门口发电厂（亦称 502 电厂）。河门口发电厂为该市最早建成的最大的中型火电站。后来，为了应付不可预测的战争，经国务院批准决定在攀枝花再建一座战备电厂。于是，1968 年 9 月～1974 年 4 月在与灰老沟和沿江煤矿隔江相望的金沙江北岸新庄尖山南麓脚下建成装机容量为 10 万 kW（2×5 万 kW 高温高压双水内冷汽轮发电机组）的新庄发电厂（亦称 503 电厂）。新庄发电厂主厂房修建在一个完整的花岗岩体内，在洞内呈“用”字形布局：3 条南北走向约 220m 的导洞和东西长 80m 横贯 3 条导洞的 4 个洞室组成，主洞室面积为 22490m^2。新庄发电厂是当时国内最大的洞室火电厂，还建有攀钢发电厂（亦称 504 电厂），煤矸石发电厂。攀枝花市早期也进行了太阳能、沼气，以及炼焦过程中的焦炉煤气、高炉炼铁过程中的高炉煤气和炼钢转炉中的转炉煤气等多种煤气的利用，但总体规模偏小。

围绕攀枝花钢铁基地建设，1965 年设立攀枝花特区（在云南省永仁县、华坪县和四川省盐边县、会理县交接地带，对外称渡口市，特区体制于 1971 年结束[9]，1987 年渡口市更名为攀枝花市）建设攀枝花钢铁基地。1974 年 8 月 16 日，攀钢轧钢厂方圆钢系统建成标志着攀枝花钢铁基地一期工程基本建成。经过近 10 年努力，通过政府强有力的组织建设，在没有城市依托的攀西峡谷建设了一座现代化的钢铁基地和钢铁工业城市——攀枝花市。

随后，1980 年攀钢生产能力达到并超过设计水平，1982 年以后攀钢钢铁生产进入稳步发展时期，钢铁产量一直超过设计水平。攀枝花市逐渐形成以钒钛磁铁矿等矿产开发为主的资源型城市和西南地区最大的钢铁基地。从 1980 年开始攀钢对国家实行上缴利润定额承包（实行到 1990 年），钢铁生产规模持续扩大。在攀枝花钢铁基地建设过程中，攀枝花市以钒钛磁铁矿、煤矿、石灰石和铝矾土等矿产开发为主，并形成规模宏大的钢铁产业以及相关产业（煤炭、电力、水泥等）。

为保证钢铁基地建设的农产品供应，四川省和云南省临近攀枝花的周边县域陆续划入，市域面积扩大了 4 倍多(由 1411.96km^2 扩大到 7434.40km^2)。该阶段城市核心地域(城市实体空间)发展以组团嵌入式展开，东区(以铁矿开采与钢铁冶炼为主)、西区(以煤炭开采、能源与建材生产为主)，“矿城一体”沿金沙江两岸以组团式格局[10](绵延 50 多 km)嵌入仁和区等周边县区。

2. 资源多元开发阶段(1990～2004 年)

该阶段通过攀钢二期工程建设扩大矿产开发和钢铁生产规模，实施两期国家攀西农业综合开发推进农业产业化，通过二滩水电站建设启动雅砻江水能开发。资源多元开发带动城市核心区域扩展和城镇空间格局调整。

(1) 以钒钛磁铁矿为主的矿产资源开发。1986 年 1 月 14 日总投资 93.53 亿元的攀钢二期工程启动，到 1997 年 3 月 31 日攀钢二期工程全部按国家审定的项目及其内容建成投产。通过攀钢二期工程建设，扩大矿产开发和钢铁产业规模，攀枝花钢铁公司实现了由“钢坯公司”向“钢材公司”的战略性转变。攀钢由西南地区最大的钢铁基地发展为中国西部最大的钢铁生产基地、中国最大的铁路用钢生产基地。同时，1993 年 6 月 27 日攀枝花冶金矿山公司(简称“攀矿”)并入攀钢，随着 1998 年攀钢钒铁生产投产，开始综合利用钒钛资源。攀钢成为中国最大的钒原料生产基地、中国最大的钒制品生产基地和世界第三大产钒企业之一。

(2) 从中低产田改造到农业综合开发的农业资源利用。通过省级农林业综合开发和实施两期国家攀西农业综合开发，推进农业产业化。1984 年四川省决定在米易县建立立体农业综合开发实验基地，米易县成为全国第一个立体农业综合开发县。1992 年米易县被原农业部(现农业农村部)确定为国家“南菜北运”菜篮子工程基地县。1994 年 7 月，国家正式批准攀枝花市为国家级农业综合开发项目区。在 1993～1995 年，实施以中低产田改造为重点的国家攀西农业综合开发一期项目。该项目开始称凉山项目，后扩大至攀枝花市，最后扩大到宜宾和泸州两地。在国家攀西农业综合开发一期项目中，攀枝花市共开发 21×10^4hm^2 宜农荒地，米易县改造中低产田 1233hm^2。国家攀西农业综合开发一期项目改善了农业生产条件和环境，提高了农业综合生产能力，带动了农业结构调整和农业生产方式转变。国家实施的攀西农业综合开发二期以综合开发为主，攀枝花市经过攀西农业综合开发二期项目的实施，逐步形成粮食、甘蔗、蔬菜、水果和蚕桑等支柱产业。

(3) 以二滩水电站建设为重点，启动水能开发利用。通过建设二滩水电站，启动雅砻江水能开发。雅砻江水能调查和二滩水电站选址从 1958 年 3 月开始，二滩水电站 1973 年 9 月进点开展勘测设计，于 1985 年 8 月完成初步设计。1991 年 9 月开工建设二滩水电站，拉开了雅砻江水能开发的序幕。1998 年 8 月二滩水电站第一台机组发电，2000 年二滩水电站全部建成完工。

总库容 58 亿 m^3、最大坝高 240m、装机 330 万 kW 的二滩水电站是中国在 20 世纪建成投产最大的水电站，也是当时亚洲第一高坝水电站(图 4.4)。二滩水电站工程以发电为主，兼有其他等综合利用效益。二滩水电站建设也推动了库区周边发展，特别是二滩电站建设的巨大投资(近 24 亿元，其中约 12 亿元在盐边县)为攀枝花市提供了重要而难得的发展机遇[11]：改善电站周边交通条件、促进基础设施建设，带动建材、电力、旅游和农业等产业发展，为攀枝花市产业结构重型化调整创造条件。二滩水电站建成后，改善了攀枝花市的能源结构，也带动了高耗能产业的发展，四川省攀枝花高耗能园区2001年成立。

图4.4 雅砻江二滩水电站大坝下游河段

注：四川攀枝花市，作者拍摄。

在攀枝花市资源多元开发阶段，其市域行政区划格局比较稳定。为适应矿产与水能开发，局部调整其行政区划并扩大城市核心空间(城市实体空间)。在这一阶段攀枝花市的地域发展具有由城市核心区域(东区和西区)向周边区域扩展的特征，特别是仁和区(部分区域通过行政区域划入城区)、盐边县县城由健康镇迁建桐子林镇后发展明显加快。

3. 资源综合利用阶段(2005年起)

20世纪90年代后期，攀枝花钢铁公司、中国十九冶金建设公司(简称十九冶)和攀煤集团(原宝鼎山煤炭建设指挥部，后为渡口矿务局，又再为攀枝花矿务局)等特大型、大型骨干资源型企业相继出现困境。受宏观经济影响以及攀钢二期工程建设资金全部自筹等因素影响，攀钢在激烈的市场经济竞争中遇到巨大困难[12]。十九冶在完成攀钢二期工程后，因冶金行业开始从扩量到提质，基建投资减少、市场萎缩而陷入困境[13]。攀煤集团在经历20世纪90年代初的鼎盛之后，相继出现煤炭资源枯竭[14](灰老井、龙洞/小宝鼎和沿江等矿井陆续关闭)和市场不景气。攀枝花“矿城合一”、城市经济与大企业间“一荣俱荣、一损俱损”的纽带关系以及资源开发引发的地质灾害、环境污染与生态破坏等[2]资源型城市问题迫使其实施资源开发调整和产业转型。

随着攀枝花市资源开发调整和产业转型，攀枝花市的资源开发与区域发展进入资源综合利用阶段。该阶段主要通过矿产资源综合利用、以太阳能和水能利用为主的能源综合开发和以康养旅游、三线文化旅游为主的旅游资源综合开发，来推进区域发展和城市功能完善。

(1)通过攀钢三期工程、钒钛产业园区和攀西战略资源创新开发试验区的建设推动矿产资源综合利用。攀枝花钢铁公司于 2001 年 6 月 12 日至 2005 年总投资 84 亿元，进行钢铁主业技术改造、钒钛资源综合利用和环保节能等三方面、“十大工程”的攀钢三期工程建设[12, 15](表 4.4)。其中，2003 年开工建设的攀钢 18 万 t 高钛渣项目为中国最大钛产业项目。

表 4.4　攀钢三期工程(2001～2006 年)的主要建设内容

项目	建设内容	形成的生产能力	投资/亿元
钢铁项目	全连铸改造	新建一台 120 万 t/年的方坯连铸机和一台 100 万 t/年的板坯连铸机	12.6
	热轧三期技改	新建 1、2 号加热炉，更新热卷箱提高卷重、增加宽度自动控制系统等	7.0
	轨梁万能轧机生产线	对精整线进行改造、新建一条万能轧机生产线、对 100m 余热淬火钢轨生产线进行改造等	12.6
	冷轧酸轧联机改造	包括酸轧联机改造、新建耐指纹装置等	3.9
	冷轧增建热镀锌铝机组项目	新建一条 31.52 万 t/年的热镀锌铝生产线及配套公辅设施	5.3
钒钛项目	三氧化二钒扩建工程	新建一条 2020t/年的 V_2O_3 生产线	—
	钒氮合金产业化生产线	新建一条 1000t/年的钒氮合金生产线	—
	微细粒级钛精矿项目	规模为 14 万 t/年	—
	3 万吨/年氯化法钛白扩能改造	引进沸腾氯化法工艺，对锦铁现有 1.5 万 t/年的氯化法钛白生产线进行扩能改造	3.5
	18 万吨/年高钛渣项目	新建 2 台 2.5 万 kW 的密闭式电炉及相应的铁水处理、雾化制粉装置	7.3
环保节能项目	转炉及混铁炉烟尘治理、转炉煤气回收、高钛渣及 PUS 渣配套环保工程、钛白粉厂废酸治理、焦炉推焦除尘及干熄焦工程、高炉氧煤混喷扩能改造、矿业公司尾矿治理、工业废水治理完善、1 号高炉 TRT 改造等		—

注：①本表根据文献[12]和文献[15]等资料整理而成。

②表中“—”表示数据不详。

③表中的“锦铁”指攀钢 2002 年并购重组的“锦州铁合金有限责任公司”。

攀钢三期工程建设完成后，攀钢实现由“材”变“精品”的战略转变，攀枝花市钒钛磁铁矿等矿产资源进入综合利用阶段。2007 年攀钢产出第一批四氯化钛和海绵钛，2010 年产出第一炉钛锭。攀钢在继续保持“西部最大的钢铁生产基地”“中国最大的铁路用钢生产基地”称号的同时，在钒钛磁铁矿资源综合利用方面已处于世界领先水平，是全球第一的产钒企业，我国最大的钛原料和产业链最为完整的钛加工企业。

与此同时，2001 年设立攀枝花高耗能工业园区， 2006 年更名为四川攀枝花钒钛产业园区。2013 年由国家发改委批准设立攀西战略资源创新开发试验区。2013 年 8 月四川攀枝花钒钛产业园区被省政府认定为省级高新技术产业园区——攀枝花钒钛高新技术产业开发园区；2015 年 9 月，攀枝花钒钛高新技术产业开发园区被国务院批准为国家级高新技术产业开发区。该园区是经国务院批准的首个以金属材料产业开发为主要依托的国家级高新技术产业开发区。

总之，通过攀钢三期工程建设，钒钛产业园、钒钛高新技术产业园区建立，钢铁深加工、钒钛综合利用、电冶化工产业发展，推进钢铁产业向钒钛产业、粗放式初级产品生产向集约化精深加工转变，促进攀枝花市由“钢铁之都”向“钒钛之都”转变。通过利用太阳能发展光伏产业，并结合提钒技术进步，发展钒电池等储能产业[16,17]。

(2) 水能开发从雅砻江下游梯级开发转向金沙江水能开发，并加大太阳能利用。继1998年雅砻江二滩水电站建设之后，2010～2016年进行桐子林水电站(装机容量为4×15万 kW)建设，并完成雅砻江下游水能梯级开发。之后，攀枝花市境内金沙江水能开发提上议事日程。随着2008年开工建设云南省华坪县与攀枝花市交界处的观音岩水电站(装机容量为5×60万kW，2016年完工)、2014年开始建设金沙水电站(装机容量为4×14万kW)和2017年开工建设银江水电站(装机容量为39万kW)等水电站，攀枝花市境内金沙江水能开发全面铺开。与此同时，攀枝花推进清洁能源太阳能的利用。2016年7月2日攀枝花市最大光伏发电项目——西区竹林坡(大麦地)5万kW光伏项目正式发电。

(3) 康养旅游资源和三线建设文化旅游资源开发促进旅游资源综合利用。雅砻江二滩水电站建设带动攀枝花市二滩库区旅游发展。2005年攀枝花市获得“中国优秀旅游城市”称号，同年12月17日攀枝花市举办四川省首届冬季旅游发展大会，开始着力打造“阳光之旅”品牌。2012年开始建设“阳光花城，康养圣地”，先后投资130亿元建设阿署达花舞人间景区，投资80亿元建设普达阳光国际度假区。2014年举办首届中国阳光康养产业发展论坛。2015年3月，四川攀枝花三线建设博物馆建成开放。2016年4月，国务院办公厅正式批复将四川攀枝花三线建设博物馆冠名为攀枝花中国三线建设博物馆。2016年6月22日，攀枝花市成为全国第一批国家级(50个市区)医养结合试点单位。2016年12月，由攀枝花学院的医学院护理、康复专业分出组建的全国第一所康养学院(攀枝花国际康养学院)正式成立。随着资源综合开发利用，攀枝花市生态环境得以改善，并成功创建国家森林城市、国家园林城市。攀枝花市在旅游资源开发中，将水能开发、钢铁基地与三线文化等与旅游发展结合起来，利用水能开发形成城市水域景观(二滩库区等)、独特气候与生态环境(冬季避寒康养)、钢铁基地和三线建设文化(弄弄坪象牙微雕钢城、成昆铁路和攀枝花中国三线建设博物馆等)，发展康养旅游等第三产业。

随着攀枝花市资源综合开发利用的推进，区域社会经济得到快速发展，城市功能不断得以改善。攀枝花钢铁基地属于典型的煤铁复合型基地，钢铁基地建设促进攀枝花城市形成和发展。但在城市形成之初，城市第三产业不是依靠市场机制发展，而是通过企业办社会得以实现的。为推进资源产业升级和城市转型，2005年该市大型资源型企业承担的大量社会职能逐步分离、移交给地方政府[12]。城市职能开始由冶金工业城市向区域中心城市转化，产业布局也由分散向工业园区集中转变。随着2011年仁和区花城新区的流沙坡、炳草岗、渡(口)仁(和)、沙沟和总发等南北向五片区的建设，城市实体空间由东西向沿江分散组团式结构向双轴(东西、南北)网络化结构发展。该市地域发展呈现城市核心区域与全域联动的特征：城市核心区域以产业转型(钢铁产业向钒钛产业、联动光伏产业和康养旅游等)和城市功能完善(仁和区花城新区建设)为主；乡村区域承接部分资源型产业，联动发展生态农业、生态旅游与康养旅游等产业。

4.3.2　攀枝花市资源开发与区域发展的关联特征

为了进一步分析攀枝花市资源开发与经济发展的关系，根据前述攀枝花市资源开发与区域发展的阶段划分，分阶段统计该市主要经济指标，结果见表 4.5。根据表 4.5 数据，综合攀枝花市资源开发、社会经济和城市发展，可以概括出该市资源开发与经济发展具有以下关联特征。

表 4.5　攀枝花市资源开发与经济发展各阶段的社会经济发展

阶段	期末主要产品产量/(万 t、亿 kW)	GDP/万元	三次产业结构	人均 GDP/元	城市化率/%
矿产资源开发阶段(1965～1989年)	生铁：217、钢：185、钢材：89、原煤：522、焦炭：164、钒渣：7.5、水泥：52、发电量：23.9	9438～223415	28.95∶49.13∶21.92～9.83∶67.91∶22.26	292～2428	18.4～49.2
资源多元开发阶段(1990～2004年)	生铁：401、钢：383、钢材：357、原煤：1138、焦炭：365、钒渣：13.25、水泥：117、发电量：200.3	216489～2102000	11.03∶61.91∶27.06～5.35∶66.89∶27.75	2304～18718	49.3～53.8
资源综合利用阶段(2005～2017年)	生铁：597、钢：590、钢材：536、原煤：535.8、焦炭：441、钒渣：44、水泥：340、发电量：204.14	2480110～11442500	4.69∶69.4∶25.91～3.38∶70.50∶26.12	21969～92584	53.7～65.3

注：①表中的“GDP”和“人均 GDP”按当年价格表示。

②表中的 GDP、三次产业结构、人均 GDP 和城市化率等指标数值均为期初与期末数值。

③表中数据统计至 2017 年。

1. 资源开发的巨大投资对区域发展的推动作用显著

在以攀枝花钒钛磁铁矿开发为重点建设攀枝花钢铁基地的过程中，国家计划委员会和国家基本建设委员会对攀枝花市实行综合项目计划单列，即将攀枝花特区所有工业建设和民用项目都由中央从各部委“切块”后纳入国家计划委员会计划，单列下达给攀枝花特区组织实施；中央各部委以及省上的资金、人员、物资和器材到攀枝花，均由攀枝花特区统一归口管理、统筹配置和使用。国家在攀钢一期工程和专门为攀枝花建设的成昆铁路中共投入近百亿元(约占三线建设总投资的 1/20)，投入人力约 50 万人(不含大量无编制民工)(占三线建设投入人力总量的 1/10)[12]。其中①，1965～1970 年在攀枝花钢铁基地建设中，国家建设投资 144006 万元，其中非生产性投资 13845 万元，仅占投资总额的 9.61%。1971～1977 年国家建设投资 109232 万元，其中非生产性投资 37138 万元，也仅占投资总额的 34.00%。以交通建设为例，1964～1984 年的 20 年时间内，攀枝花交通投资达 1.6 亿元，修建干线公路 1225km 和 8 座跨金沙江、雅砻江的独立大桥，汽车运输 3850 万 t，装卸货物 2900 万 t。因此，攀枝花被誉为“汽车拉来的城市”。在攀枝花市转型发展的资源综合利用阶段，在 2001～2005 年的攀钢三期工程建设中共投资 84 亿元，进行钢铁项目、钒钛项目和环保节能项目的建设。攀钢三期工程建设的实施，既带动了攀枝花钒钛磁铁矿的综合利用，促进其从钢铁工业向钒钛产业的深化，也促进了区域环境的治理和改善。同时，为促进攀枝花钢铁基地建设，国家还及时进行行政区划调整，使攀枝花市地域空间迅

① 渡口市计划经济委员会国土处编. 四川省渡口市国土资源. 1986 年 3 月。

速扩大[19]。

水能资源开发和农业资源综合开发成为攀枝花钢铁基地建成后攀枝花经济发展的新增长点。其中，二滩水电站水能开发总投资 285.54 亿元[20]，对当地经济发展也有极大的促进。二滩电站建设有 2.1 亿元用于修筑 73km 的永久性公路、50km 的临时性公路，投资 0.5 亿元在金沙江和雅砻江上修建 4 座大桥(金沙江倮果大桥、雅砻江桐子林单塔斜拉大桥、三滩箱形大桥和三滩临时吊桥)，投资 0.36 亿元改建成昆铁路上的桐子林火车站以增强货物运输能力。总之，二滩水电站的建设极大地改善了水电站邻近地区的交通等基础设施条件。二滩水电站建设的 20.33 亿元开发性移民费用中有约 12 亿元用于当时年财政收入仅 2000 多万元的省级贫困县盐边县，移民投入和县城搬迁给盐边县提供了重要发展机遇。为保证二滩水电站大坝混凝土浇筑需要，还直接对原渡口水泥厂(投资近 0.1 亿元和 0.5 亿元帮扶资金)和攀枝花 502 电厂(投资近 0.37 亿元)进行投资扩建，给水泥、石料等建材工业带来了巨大市场。二滩水电工程直接注入攀枝花的资金近 24 亿元(其中，开发性移民费用约 20.33 亿元，用于工业、交通建设的直接投资超过 3.5 亿元)[20]，充分显示了大工程项目对不发达地区经济发展的推动作用。同时，二滩水电站进行建管一体化的体制改革，也为该区域水电建设管理体制改革做出积极示范。

农业资源综合开发使攀枝花市立体农业和农业产业化得以发展。在攀西地区第一期农业综合开发项目中，1993～1995 年的 3 年总投资为 11995 万元(其中，在攀枝花市完成总投资 4029.25 万元)。其中，中央财政投资 5500 万元，省财政配套 2300 万元，市(地、州)财政配套 1030 万元，县(市、区)财政配套 1880 万元，农村集体和农民自筹 1245 万元。经过 3 年努力，在 21 万 hm^2 宜农荒地中开发 0.36 万 hm^2，占可开发土地面积的 1.74%；中低产田土改造近 0.55 万 hm^2。农业综合开发的实施改善了项目区的农业基本生产条件，增强了项目区抵御自然灾害的能力，加速了农业实用技术的推广进程，建成了一批“三高”农副产品生产基地[21]。攀西农业资源综合开发二期项目主要进行中低产田土改造和宜农荒地开发、以水利建设为重点的各项工程及配套设施、多种经营项目建设以及植树造林任务。攀西农业资源综合开发二期项目完成总投资 11845.6 万元，其中：中央财政投入 3.254 万元，省财政配套 1892.4 万元，市财政配套 1035.9 万元，县(区)财政配套 661.2 万元，中国农业银行专项贷款 1570 万元，群众自筹资金 3432.1 万元，群众投工投劳完成 2605 万个工日。共改造中低产田土 1.46 万 hm^2，改良土壤 0.15 万 hm^2，开垦宜农荒地 0.46 万 hm^2，均超额完成国家批复的计划数。新建小型水库 2 座，新增蓄水 54 万 m^3，修建拦河坝 1 座，修建提灌站 12 座，284kW；开挖疏浚渠系 1321.82km，衬砌渠道 824.8km，建设微型水利和桥涵闸及渡槽等建筑物 1280 座(处)，埋设地下管道 4km，修建和完善机耕道 290.5km。开发区结合中低产田土改造和宜农荒地开发，累计建成多种经营基地 0.21 万 hm^2(优质芒果基地 0.08 万 hm^2，澳洲坚果基地 0.01 万 hm^2，优质龙眼生产基地 0.01 万 hm^2，优质酿酒葡萄生产基地 0.015 万 hm^2，早市蔬菜基地 0.026 万 hm^2，优质高产甘蔗基地 0.027 万 hm^2，优质苍溪雪梨基地 0.01 万 hm^2，茨竹基地 0.027 万 hm^2，年存栏商品牛羊基地 7.75 万头/只，营造防护林 0.22 万 hm^2)[22]。

总之，在攀枝花市资源开发与区域发展的三个阶段中，资源开发引发的巨大投资有力地促进了区域和城市发展。与资源相关产业的主要工业产品产量和区域经济总量随矿产等资源开发强度增长；区域产业结构随资源开发调整而变化。这表明资源开发对经济发展具有巨大拉动作用。攀枝花市从1965年开始建设至今，该市各种主要工业产品从无到有，产量迅速增大。国内生产总值增长迅速，第二产业占比大幅度上升、第三产业占比稳步提高、第一产业占比持续下降。随着经济发展，攀枝花市人均GDP和城市化率也迅速提升。总地来说，攀枝花市早期煤铁等矿产开发推动钢铁工业发展，提高经济总量；后期随着矿产、水能和农业资源等优势资源开发和资源综合利用，该市经济从最初的单一钢铁等工矿产业发展演化为多元化产业综合发展的经济格局。

2. 资源开发调整与经济结构升级具有同步性

从资源开发与经济发展历程来看，攀枝花市资源开发调整与经济结构升级具有明显的同步性。主要表现在三个方面。

第一，矿产资源开发的综合利用趋势使攀枝花由钢铁工业为主向以钒钛产业为主转变。攀枝花在钒钛磁铁矿综合利用过程中，其钢铁产量增长的同时，炼钢能力(钢产量占生铁产量的比例)由早期的85%左右(1985年为85.10%、1989年为85.25%)提高到2004年的95.51%和2017年的92.70%；钢材产量占钢产量的比例提高更明显：由早期的50%左右(1985年为55%、1989年为48.11%)提高到2004年的93.21%和2017年的86.26%。同时，焦炭产量占煤炭产量比例由1989年的31.42%提高到2004年的32.07%和2017年的82.30%。随着钒钛磁铁矿的综合利用，建成了国内产业链最完整的全流程钒钛资源利用体系：形成钒渣、钒氧化物到钒铁、钒氮合金的全系列冶金制品产业链，以及从钛矿到钛精矿到钛白粉/富钛料到钛白粉/四氯化钛，再到海绵钛到钛锭到钛料等多条钛产业链，进而促进钒钛产业迅速发展。2017年，攀枝花全市钒钛产业产值(212.73亿元)占全市工业总产值(1797亿元)的比例达到11.84%。其中，钒产业产值达84.09亿元，钛产业产值达128.64亿元。随着钒钛磁铁矿的综合利用，钒钛产品由2004年的钛白粉(5.44万t)、五氧化二钒(5299t)和钒氮合金(1757t)，增长到2017年的钒渣钛白粉(44.99万t，占全国的16.07%)、五氧化二钒(9544t)和钒氮合金(6430t)，且2017年钒产品出口达5900t。

第二，水能开发促进能源生产和消费结构的调整。攀枝花市早期的能源工业以火电为主，同时开发太阳能、沼气和煤气。1964年先期建设623kW的柴油机发电站，以供建设急需。随后陆续建设了渡口发电厂(亦称501电厂，4万kW，1965年7月～1967年3月)、河门口发电厂(亦称502电厂，20万kW，1966年11月～1971年12月)和新庄发电厂(亦称503电厂，10万kW，1968年9月～1974年4月)、攀钢发电厂(亦称504电厂)，煤矸石发电厂(13.5万kW)。攀枝花市早期也进行了太阳能、沼气，以及炼焦过程中的焦炉煤气、高炉炼铁过程中的高炉煤气和炼钢转炉中的转炉煤气等多种煤气的利用，但总体规模偏小。最早进行水电开发是雅砻江二滩水电站的建设(1991年9月～2000年，330万kW)，随后建设雅砻江上的桐子林水电站(2010年10月～2016年，60万kW)、金沙江上的观音岩水电站(2008～2016年，300万kW)、金沙水电站(2014年开工建设，56万kW)和银江水电站(2019年7月整体开工建设，39万kW)。与此同时，1999～2007年由原渡口发电厂(攀枝花发电厂)、河门口发电厂和新庄发电厂组建而成的华电四川发电有限公司攀枝花分公司装机共33.6万kW的火力发电相继全部关停。通过水能的开发，使攀枝花市的能源生产与消费结构得以不断改善，逐步从以火电为主转变为以水电为主、火电相济，并利用太阳能发展光伏发电的能源综合利用。

第三，旅游资源开发促进第三产业占比上升和整体产业结构优化。二滩水电站的建设带动二滩库区旅游发展；冬季阳光旅游和以三线建设博物馆建设为主的三线文化旅游开发促进攀枝花三线旅游发展。2012 年初攀枝花市提出创建“中国阳光康养旅游城市”的战略目标。先后投资 130 亿元建设阿署达花舞人间景区，投资 80 亿元建设普达阳光国际度假区。2016 年 6 月 22 日，攀枝花市成为全国第一批国家级(50 个市区)医养结合试点单位。2016 年 12 月全国第一所康养学院(攀枝花国际康养学院)正式成立。目前，攀枝花已拥有二滩国家森林公园、格萨拉生态旅游区等 2 个 4A 级景区，攀钢、二滩水电站、常乐酒堡等 3 个国家级工农业旅游示范点，米易森林、花舞人间、万宝营、岔河同德等 4 家省级森林康养基地，迤沙拉中国历史文化名村，棒垒球、皮划艇等 2 个国家级竞训基地，中国•四川森林康养(冬季)年会永久会址。近年来，攀枝花市开发旅游资源、发展康养产业，使该市第三产业的占比逐步提高(2017 年达 31.6%)。

总之，资源开发的多元化和综合利用，推动着攀枝花市经济产业部门的多元化，该市资源开发与经济发展具有明显的同步性。目前，攀枝花市进入资源综合利用阶段。这也使得矿产资源的开发利用呈现综合化和结构体系化。钢铁、煤炭、钒钛等矿产资源产业已进入深加工时代，在钢铁生产规模不断扩大的同时，钒钛产业逐步壮大，攀枝花市由钢铁之都演变为钒钛之都，由工业城市演变为区域中心城市和康养旅游宜居城市。

3. 大型资源型工矿企业成为地区经济的主体

攀枝花市是由国家建设的大型钢铁基地攀枝花钢铁基地演化而来。在攀枝花市的经济发展中，通过资源开发形成了攀枝花钢铁公司、攀煤集团(原宝鼎煤矿，后改名攀枝花矿务局。目前是四川煤炭产业集团规模最大的子公司)、十九冶等一大批大中型骨干企业。以钒钛产业为例，2017 年攀枝花全市有钒产业企业 9 家(其中，攀钢 2 家)的钒渣产量为 44 万 t，而攀钢的钒渣产量为 43.08 万 t；攀枝花全市钛精矿产量为 272.696 万 t(占全国总产量的 71.76%)，其中，攀钢钛精矿产量为 88.69 万 t。后期发展的攀枝花钢城集团有限公司等民营资源型企业，其企业规模也比较大(职工人数达 13000 人)。攀煤集团总资产达 90 亿元，有职工 12919 人(在岗 10654 人)，家属 10 多万人。据统计[23]，2016 年攀枝花市规模以上工业企业年平均产值达 50.94×10^3 万元、规模以上工业企业平均固定资产值达 21.97×10^3 万元，分别是西南地区地级成熟型资源城市平均值(24.18×10^3 万元、18.64×10^3 万元)的 2.11 倍和 1.18 倍。攀枝花市从事资源开发利用的大中型资源开发型企业经济产值大，在地区生产总值中所占比例大，成为区域经济的主体。但规模宏大的钢铁企业也给攀枝花市带来一些隐患：一旦钢铁市场出现波动，整个城市经济也将随之波动。

4. 工业化进程快速推进，工业重型化的资源型产业特征明显

攀枝花市经济在发展过程中，工业所占比例和主导作用在不断增加，逐渐成为区域经济的主体。通过对攀枝花市工业化进程的分析可以看出(表 4.6)：从 1965 年攀枝花钒钛磁铁矿开发至今，50 多年来该市工业化进程随着攀枝花钢铁基地建设持续推进，依次经过

前工业化阶段、工业化实现阶段的初期、中期、后期。截至 2015 年，攀枝花市工业化进程已发展到工业化后期阶段，而同时期四川省工业化水平处于工业化实现阶段的初期向中期的过渡时期。由于矿产开发强度持续加大，攀枝花市的工业化进程远快于四川省平均水平。同时，在攀枝花市工业中，重工业一直占有较大的比例(在攀枝花钢铁基地建成后快速提升到 90%以上，近期仍维持在 80%以上。见表 4.6)。该市工业重型化的资源型产业特征依然明显。

表 4.6 攀枝花市 1965～2015 年第二产业和重工业占比(%)

年份	1965	1970	1975	1980	1985	1990	1995	2000	2005	2010	2013	2015
第二产业占比	49.13	73.99	72.15	70.63	67.53	61.91	67.30	62.83	69.40	73.79	74.57	71.45
重工业占比	46.29	74.96	94.59	95.03	92.26	89.4	92.2	97.06	91.7	96.4	95.7	81.54

注：根据《攀枝花市志》《攀枝花年鉴》《攀枝花市统计年鉴》等资料整理。

5. 特殊时期的工业基地建设严重制约城市发展

三线建设是中国工业化道路上一个特殊的标本，攀枝花钢铁基地的建设又是建设钢铁工业的一个特殊标本。在三线建设中诞生的攀枝花市是一座典型的移民城市和资源型城市，其工业生产力以楔入的方式在山地传统自然经济区域内发展。这种楔入既具有建设性，也具有破坏性的双重作用：一方面建设起新的现代化生产方式，另一方面又破坏和瓦解了传统的经济生产方式。该市长期存在的二元经济结构特征就是楔入建设的印证。攀枝花市建市之初着眼于先生产后建设的方针，使该市在相当长的一段时间里，城市等于大工地。这种无依托矿城的资源型城市建设完全取决于矿产资源开发，而城市建设又远远落后于矿产资源开发速度，致使城市化水平落后于工业化水平，城市与资源之间形成一种不对等的单方面附属关系。这在较大程度上制约了资源型城市攀枝花市的进一步发展。此外，三线建设的备战思想，使城市呈典型的带状组团结构，也制约着城市功能的完善与发挥。

4.4 攀枝花市产业结构演化分析①

为进一步探讨攀枝花市产业结构演化与经济转型，本节选取 2004～2013 年攀枝花市三次产业结构及内部产业、各区县三次产业结构及内部产业为对象，用偏离-份额分析进行产业结构演化分析，以期为该市经济转型提供理论依据。

4.4.1 偏离-份额分析法

偏离-份额分析法是由美国学者邓恩、兰帕德等于 20 世纪 60 年代相继提出的一种产业结构分析方法，具有较强的综合性和动态性，是揭示区域或城市的经济部门结构变化原因，确定未来发展主导方向的有效方法。原理是将研究区域的经济变化看作一个动态的过程，以其所在大区的经济发展作为参照系，将研究区域经济总量变动分解为份额分量、产

① 本节内容主要参考文献［24］.

业结构偏离分量和竞争力偏离分量3个分量，以此来说明研究区域经济发展和衰退的原因，评价研究区域经济结构优劣和竞争力的强弱，找出具有相对优势的产业部门，进而可以确定研究区域未来经济发展的合理方向和产业结构的调整。偏离—份额分析法的计算分析原理[24]如下所示。

1. 基本参数设定

本节以攀枝花市为研究区域，研究区域的所在大区是指研究区域的上一级区域，即四川省。在偏离—份额分析法中，有如下假定。①增长率：研究区域及研究区域所在大区的各产业部门在研究时段内的增长率为期末产值减去基期产值，再用余数除以基期产值。②标准化规模值：研究区基期的某产业部门规模（产值）与该研究区域所在大区的该产业部门在经济中所占比例的乘积。

2. 研究区产业增长量计算

根据偏离—份额分析法原理，将研究的区域产业增长量（G_{ij}）分解为N_{ij}、P_{ij}、D_{ij}，其计算公式如下：

$$G_{ij}=b_{ij,t}-b_{ij,0}=N_{ij}+P_{ij}+D_{ij}=N_{ij}+PD_{ij} \tag{4.1}$$

式中，G_{ij}为i研究区域j产业部门的增长量；$b_{ij,0}$为i研究区域j产业规模（产值）在研究时段的初始值；$b_{ij,t}$为i研究区域j产业在研究时段的期末值；N_{ij}为i研究区的j产业增长份额分量；P_{ij}为i研究区的j产业结构转移份额分量；D_{ij}为i研究区j产业的区域竞争力份额分量；PD_{ij}为i研究区j产业的区域总偏离分量。

N_{ij}的计算公式为

$$N_{ij}=b'_{ij}\times R_j=b_{ij,0}\times\frac{B_{j,0}}{B_0}\times\frac{B_{j,t}-B_{j,0}}{B_{j,0}} \tag{4.2}$$

式中，b'_{ij}是研究区域产业部门的规模标准化；R_j是指研究区产业部门研究时段内的增长率；$B_{j,0}$与$B_{j,t}$分别表示研究区所在大区的区域产业的初始值和期末值。

产业结构转移份额分量（P_{ij}）的计算公式为

$$P_{ij}=\left(b_{ij,0}-b'_{ij}\right)\times R_j=\left(b_{ij,0}-b_{ij,0}\times\frac{B_{j,0}}{B_0}\right)\times\frac{B_{j,t}-B_{j,0}}{B_{j,0}} \tag{4.3}$$

式中，各符号含义同前。

D_{ij}的计算公式为

$$D_{ij}=b_{ij,0}\times(r_{ij}-R_j)=b_{ij,0}\times\left(\frac{b_{ij,t}-b_{ij,0}}{b_{ij,0}}-\frac{B_{j,t}-B_{j,0}}{B_{j,0}}\right) \tag{4.4}$$

式中，r_{ij}为研究区域产业部门研究时段内的增长率；其余符号的含义同前。

PD_{ij}的计算公式为

$$PD_{ij}=P_{ij}+D_{ij}=\left(b_{ij,0}-b'_{ij}\right)\times R_j+b_{ij,0}\times(r_{ij}-R_j) \tag{4.5}$$

式中，各符号的含义同前。

3. 产业结构与区域竞争效果指数

研究区域相对于所在大区的相对增长率 L 等于结构效果指数(W)和区域竞争效果指数(u)的乘积：

$$L = W \times u \tag{4.6}$$

在计算分析结构效果指数(W)和区域竞争效果指数(u)两个指标时，引入 $K_{j,0} = b_{ij,0}/B_{j,0}$、$K_{j,t} = b_{ij,t}/B_{j,t}$，分别指研究区的产业部门在研究时段的初始值和期末值占其所在大区相应值的比例，结构效果指数(W)和区域竞争效果指数(u)的计算公式如下：

$$W = \frac{\sum_{j=1}^{n} K_{j,0} \times B_{j,t}}{\sum_{j=1}^{n} K_{j,0} \times B_{j,0}} \div \frac{\sum_{j=1}^{n} B_{j,t}}{\sum_{j=1}^{n} B_{j,0}} \tag{4.7}$$

$$u = \frac{\sum_{j=1}^{n} K_{j,t} \times B_{j,t}}{\sum_{j=1}^{n} K_{j,0} \times B_{j,t}} \tag{4.8}$$

式中，各符号的含义同前。

由以上各式可知：若 L>1，则表明研究区的经济增长快于所在大区。若 W>1，说明研究区经济中朝阳产业部门占比大，区域总体经济结构比较好，结构对于经济增长的贡献大。若 u>1，则说明研究区各产业部门总的增长势头大，具有很强的竞争能力。

4. 偏离一份额图

为更清晰直观地反映研究区域产业发展情况，可以根据偏离一份额分析法计算得出结果，绘制偏离一份额图。以两条倾斜度为 45° 的等分线把坐标系分为 8 个扇面($S_1,S_2,\cdots,S_8$)，在图中标出各部门的位置，对其进行分类，以判断区域产业总体结构及竞争力的优劣强弱，确定优势部门的竞争力。

4.4.2　攀枝花市三次产业内部结构的偏离一份额分析

1. 攀枝花市三次产业内部的增长量分析

目前，作为成熟型资源城市，攀枝花市从 2004 年开始发展循环经济，进行经济转型探索。2004～2013 年，随着该市产业转型升级和经济发展，其三次产业的占比不断变化，产业在发展中不断进步。但其产业结构“中间重，两头轻”的局面依然明显。本节选取攀枝花市 2004～2013 年三次产业产值作为初始值和期末值，并以同时段四川省的值作为参考(作为攀枝花市所在大区)。将四川省和攀枝花市相关年份的产业数据代入式(4.1)～式(4.5)中进行计算，其计算结果见表 4.7。

表 4.7 攀枝花市三次产业偏离—份额分析结果

产业	指标									
	r_{ij}	b'_{ij}	R_j	$b_{ij,0}-b'_{ij}$	$r_{ij}-R_j$	G_{ij}	N_{ij}	P_{ij}	D_{ij}	PD_{ij}
第一产业	1.53	2.38	1.44	8.63	0.09	16.8	3.43	12.44	1.00	13.44
第二产业	3.10	56.81	4.41	88.78	−1.31	451.6	250.6	391.7	−190.71	200.96
第三产业	2.97	17.41	2.75	26.83	0.22	131.6	47.9	73.9	9.80	83.65

由表 4.7 可以得出以下结论。①攀枝花市各产业的增长量(G_{ij})均大于零，第二产业的增长量最大，其次是第三产业，第一产业增长量最小。②该市三次产业中第二产业的增长份额分量(N_{ij})最大，表明第二产业对经济的增量作用大。其次为第三产业，第一产业对经济的增长作用最小。③该市各产业结构转移份额分量(P_{ij})均为正，表明该市三次产业整体发展上具有结构性的优势；其中，第二产业对经济总量贡献大。而第三产业其次，第一产业对经济总量贡献最小。④在该市各产业的区域竞争力份额分量(D_{ij})中，第二产业的区域竞争力份额分量为负，第一、三产业的区域竞争力份额为正，且第三产业的区域竞争力份额分量大于第一产业。这表明该市第二产业的区域竞争力对攀枝花的经济增长作用小，而第三产业的作用在三次产业中最强，第一产业相对较小。⑤该市三次产业的总偏离分量(PD_{ij})均为正，其排序为：第二产业＞第三产业＞第一产业。这表明该市第二产业增长快，第三产业次之，第一产业最慢。

2. 攀枝花市产业结构和区域竞争效果分析

将攀枝花市 2004 年和 2013 年三次产业产值作为初始值和期末值，并以同时段四川省的值作为参考，将攀枝花市和四川省相应的产业数据代入式(4.6)～式(4.8)，通过计算得到 L=0.97，W=1.19，u=0.82。这表明攀枝花市产业结构和区域竞争效果有以下特征：①相对增长率 L 为 0.97，小于 1，表明攀枝花市三次产业的经济增长水平相对于四川省平均水平稍慢；②结构效果指数 W 为 1.19，大于 1，表明攀枝花市三次产业的经济总体结构较好；③区域竞争效果指数 u 为 0.82，小于 1，表明攀枝花市三次产业总体增长势头缓慢，且区域竞争力相对四川省平均水平较低。

综上所述，从整体来看，攀枝花市三次产业经济结构良好，但是经济增长水平相对于四川省平均水平较慢，且总体区域竞争力低于四川省平均水平。分产业来看，第二产业增长速度最快，对攀枝花市经济增量作用最大，但是区域竞争力最弱；第三产业的区域竞争力在三次产业中最大，但是增长速度慢；第一产业在三次产业中的增长速度和增长份额都最小，但其区域竞争力强于第二产业。

4.4.3 攀枝花市第一产业内部结构的偏离—份额分析

随着攀枝花市经济的快速发展，攀枝花市第一产业中农、林、牧、渔业等部门的产值也在不断增长，具体数值见表 4.8。从表 4.8 可以看出，攀枝花市 2004～2013 年第一产业产值不断增加，其内部产业除林业产值先增后减外，其余产业(农业、牧业、渔业)的产值呈持续增长的趋势。其中，农业(种植业)产值增长最快，10 年增加了 18.85 亿元。林业产值在早期(2004～2009 年)缓慢增长，而在后期(2010～2013 年)却呈下降趋势。

表 4.8 攀枝花市 2004～2013 年第一产业及各部门产业值 (单位：亿元)

年份	第一产业	农业	林业	牧业	渔业
2004	11.25	9.37	1.00	6.77	1.03
2005	11.63	10.48	1.14	7.14	1.20
2006	13.01	11.60	1.23	8.12	1.35
2007	16.44	14.02	1.31	10.89	1.79
2008	19.33	15.92	1.58	12.99	2.19
2009	20.31	17.04	1.66	12.20	2.42
2010	21.49	19.39	0.65	12.99	2.88
2011	24.24	21.63	0.67	15.49	3.38
2012	25.76	23.18	0.73	16.35	3.60
2013	27.88	28.22	0.78	14.55	3.87

注：表中数值为按当年价格计算的产值。

1. 攀枝花市第一产业内部增长量分析

分别选取攀枝花市 2004 年和 2013 年农、林、牧、渔业产值作为初始值和末期值，以同期的四川省农、林、牧、渔业产值为参照，将相关数据代入式(4.1)～式(4.5)中进行攀枝花市农、林、牧、渔业产业增长量分析，计算结果见表 4.9。

表 4.9 攀枝花市第一产业内部结构偏离-份额分析结果

产业	指标									
	r_{ij}	b'_{ij}	R_j	$b_{ij,0}-b'_{ij}$	$r_{ij}-R_j$	G_{ij}	N_{ij}	P_{ij}	D_{ij}	PD_{ij}
农业	2.01	1.45	1.94	7.92	0.07	18.85	2.81	15.36	0.68	16.04
林业	−0.22	0.01	1.86	0.99	−2.08	−0.22	0.02	1.85	−2.08	−0.24
牧业	1.15	1.16	1.07	5.61	0.08	7.78	1.24	5.97	0.56	6.54
渔业	2.76	0.01	1.39	1.02	1.36	2.84	0.01	1.43	1.40	2.83

由表 4.9 可以得出以下结论：①攀枝花市第一产业中除林业外其余部门的增长量(G_{ij})均大于零，表明攀枝花市第一产业中农、牧、渔业总体产业结构存在一定的优势，其中农业的增长量最大，其次是牧业，再次为渔业，而林业不具有优势；②在第一产业内部的增长份额分量(N_{ij})上，攀枝花市第一产业中农、林、牧、渔业的增长份额均为正，且农业的值最大，表明第一产业中农业对第一产业增量的作用大，其次为牧业和林业，而渔业最小；③在第一产业内部的结构转移份额分量(P_{ij})上，攀枝花市第一产业中农、林、牧、渔业的结构转移份额均为正，且农业的值最大，表明第一产业中农业对第一产业增长的贡献作用大，其次为牧业和林业，渔业最小；④在第一产业内部的总体区域竞争力份额分量(D_{ij})

上，攀枝花市第一产业中的农、牧、渔业的总体区域竞争力份额为正，表明攀枝花市农、牧、渔业的区域竞争力对第一产业经济增长作用大，且渔业最强，农业和牧业次之，而林业为负，不具增长作用；⑤第一产业农、林、牧、渔业总偏离分量(PD_{ij})中，农业最大，其次是牧业，林业最小，且为负。这表明攀枝花市第一产业中农业增长最快，牧业和渔业次之，而林业有所减退。

2. 攀枝花市第一产业内部结构的偏离-份额图

根据偏离-份额计算的数据(表 4.9)，对攀枝花市第一产业中的农、林、牧、渔业进行进一步分析，通过绘制偏离-份额图明确第一产业中各部门的类型和优劣强弱。以 PD_{ij} 为横坐标轴，以 N_{ij} 为纵坐标轴，以 5 为单位刻度，可以得到攀枝花市第一产业内部的部门优势分析图[图 4.5(a)]。以 D_{ij} 为横坐标轴，以 P_{ij} 为纵坐标轴，以 5 为单位刻度，可以得到攀枝花市第一产业内部的部门偏离分量分析图[图 4.5(b)]。

由图 4.5 中的部门优势分析图可以看出，农业和牧业位于 S1 扇形中，农业的总偏离分量和增长份额分量均大于牧业；渔业位于 S2 扇形中；林业位于 S5 扇形中。这表明在攀枝花市第一产业内部，农业和牧业是具有部门优势的增长部门，且农业比渔业的部门增长优势要明显；渔业有一定部门增长优势；林业不具有部门增长优势，在总量上为负增长。

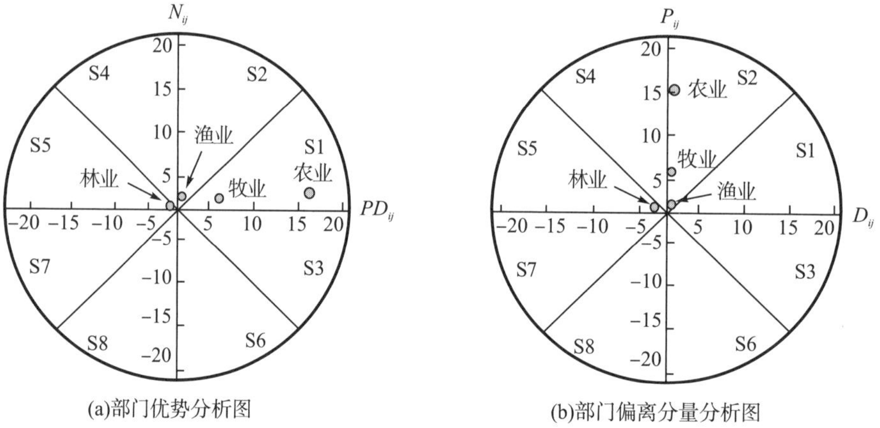

图 4.5　攀枝花市第一产业内部的部门优势分析和部门偏离分量分析图

由图 4.5 中的部门偏离分量分析图可以看出，农业、牧业、渔业均位于 S2 扇形中，说明农业、牧业、渔业有较好的基础，且有一定的部门竞争力；在这三个部门中，农业的产业结构转移份额分量最大，表明农业比牧业和渔业具有更好的基础。林业位于 S5 扇形中，说明说林业是基础和竞争力都较差的部门。

综上所述，攀枝花市第一产业中的农、牧、渔业的经济增长均快于四川省平均水平。其中，农业在第一产业中对经济增量的贡献最大，是促进第一产业发展的重要部门；其次是牧业和渔业，两个产业都有一定基础和竞争力，对第一产业经济发展有一定的贡献作用；林业是第一产业发展最差的产业，处于负增长状态，且基础和竞争力都较差。

4.4.4 攀枝花市第二产业内部结构的偏离-份额分析

攀枝花市2004～2013年第二产业及内部各部门产值见表4.10。从表4.10可以看出，攀枝花市2004～2013年第二产业的发展迅速，特别是作为攀枝花市经济主体的工业发展更为迅速，其在第二产业和地区生产总值中都占有较大的比例，而建筑业发展相对缓慢。

表4.10 攀枝花市2004～2013年第二产业及各部门产值 (单位：亿元)

年份	第二产业	工业	建筑业
2004	140.61	128.26	12.35
2005	172.12	158.43	13.68
2006	201.99	186.00	15.99
2007	239.91	224.89	15.02
2008	301.61	284.38	17.22
2009	300.06	280.72	19.34
2010	386.63	364.63	22.00
2011	487.75	461.71	26.04
2012	561.40	533.06	28.34
2013	597.19	564.93	32.26

注：表中数值为按当年价格计算的产值。

1. 攀枝花市第二产业内部增长量分析

选取攀枝花市2004年和2013年工业和建筑业的产值作为初始值和期末值，以同期的四川省工业和建筑业的产值为参照，将相关数据代入式(4.1)～式(4.5)进行偏离-份额分析，计算结果见表4.11。

表4.11 攀枝花市第二产业偏离-份额分析结果

产业	指标									
	r_{ij}	b'_{ij}	R_j	$b_{ij,0}-b'_{ij}$	$r_{ij}-R_j$	G_{ij}	N_{ij}	P_{ij}	D_{ij}	PD_{ij}
工业	3.40	40.49	4.70	87.77	−1.29	436.67	190.14	412.23	−165.70	246.53
建筑业	1.61	0.92	3.21	11.43	−1.59	19.91	2.95	36.64	−19.69	16.96

从表4.11可以得出以下结论：①攀枝花市第二产业中工业的部门增长量(G_{ij})大于建筑业，这表明该市第二产业中工业的增长性较强；②攀枝花市第二产业中工业、建筑业的增长份额分量(N_{ij})均为正，工业的增长份额最大，表明该市工业和建筑业对第二产业经济增量均有正向作用，且工业的作用更大；③攀枝花市第二产业中工业的结构转移份额分量(P_{ij})远大于建筑业，这表明工业对第二产业的经济增长贡献作用大；④攀枝花市第二产业中工业、建筑业的区域竞争力份额分量(D_{ij})均小于零，说明工业和建筑业的区域竞争力较弱，对第二产业经济增长作用小；⑤攀枝花市第二产业中工业、建筑业的总偏离分量(PD_{ij})

均为正，其中工业最大，这表明在第二产业中工业增长较快，而建筑业的增长则较缓慢。

2. 攀枝花市第二产业内部结构的偏离-份额图

根据表 4.11 的计算数据可以绘制攀枝花市第二产业内部结构的偏离-份额图：以 PD_{ij} 为横坐标轴，以 N_{ij} 为纵坐标轴，以 100 为单位刻度，绘制出攀枝花市第二产业内部结构的部门优势分析图[图 4.6(a)]。以 D_{ij} 为横坐标轴，以 P_{ij} 为纵坐标轴，可绘制出攀枝花市第二产业内部结构的部门偏离分量分析图[图 4.6(b)]。

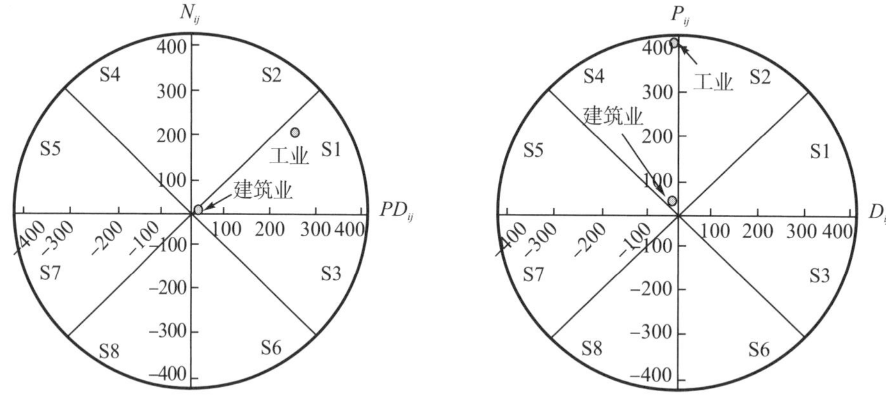

(a)部门优势分析图　　(b)部门偏离分量分析图

图 4.6　攀枝花市第二产业内部的部门优势分析和部门偏离分量分析图

由图 4.6 中攀枝花市第二产业中工业、建筑业的位置，可以判断该市第二产业中各部门类型和优劣强弱。

(1)攀枝花市第二产业中工业和建筑业都位于 S1 扇形中，说明工业和建筑业都是攀枝花市具有部门优势的增长部门。其中，工业的区域部门优势、总偏离分量和增长份额分量均大于建筑业，表明工业对经济的贡献远大于建筑业。

(2)攀枝花市第二产业中的工业和建筑业均位于 S4 扇形中，表明工业和建筑业基础较好，但是所处地位在下降。工业的产业结构转移份额分量远大于建筑业，说明工业的基础比建筑业更好，有利于工业的发展。

综上所述，攀枝花市第二产业中工业和建筑业的经济增长速度远快于四川省平均水平，且产业总体结构较好。其中，工业对第二产业经济增量和贡献大。但工业和建筑业的区域竞争力较弱，而且所处地位在下降。

4.4.5　攀枝花市第三产业内部结构的偏离-份额分析

在攀枝花市第一、二产业快速发展的同时，第三产业也在持续不断发展。截至 2013 年，第三产业已成为攀枝花市经济发展的第二大产业，其产值在 2004～2013 年逐年增加。攀枝花市第三产业及内部各部门的具体数据见表 4.12。

表 4.12　攀枝花市 2004～2013 年第三产业及各部门产值　（单位：亿元）

年份	第三产业	交通运输、仓储和邮政业	批发和零售业	住宿和餐饮业	金融保险业	房地产业
2004	58.34	9.26	12.79	3.01	6.49	2.46
2005	64.26	10.36	13.76	3.34	7.20	2.59
2006	72.36	11.30	14.57	3.87	8.56	3.56
2007	81.86	11.92	15.89	4.51	10.73	4.30
2008	93.73	13.30	17.91	5.65	13.41	5.62
2009	103.70	14.46	20.45	6.36	14.86	5.88
2010	115.86	16.28	22.64	7.09	16.10	6.56
2011	133.67	18.57	26.08	8.61	18.67	7.31
2012	152.86	20.57	29.03	9.75	22.75	8.01
2013	175.81	24.63	33.14	11.82	25.37	10.45

注：表中数值为按当年价格计算的产值。

从表 4.12 可以看出，2004～2013 年攀枝花市第三产业及各部门的产值均不断增长，其中批发和零售业的增长份额最大；住宿和餐饮业、房地产业的增长份额最小。

1. 攀枝花市第三产业内部增长量分析

选取攀枝花市 2004 年和 2013 年第三产业内部各部门的产值作为初始值和期末值，以同期的四川省第三产业内部各部门的产值为参照，将数据代入式(4.1)～式(4.5)进行偏离-份额分析，计算结果见表 4.13。

表 4.13　攀枝花市第三产业内部结构偏离-份额分析结果

产业	指标									
	r_{ij}	b'_{ij}	R_j	$b_{ij,0}-b'_{ij}$	$r_{ij}-R_j$	G_{ij}	N_{ij}	P_{ij}	D_{ij}	PD_{ij}
交通运输、仓储和邮政业	1.53	0.49	1.25	8.77	0.29	14.19	0.61	10.94	2.64	13.58
批发和零售业	1.53	0.85	2.46	11.94	−0.93	19.52	2.10	29.37	−11.95	17.42
住宿和餐饮业	2.63	0.09	2.52	2.92	0.12	7.93	0.23	7.34	0.36	7.70
金融保险业	3.10	0.24	5.69	6.25	−2.59	20.13	1.37	35.54	−16.78	18.76
房地产业	2.75	0.10	1.89	2.36	0.86	6.76	0.19	4.45	2.12	6.57

从表 4.13 可以得出以下结论：①攀枝花市第三产业中各部门的增长量(G_{ij})均为正，表明各部门均为增长部门，其中金融保险业的增长量最大，其次为批发和零售业，再次为交通运输、仓储和邮政业，而住宿和餐饮业、房地产业增长量最小；②攀枝花市第三产业中各部门的增长份额分量(N_{ij})均为正，其中批发和零售业对第三产业的经济增量作用大，金融保险业次之，而住宿和餐饮业、房地产业的作用最小；③攀枝花市第三产业中各部门结构转移份额分量(P_{ij})均为正，其中金融保险业对第三产业的贡献作用大，其次是批发和零售业，交通运输、仓储和邮政业更小，而住宿和餐饮业、房地产业的作用最小；④攀枝花市第三产业各部门的区域竞争力份额分量(D_{ij})中，交通运输、仓储和邮政业，住宿和餐饮业，房地产业的 D_{ij} 为正，表示这些部门有一定的竞争力，而批发和零售业、金融保险

业的 D_{ij} 为负，表明这两个部门的竞争力很差；⑤攀枝花市第三产业中各部门的总偏离分量(PD_{ij})均为正，其中金融保险业增长最快，其次是批发和零售业，交通运输、仓储和邮政业，住宿和餐饮业及房地产业。

2. 攀枝花市第三产业内部结构的偏离-份额图

根据表 4.13 计算数据绘制攀枝花市第三产业内部结构的偏离-份额图：以 PD_{ij} 为横坐标轴，以 N_{ij} 为纵坐标轴，绘制出该市第三产业内部结构的部门优势分析图[图 4.7(a)]。以 D_{ij} 为横坐标轴，以 P_{ij} 为纵坐标轴，绘制出该市第三产业内部结构的部门偏离分量分析图[图 4.7(b)]。

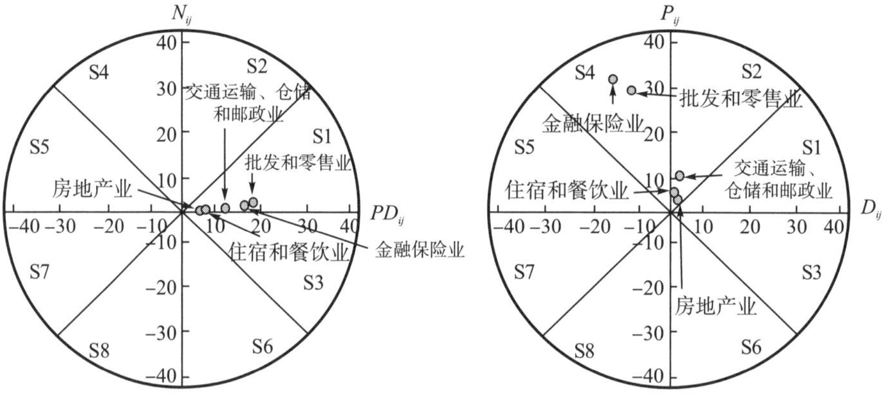

(a)部门优势分析图 (b)部门偏离分量分析图

图 4.7 攀枝花市第三产业内部结构的偏离—份额图

由图 4.7 中的部门优势分析图可知，攀枝花市第三产业内部的 5 个部门均位于部门优势分析图的 S1 扇形中，说明攀枝花市第三产业内部各部门的增长优势明显。其中，批发和零售业优势最明显，其次是金融保险业，交通运输、仓储和邮政业及住宿和餐饮业再次，而房地产业最弱。在图 4.7 中的部门偏离分量分析图中，交通运输、仓储和邮政业，住宿和餐饮业，房地产业位于 S2 扇形中，说明这三个产业基础较好，有一定的竞争力；而交通运输、仓储和邮政业最强；批发和零售业、金融保险业均位于 S4 扇形中，说明这三个产业部门基础较好，但其所处地位在不断下降。

综上所述，攀枝花市第三产业各部门总体经济结构效果好，且增速快于四川省平均水平。其中，批发和零售业、金融保险业对第三产业经济增量和贡献大；同时，第三产业各部门均为具有部门优势的增长部门。但第三产业各部门除了交通运输、仓储和邮政业，房地产业有一定的竞争力外，其余部门竞争力均较差，且批发和零售业、金融保险业所处地位在不断下降。

4.5 攀枝花市资源开发与区域发展的地域分异演化

随着城市化高速发展，我国已经发展到以城市为主导统筹区域协调发展的阶段[25]，实现区域协同发展成为未来经济发展的核心问题。由于各地经济发展基础条件、发展现状及发展潜力差异，区域协调发展模式也应有所不同[26]。因矿产资源开发而起的资源型城市，其产业结构演化与城市化均具有独特的历程和规律。资源型城市产业结构演变在短期内并不完全遵循三大产业演变的一般规律[27]，区域经济发展往往呈现矿业经济、乡村经济和城市经济交替上升现象。资源型主导产业的产业发展特征导致资源型城市工业化和城市化演进偏差[28]。资源开发与产业结构、城镇化之间存在复杂关系[29,30]。资源型城市产业结构升级演进是一个曲折缓慢的过程，具有明显的波动性和阶段性特征[31]。同时，资源型城市产业同构现象明显、嵌入式的城乡二元结构突出[32]。国内学者围绕资源型城市产业转型，对资源型城市地域功能结构[33]、社会空间的分异和演化[34]、传统工业区改造中城市社会空间的重构[35]以及西南山地特殊的资源环境地域空间格局和开发模式[36]进行了大量探讨。但已有研究多以东北、西北等地资源型城市为研究对象，对山地资源型城市尤其是西南山地资源型城市的探讨尚不多见，并且多采用偏离-份额分析法进行产业结构分析、采用泰尔(锡尔)指数进行区域组间差异和组内差异各自的变化以及对区域总差异影响的分析，而对总体的区域产业结构综合研究、对连续时间维度的资源型城市区域发展的地域演化及分异探讨不足。而资源型城市(地区)转型既应重视区域发展的区域背景、体制、经济基础等因素，也应考虑区域资源开发、产业结构演化与区域发展的内部分异。

攀枝花市是西南地区典型的山地成熟型资源城市、“先矿后城”移民城市和三线建设城市，其资源禀赋、资源开发与区域发展历程均具典型性，工业与城市的嵌入性和城乡二元结构特征相当明显，是西南地区比较特殊的一类成熟型资源城市[23]。本节拟在划分该市资源开发历程的基础上，通过产业结构高度和生产活动梯度指数探讨其资源开发与区域发展的地域分异演化，以期为其转型发展的地域协同提供理论依据。

4.5.1　产业结构高度和生产活动梯度指数

在前述对攀枝花市资源开发与区域发展阶段进行划分的基础上，本书研究采用产业结构高度对该市 1965～2016 年产业结构高度变化进行分段测度；采用生产活动梯度指数，以县区为单元，探讨该市行政区划稳定的 1994～2016 年各县区之间、城市核心空间(市辖区或资源企业集聚区)与基质地域(乡村区域)之间生产活动强度及其演化。有关产业结构高度和生产活动梯度指数的计算如下所述。

1. 产业结构高度

将一个区域产业结构比例关系和劳动生产率的乘积作为区域产业结构高度的测度指标，其计算公式如下[37]：

$$H=\sum_{i=1}^{n}V_{it}\times LP_{it} \tag{4.9}$$

式中，H是区域产业结构高度；V_{it}是区域 t 时间内 i 产业产值在 GDP 中所占比例；LP_{it} 是区域 t 时间内 i 产业劳动生产率。一般来说，一个区域经济中劳动生产率较高的产业所占的份额较大，其产业结构高度值 H 往往比较大。

区域产业劳动生产率是一个有量纲的数值，而区域产业产值占 GDP 比例则没有量纲。

在计算区域产业结构高度时，必须要将区域各产业劳动生产率指标进行标准化。参考相关研究[38]，本书采用下列公式对区域产业劳动生产率进行标准化处理：

$$LP_{it}^{N}=\frac{LP_{it}}{LP_{if}-LP_{ib}} \tag{4.10}$$

式中，LP_{it}^{N}是区域i产业t时间内劳动生产率标准化值；LP_{it}是t时间内i产业劳动生产率；LP_{ib}是区域工业化开始时(本书取开始建设攀枝花钢铁工业基地的1965年为该市工业化开始时间)i产业劳动生产率；LP_{if}是研究时段末期产业i的劳动生产率(本书取研究时段的期末为2016年)。

2. 生产活动梯度指数

随着区域产业生命周期阶段变化，生产活动逐渐从高梯度地区向低梯度地区转移，而这种梯度转移过程主要是通过多层次的城镇系统扩展开来的。参考山区产业转移中生产活动梯度指数的相关研究[38]，生产活动梯度指数计算公式如下：

$$r_i=\sqrt{\frac{\mathrm{perGDP}_i}{\overline{\mathrm{perGDP}}}\times\frac{IP_i}{\overline{IP}}} \tag{4.11}$$

式中，r_i为区域内i地区的生产活动梯度指数；perGDP_i为区域内i地区人均GDP；$\overline{\mathrm{perGDP}}$为全区域人均GDP；$IP_i$为区域内$i$地区第二产业结构占比；$IP$为全区域第二产业结构占比。

若$r_i>1$，表示i地区生产活动强度属于区域的高等层次，$0.75<r_i\leqslant 1$表示i地区生产活动强度属于区域的中等层次，$r_i\leqslant 0.75$表示i地区生产活动强度属于区域的低等层次。

3. 研究时段选取与数据来源

攀枝花市是一座因钒钛磁铁矿开发而起的典型移民城市和资源型城市。从1965年在云南省永仁县、华坪县和四川省盐边县、会理县交界地带设立攀枝花特区[1]开始进行钒钛磁铁矿开发，建设攀枝花钢铁基地。随后，将云南省永仁县(1974年10月)和四川省会理县(1978年7月)部分地区，以及四川省米易县和盐边县两县(1978年10月)整体划入其辖区。20世纪90年代，受二滩水电站建设淹没影响，市域行政辖区发生调整(1990年7月原仁和区所属的红格、新九、新民、安宁、和爱等5乡划归盐边县，盐边县城迁建桐子林镇)。直到1994年攀枝花市东区、西区和仁和区进行行政区划调整后，市域范围和行政区划得以稳定。综合考虑资料的完整性和数据的可比性，本节在对攀枝花市资源开发阶段进行划分的基础上，测度1965～2016年该市产业结构高度变化，并选取其行政区划稳定的1995～2016年为研究时段，探讨其生产活动梯度指数及其内部分异演化。

本节中资源开发、社会经济发展等数据均来源于《攀枝花市志》[1]、《四川省渡口市国土资源》(渡口市计划经济委员会国土处，1986年)、《攀枝花年鉴》和1986～2017年的《攀枝花市统计年鉴》等资料。

4.5.2 攀枝花市资源开发对产业结构演变的影响

建市以来，攀枝花市资源开发促进就业结构和产业结构不断演化。为进一步探讨攀枝花市 1965～2016 年产业结构演化特征，本书采用产业结构高度对该市 1965～2016 年的产业结构变化进行综合刻画。首先，将这 52 年来攀枝花市历年三次产业劳动生产率代入式(4.10)进行标准化处理；然后，将该市历年标准化后的三次产业劳动生产率与历年三次产业产值占比代入式(4.9)，求得该市这 52 年来历年以及资源开发与区域发展 3 个阶段（本章 4.3.1 所述的矿产资源开发阶段、资源多元开发阶段和资源综合利用阶段）的产业高度值，相应计算结果见表 4.14 和图 4.8。

表 4.14　攀枝花市资源开发各阶段产业结构高度值

阶段	产业结构/%			就业结构/%			劳动生产率/(元/人)			产业结构高度
	第一产业	第二产业	第三产业	第一产业	第二产业	第三产业	第一产业	第二产业	第三产业	
矿产资源开发	11.87	67.11	21.02	48.16	42.05	9.79	366	2677	3265	0.0132
资源多元开发	7.31	65.36	27.33	39.82	41.46	18.71	2812	26088	22484	0.1112
资源综合利用	4.04	72.47	23.49	32.94	32.62	34.44	10717	206127	61057	0.5230
52 年平均值	8.75	67.85	23.41	42.24	39.70	18.05	3460	56380	22146	0.1591

注：表中劳动生产率数据为当年价格数据；产业结构高度为计算值。

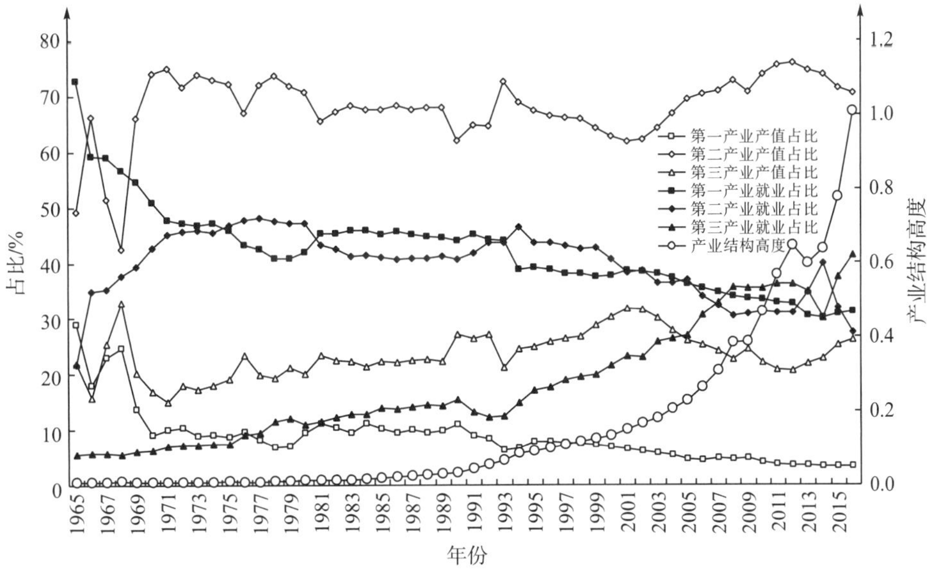

图 4.8　攀枝花市 1965～2016 年产业结构高度变化

从表 4.12 和图 4.8 中可以看出，作为资源型城市的攀枝花市随着大规模矿产开发，其第一产业产值占比和就业占比均呈持续下降趋势，且随着钢铁基地建成(1971 年)第一产业产值占比和就业占比下降最为明显。而第二产业产值占比和就业占比却快速上升，成为城市经济的主体(分别由 49.13%上升到 74.96%和由 21.73%上升到 48.04%)。此后第二产业产值占比一直保持绝对优势地位(维持在 70%左右)，而第二产业就业占比持续下降(后期维持在 30%左右)。第三产业产值占比在波动中略有上升且振荡比较大(15.09%～

32.80%），而第三产业就业占比却呈持续上升趋势且在后期资源综合利用阶段呈加速上升趋势（由 26.84%上升到 41.35%）。

受三次产业结构及其就业结构的影响，1965～2016 年攀枝花市三次产业劳动生产率的比值由矿产资源开发阶段的 1∶7.31∶8.92 演变为资源多元开发阶段的 1∶9.28∶8.00，再到资源综合利用阶段的 1∶188.12∶5.70。其中，第二产业劳动生产率明显上升，特别是在资源综合利用阶段随着钒钛产业和光伏发电等其他新兴工业产业的发展，第二产业的劳动生产率更是快速提高。如前所述，采用偏离-份额分析法对该市产业结构的研究也表明[24]，该市第二产业有较强的产业结构优势，对经济的贡献作用大。矿产资源富集优势与开发重点相叠加，使产业结构的重型化、资源型特征成为该市产业转型发展的调整重点。

受产业结构与劳动生产率的双重影响，1965～2016 年攀枝花市产业结构高度随着资源开发推进而持续提高。矿产资源开发阶段的产业结构高度平均值为 0.0132（年均递增 0.0009），资源多元开发阶段的产业结构高度平均值上升到 0.1112（为矿产资源开发阶段均值的 8.42 倍，年均递增 0.0116），而资源综合利用阶段的产业结构高度平均值则快速提升到 0.5230（为矿产资源开发阶段均值的 39.62 倍，为优势资源开发阶段均值的 4.70 倍，年均递增 0.0669）。

4.5.3 攀枝花市资源开发对区域生产活动强度的影响

攀枝花市的发展源于三线建设的攀枝花钢铁基地建设，其市域发展具有明显嵌入特征和典型二元结构。随着资源开发推进，该市生产活动的地域空间格局不断演化。为了进一步分析攀枝花市资源开发在市域地域空间的展布，本节研究以县区为单元，采用生产活动梯度指数对该市行政区划稳定以来的 1994～2016 年的生产活动梯度指数内部分异及演变进行测度。将这 23 年来全市与五县区（东区、西区、仁和区、米易县和盐边县）人均 GDP、第二产业占比的历年数据代入式（4.11），可以得出该市 23 年（1994～2016 年）来生产活动梯度指数的地域空间演变格局（图 4.9）。

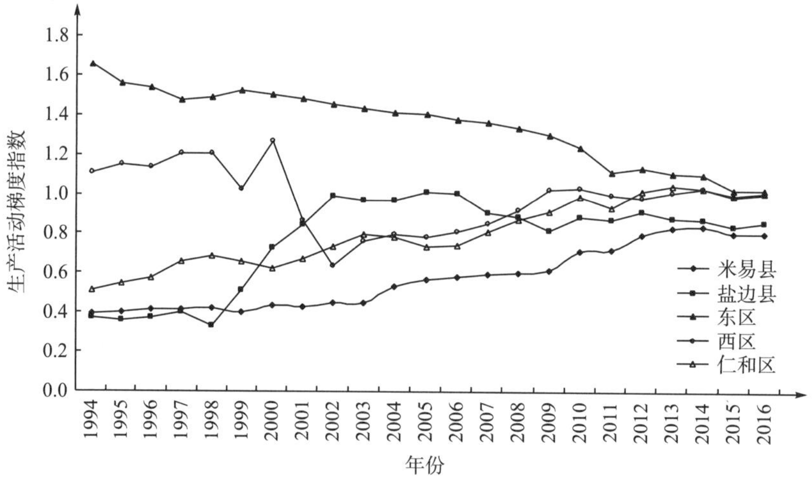

图 4.9 攀枝花市 1994～2016 年生产活动梯度指数变化

从图 4.9 中可以看出，随着攀枝花市资源开发的推进，该市行政区划稳定的 1994～2016 年的生产活动梯度指数空间格局演变具有以下特征。

(1)生产活动梯度指数的县区差异明显缩小。该市 1994～2016 年城市核心区域(东区、西区)生产活动梯度指数的绝对优势下降，而周边的仁和区、米易县和盐边县则明显上升。五县区生产活动梯度指数由高到低的排序变化明显：1994 年各县区的排序为东区(1.6538)、西区(1.1110)、仁和区(0.5092)、米易县(0.3945)和盐边县(0.3716)，2016 年的排序演变为东区(1.0261)、仁和区(1.0076)、西区(1.0047)、盐边县(0.8564)和米易县(0.8055)。其中，仁和区的生产活动梯度指数超过西区，盐边县超过米易县。县区间生产活动梯度指数的极差缩小显著：由期初(1994 年)的 1.2822 缩小为期末(2016 年)的 0.2206，缩小了 82.80%。这 23 年来，该市五县区生产活动强度格局由期初的东区和西区属于高等层次，仁和区、米易县和盐边县属于低等层次；演化为期末的东区、西区和仁和区略高于高等层次临界状态，米易县和盐边县属于中等层次。

(2)生产活动梯度指数的城乡差异前期迅速缩小而后期缩小缓慢。将攀枝花市资源型企业聚集的东区、西区视为城市核心空间(城市区域)，而将仁和区、米易与盐边两县视为基质地域(乡村区域)。分别统计 1994～2016 年该市城市区域与乡村区域生产活动梯度指数变化，结果见图 4.10。从图 4.10 中可以看出，随着矿产、水能和农业资源等优势资源开发(1994～2004 年)，资源开发从东区和西区向周边乡村县区推进，使该市城市区域和乡村区域生产活动梯度指数(城市由 1.3824 下降到 1.1049，乡村由 0.4251 上升到 0.7621)向全市平均水平(0.8993)逐渐趋近，生产活动梯度指数城乡差异明显缩小。而随着城市产业转型以及资源综合利用推进，受区位因素与开发条件的制约与影响，城乡区域生产活动梯度指数差距缩小缓慢(目前仍维持在 0.15 左右)。

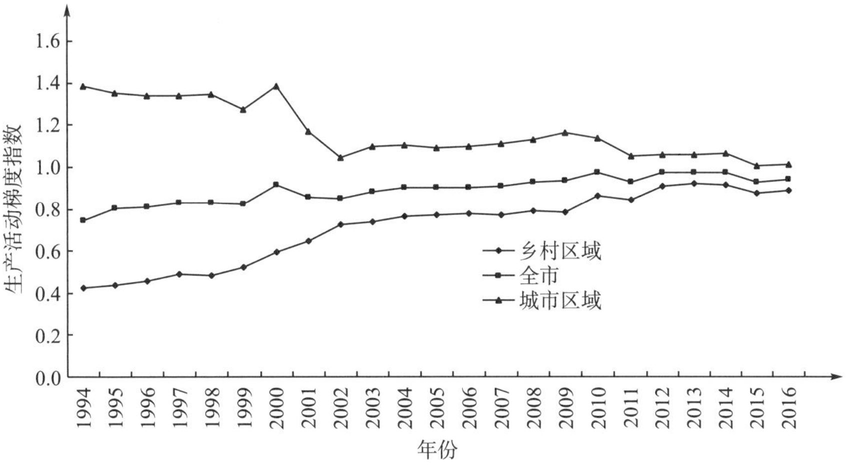

图 4.10 攀枝花市 1994～2016 年城市区域与乡村区域生产活动梯度指数变化

(3)资源开发和产业转型是影响生产活动梯度指数地域分异的主要因素。20 世纪 90 年代雅砻江流域二滩水电站建设带动了攀枝花市(特别是盐边县南部地区)基础设施建设，水电站建成后形成的二滩库区、大坝以及修建电站时中外专家居住的欧方营地等陆续开放成为重要旅游景点，又促进了当地的旅游发展。二滩水能开发使盐边县生产活动梯度指数自 1998 年(电站建成)起持续上升，由全市最低值(0.3 左右)快速上升到市域第二位(1.0 左右，上升 2 倍多)。与此同时(20 世纪 90 年代后期)，攀钢(含并入的攀矿)、十九冶和攀枝花矿务局等大型骨干资源型企业相继陷入困境，攀枝花市资源型城市问题逐渐显现。资源型产业集中的东区和西区生产活动梯度指数均出现下降趋势。其中，攀枝花矿务局受煤矿资源枯竭和市场不景气的双重影响，导致其所在的西区出现明显衰退，其生产活动梯度指数在 2000 年前后出现急剧下降(由 1.2 左右跌至 0.6 左右，下降 50%左右)。2004 年攀枝花市开始资源型城市转型，进入资源综合利用阶段。该市主导产业钢铁产业向钒钛产业延伸，并大力发展康养旅游，特别是 2011 年开始在仁和区建设花城新区，使仁和区生产活动梯度指数再度上升。虽然最近几年该市东区、西区和仁和区生产活动梯度指数均呈持续缩小趋势，但米易县和盐边县生产活动梯度指数与上述三区仍存在较明显差距。

4.6 小　结

地处川滇交界处攀西裂谷中南段的攀枝花市是典型的山地成熟型资源城市，其优势资源主要有以钒钛磁铁矿为主的矿产资源、富集的水能资源和独特的农业资源等。作为西南三线建设的重中之重，攀枝花市凭借钒钛磁铁矿开发和钢铁工业基地建设，建设了西南地区最大的“钢铁之都”。通过攀钢二、三期工程实施，以及攀西战略资源创新开发试验区建立，实现“钢铁之都”向“钒钛之都”的转变，从钢铁工业城市向区域中心城市和阳光宜居康养现代都市发展。

建市以来，攀枝花市资源开发、产业发展与地域空间演化经历了矿产资源开发阶段(1965～1989 年)，资源多元开发阶段(1990～2004 年)，资源综合利用阶段(2005 年至今)等 3 个发展阶段。该市资源开发与区域发展具有 4 个明显的关联特征：资源开发的巨大投资对区域发展的推动作用显著；资源开发调整与经济结构升级具有同步性；大型资源型工矿企业成为地区经济的主体；工业化进程快速推进，工业重型化的资源型产业特征明显；特殊时期的工业基地建设严重制约城市发展。

运用偏离-份额分析模型分别以四川省和攀枝花市同时期为参照，对攀枝花市 2004～2013 年以来三次产业结构及内部结构进行分析。结果表明，2004～2013 年在攀枝花市的三次产业中，区域产业部门的增长量(G_{ij})依次为：第二产业(451.60)＞第三产业(131.6)＞第一产业(16.80)；区域产业部门对经济的贡献作用(P_{ij})依次为：第二产业(391.70)＞第三产业(73.90)＞第一产业(12.44)；区域产业部门的区域竞争力份额(D_{ij})依次为：第三产业(9.80)＞第一产业(1.00)＞第二产业(−190.71)。第一产业的产业增长量最小，对经济的贡献作用小，但其区域竞争力份额强于第二产业；第二产业增长速度快，对经济的贡献作用强，但是区域竞争力份额最弱；第三产业产业增长量和对经济的贡献作用次于第二产业，但区域竞争力在三次产业中最大。在第一产业的内部结构中，农业(种植业)对第一产业经济贡献作用大，且有良好的基础条件；其次是牧业和渔业，而林业最差，增长为负。在第二产业的内部结构中，工业增长量和增长速度远大于建筑业，在第二产业中占有绝对优势，但是在区域竞争力方面较差，低于四川省平均水平。在第三产业的内部结构中，金融保险业和批发零售业发展较好，但是其区域竞争力相对于其他部门较差，并且其所处地位在不断下降。攀枝花市三次产业的调整要采取“渐进式”的模式，稳定、持续推进其转型发展：大力发展特色农业，积极发展立体农业、林业，并通过科技进步提升农产品的数量和质量，促进第一产业发展壮大；采取“延伸传统产业+扶持新主导产业+植入新兴产业”的发展模式和建立具有较强竞争力的工业园区推进第二产业调整；将第三产业作为重点发展方向，通过基础设施建设和完善、精品旅游资源开发，打造“阳光、运动、休闲、健康”旅游度假基地。

攀枝花市早期以钒钛磁铁矿开发、钢铁工业基地建设和快速工业化带动城镇化和区域发展；随后逐渐转向矿产、农业自然资源和水能等资源多元开发和资源综合利用，并通过城市转型带动区域发展。资源开发调整、此消彼长的产业结构动态演进和劳动生产率提高使其产业结构高度呈明显的阶段性递增特征。城市区域发展由嵌入式的城市核心区域向周边拓展。在行政区划稳定的1994～2016年，各县区间、城乡间生产活动梯度指数的区域差异持续缩小，但该市2县(米易和盐边)和3区(东区、西区和仁和区)间生产活动梯度指数仍存在较大差异。作为西南地区资源富集的典型山地资源型城市，资源综合利用仍然是攀枝花市发展的重点之一。该市要凭借国家实施攀西战略资源创新开发试验区的发展机遇，实施资源多元开发策略，培育钒钛、康养和生物等优势产业链，推进工矿基地、钢铁之城向区域中心城市和宜居城市转型。要通过世界级钒钛基地打造，改造资源型母体产业和支柱产业(钢铁产业)，并注重产业间的交叉与融合发展。攀枝花市虽为川滇省际交界城市，但其处在发展战略的低谷区、基础设施建设的滞后区、经济社会的落后区，经济的孤岛效应和环境封闭性使区域协作难以有效拓展。因此，未来攀枝花市应通过资源开发多元化、资源产业创新和强化区域协作三种途径推进资源开发与区域发展的协同演进。

参考文献

[1] 四川省攀枝花市志编纂委员会. 攀枝花市志[M]. 成都：四川科学技术出版社, 1994.

[2] 罗怀良. 攀枝花市资源开发与经济持续发展研究[J]. 资源开发与市场. 2003, 19(6): 381-383.

[3] 刘庆华. 攀枝花钒钛磁铁矿发现史考[J]. 攀枝花学院学报, 2018, 35(6): 17-23.

[4] 高扬文. 攀枝花：三线工程中的一朵奇葩[J]. 党史文汇, 1999(6): 8-11.

[5] 陈东林, 陈家钢. 三线建设：离我们最近的工业遗产[J]. 中国国家地理. 2006(6): 96-113.

[6] 余淼, 胡平平. 攀枝花工业空间布局研究[J]. 规划师, 2007, 23(2): 38-39.

[7] 李博, 张旭辉. 攀西资源开发的历史逻辑与战略导向[J]. 西昌学院学报(社会科学版). 2018, 30(2): 68-72, 92.

[8] 四川省攀枝花市志编纂委员会. 攀枝花市志[OL]. [2016-12-06]. http://www.panzhihua.gov.cn/zjpzh/pzhsz/index.shtml.

[9] 黎明, 田利军. 论三线建设时期特区体制的兴起与衰落——以攀枝花特区为中心的考察[J]. 乐山师范学院学报, 2017, 32(1): 113-118.

[10] 鲍世行. 攀枝花规划建设的历史经验[J]. 城市发展研究, 2005, 12(1): 11-13.

[11] 罗怀良, 冉茂玉. 攀西地区水资源及可持续利用探讨[J]. 自然资源学报, 2001, 16(6): 552-556.

[12] 郑有贵, 张鸿春. 三线建设和西部大开发中的攀枝花——基于攀枝花钢铁基地建设和改革发展的研究[M]. 北京：当代中

国出版社, 2013.

[13] 黎伟, 田野, 李文勇. 三线企业“文化品牌”研究——以西部铁军中国十九冶为例[M]. 北京: 中国经济出版社, 2012.

[14] 毛仕清. 宝鼎矿区深部煤炭资源勘探与研究[J]. 攀枝花科技与信息, 2004, 29(3): 9, 10-15.

[15] 余雅彬. 攀钢三期建设稳步推进[J]. 中国钢铁业, 2003(1): 50-51.

[16] 刘春娜. 钒电池——大规模储能技术的亮点[J]. 电源技术, 2012, 36(1): 11-13.

[17] 杨绍利, 马兰, 刘金凤, 等. 利用攀西钒钛资源研究开发钒储能材料展望[J]. 钢铁钒钛, 2016, 37(2): 84-91.

[18] 罗怀良. 攀枝花市资源开发与区域发展的地域分异演化[J]. 中国国土资源经济. 2021, 34(5): 32-39.

[19] 罗怀良. 山地资源型城市攀枝花转型发展的地域协同研究[J]. 现代城市研究, 2019, 34(3): 91-96.

[20] 胡小平, 解洪. 二滩水电开发有限责任公司[M]. 北京: 当代中国出版社, 1998.

[21] 李明安. 攀西农业崛起的希望——攀枝花市农业综合开发探讨[J]. 攀枝花科技与信息, 1998, 23(1): 20-26.

[22] 攀枝花科技与信息. 搞好综合开发 建设特色农业——攀枝花市 1996～1998 年度攀西农业综合开发工作回顾[J]. 攀枝花科技与信息, 20000, 25(1): 30-32.

[23] 罗怀良. 基于区域视角的西南地区成熟型资源城市分类及转型障碍研究——以地级成熟型资源城市为例[J]. 山地学报, 2018, 36(4): 598-606.

[24] 王睿, 罗怀良, 谢传敏, 等. 基于偏离-份额分析法的攀枝花市产业结构分析[J]. 资源与产业, 2015, 17(6): 132-137.

[25] 孙久文, 李华香. 中国区域城市化模式研究[J]. 社会科学辑刊, 2012(1): 111-115.

[26] 刘玉. 中国城市化发展的若干区域特性与矛盾差异[J]. 城市规划学刊, 2007(2): 12-19.

[27] 陈晓建. 资源型城市产业发展轨道及转型模式思考[C]//中国城市规划学会. 转型与重构: 2011 中国城市规划年会论文集. 南京, 中国城市规划年会, 2011: 2935-2943.

[28] 袁祖怀, 周敏, 余卉, 等. 资源型城市工业化和城市化协调发展研究——以淮南市为例[J]. 学术界, 2011(6): 174-181.

[29] 李雪梅, 张小雷, 杜宏茹, 等. 矿产资源开发对干旱区区域发展影响的动态计量分析——以新疆为例[J]. 自然资源学报, 2010, 25(11): 1823-1833.

[30] 翟顺河, 郭文炯, 景普秋. 资源型区域城镇化动力、特征与战略取向——基于山西的实证[J]. 城市规划，2010, 34(9): 67-72.

[31] 景普秋, 张复明. 资源型地区工业化与城市化的偏差与整合——以山西省为例[J]. 人文地理, 2005(6): 39-41.

[32] 陈妍, 梅林, 胡宇娜. 东北资源型城市转型过程中产业结构升级演变研究[J]. 干旱区资源环境, 2016, 30(12): 20-27.

[33] 焦华富, 许吉黎. 社会空间视角下成熟型煤炭资源城市地域功能结构研究——以安徽省淮南市为例[J]. 地理科学, 2016, 36(11): 1670-1678.

[34] 吴晓, 孙静, 左为, 等. 我国资源型城市社会空间的分异和演化——以改革开放以来的马鞍山市为实证[J]. 城市规划, 2016, 40(4): 50-60.

[35] 董经政. 传统工业区改造中城市社会空间的重构——以东北老工业基地改造为例[J]. 社会科学辑刊, 2011(5): 60-63.

[36] 张继飞, 邓伟, 刘邵权. 西南山地资源型城市地域空间发展模式：基于东川区的实证[J]. 地理科学, 2013, 33(10): 1206-1215.

[37] 刘伟, 张辉黄, 泽华. 中国产业结构高度与工业化进程和地区差异的考察[J]. 经济学动态, 2008(5): 4-8.

[38] 樊杰, 王强, 周侃, 等. 我国山地城镇化空间组织模式初探[J]. 城镇化研究, 2013, 37(5): 9-15.

第五章 西南地区山地成熟型资源城市地域功能演化及空间耦合

任何开发不可再生资源的城市都将面临资源枯竭与转型发展。20 世纪 80 年代，国内一些资源型城市出现衰退，到 21 世纪初期，资源型城市衰退更趋严重。经过多年的政府主导转型实践，2013 年国务院发布《全国资源型城市可持续发展规划(2013—2020年)》[1]，将我国的资源型城市划分为成长型、成熟型、衰退型和再生型四种类型，并分类型明确发展导向和重点任务[2]。大量资源型城市转型的实证研究、理论分析与转型总结都表明，成熟阶段(繁荣期)是资源型城市转型的最佳时期[3-5]；其迫切需要及早探索和谋划转型发展[6,7]。经济(产业)转型是资源型城市转型发展的原始动力[8]或主攻方向，但资源型城市转型发展的地域协作[9]和地域空间发展模式[10]也至关重要。促进区域协调发展是区域发展的重要目标[11]，资源型城市转型升级必须要扎根于所在区域更深层次的社会图景之中，才有可能实现成功转型和持续发展[12]。我国山区发展既有地带性差异，也存在明显的内部差异[13]。山区资源型城市内部经济发展差异明显，需要探索合理的地域空间发展模式[10]。

此前有关资源型城市转型的研究往往将资源型城市作为一个整体或仅对工矿业集中的城市核心区域(市辖区或资源企业聚集区，又称作城市实体空间[14])进行产业转型探究，而对其内部的区域差异和区域协同关注不够；较多关注中央政府对资源型城市转型的主导作用，而对与资源型城市转型相关联的上级政府、城市本级地方政府、城市内部各级政府、企业与市民公众等多级转型主体(特别是企业与公众)的作用有所忽略；资源型城市转型分类研究也多以资源枯竭型城市和资源类型城市(煤炭、石油、金属矿产和森工等)居多，而对成熟型资源城市和不同地域类型资源型城市如山地资源型城市等的研究明显不够；资源型城市转型研究的空间尺度以区域尺度较大的地级资源型城市为主，而对小尺度县级成熟型资源城市没有予以足够的重视。

西南地区(本章研究云、贵、川、渝)因资源开发而形成的资源型城市众多。在《全国资源型城市可持续发展规划(2013—2020 年)》确定的 262 个资源型城市[1]中，西南四省(市)占 50 个，其中成熟型资源城市 31 个(占 62.0%，高于全国 53.8%的平均水平)。在该区 31 个成熟型资源城市中，有 19 个县级城市(占该区成熟型资源城市的 61.3%)。而这 19 个县级城市几乎全部分布在山区。西南地区地理环境分异突出、资源型城市的嵌入性和城乡二元结构特征的典型性是该区资源型城市转型不容忽视的地域因素。因此，西南山区不同行政级别(地级城市和县级城市)的山地成熟型资源城市是特别值得关注的一类资源型城市。

为此，本章分别以攀枝花市(地级山地成熟型资源城市)和四川省兴文县(岩溶山区县级成熟型资源城市)为研究对象，进行山地成熟型资源城市地域功能演化与地域协同研究。

5.1 地级山地成熟型资源城市攀枝花市地域功能演化与空间耦合

攀枝花市是西南地区资源禀赋、资源开发与区域发展历程均具典型性，工业与城市的嵌入性和城乡二元结构特征明显的一类成熟型资源城市[15]。本节拟以攀枝花市为例，从区域视角出发，进行地级山地成熟型资源城市的地域空间演化历程、地域结构特征和地域协同策略研究，以期为该类山地成熟型资源城市转型发展提供理论依据。

5.1.1 攀枝花市地域空间演化历程

攀枝花市兴起于三线建设时期，属典型的年轻移民城市。自 1965 年建市以来，其辖区范围、行政区划格局、城市实体空间(市辖区或资源企业集聚区)与基质地域(全市域)等地域空间变化巨大。综合攀枝花市辖区变化与行政区划调整、城市实体空间与基质地域的发展变化，该市地域空间演化可分为两个阶段(表 5.1)。

表 5.1 攀枝花市地域空间演化

阶段		时间	地域空间变动
地域空间扩大阶段	攀枝花特区(渡口市)/建设指挥部	1965 年 3 月	由云南省永仁县(仁和区 18 个公社、大田区 9 个公社)、华坪县(大兴区 7 个公社、三阳区 3 个公社)，四川省盐边县(同德区和务本区各 2 个公社)、会理县(红格区 2 个公社)共 43 公社合并设立攀枝花特区(渡口市)(共 1411.96km^2)
		1965 年 8 月	攀枝花特区(渡口市)设置大田、大河、金江、玉泉 4 区，主要负责生活供应、文教卫生、治安保卫、邮电通信、金融物资等服务工作。攀枝花建设指挥部负责生产建设、计划安排、劳动力调配、交通运输等
		1971 年	攀枝花特区体制结束，保留渡口市建制
	渡口市	1972 年 12 月	大田、大河、玉泉、金江 4 个农业区合并为郊区，另建东区(铁矿区和钢铁厂区)、西区(能源建材区与煤矿区)两个城区。渡口市政府由大渡口迁至炳草岗
		1974 年 10 月	云南省永仁县大龙潭和平地两公社部分区域划入郊区(共 381.97km^2)
		1978 年 7 月	四川省会理县红格区 4 公社(红格、新九、猛新 3 个公社全部，和爱公社 4 个生产大队)划入郊区(共 392km^2)
		1978 年 10 月	四川省西昌专区米易、盐边两县整体划入(共 5248.47 km^2)
		1979 年	郊区更名为仁和区
地域内部调整阶段	攀枝花市	1987 年 1 月	渡口市改称攀枝花市
		1990 年 7 月	二滩电站建设淹没盐边县城健康镇，县城搬迁至仁和区安宁乡大坪地(1996 年设桐子林镇)；仁和区红格、新九、新民、安宁、和爱等 5 个乡划归盐边县。1993～1998 年米易和盐边两县移民导致多个乡镇辖区调整
		1994 年 3 月	仁和区银江、前进 2 个乡部分村划入东区，银江、平江 2 个乡部分村划入西区，东区金河、大河中路街办划入仁和区
		1997 年 6 月	盐边县城搬迁至桐子林镇
		1997 年 7 月	西区政府由河门口迁至清香坪
		1999 年	二滩电站建设移民搬迁区划调整后，盐边县完成渔门和红格两镇及新坪、鳡鱼、新民、益民 4 乡辖区面积勘测

续表

阶段	时间	地域空间变动
	2011 年 11 月	攀枝花市花城新区建设管委为正式成立（$59.2km^2$，包括流沙坡、炳草岗、渡仁、沙沟和总发 5 片区）

注：①表中数据来源见文献[16]、《四川省渡口市国土资源》（渡口市计划经济委员会国土处，1986）、《攀枝花年鉴》（1986～2017 年）等资料。

②由于统计口径与校准等原因，表中市域面积为 $7434.40km^2$，与统计数据 7401.4 km^2 和国土部门数据 $7424.9km^2$ 略有出入。

③表中“公社”相当于现在的“乡镇”。

1. 地域空间扩大阶段

攀枝花市是我国第一批采用特区体制建设的城市。该市在早期的渡口市时期（共 22 年，1965～1986 年）以攀枝花钢铁基地建设和钢铁生产规模扩张为中心，该阶段围绕钒钛磁铁矿、煤矿和建材等矿产开发利用，其市域空间快速扩大。

西南地区三线建设的第一个重点是利用攀西地区钒钛磁铁矿建设钢铁工业基地。中央工作组经过调查，从 18 个基地选址中，集中考虑乐山九里、西昌牛郎坝和攀枝花弄弄坪 3 个备选地址。经钢铁基地原材料基地协作和三线建设要求的综合比较，攀枝花弄弄坪条件最好。毛泽东听取汇报后，指示钢铁基地选址攀枝花。作为三线建设中的“龙头”之一，攀枝花钢铁基地是中华人民共和国成立以来罕见的特大型综合建设项目。1965 年 2 月 5 日，中共中央、国务院正式做出《关于成立攀枝花特区人民委员会的批复》，设立攀枝花特区人民委员会[17]，实行政企合一，进行攀枝花钢铁基地建设。在特区政府工作中，有关企业工作以冶金工业部领导为主，有关地方工作以四川省人民委员会为主。1965 年 4 月 22 日，国务院批准四川省人民委员会的请示报告，为了便于保密，同意将攀枝花特区人民委员会对外改称四川省渡口市人民委员会[16, 18]（1971 年特区体制结束仍保留渡口市建制）。

在攀枝花钢铁基地选定弄弄坪后，四川盐边县、云南永仁县、云南华坪县相邻 38 个公社作为工业区辖地，划归四川省攀枝花特区（对外称渡口市，与攀枝花建设指挥部并行）隶管。攀枝花特区行政区域主要包括兰尖火山钒钛磁铁矿区、宝鼎煤矿区、务本林区等原料区，以及生活资料供应的邻近农业区。攀枝花特区体制一直延续至 1971 年攀枝花钢铁基地主体建成[17]（1970 年攀钢出铁，1971 年出钢）。

攀枝花作为三线建设的重点，严格按照“靠山、分散、隐蔽”的三线建设方针，其中分散是关键，分散就是最大的隐蔽。1965 年《攀枝花工业区总体规划》根据资源分布与钢铁生产协作关系，规划 5 片工业区[19]：攀枝花—密地片区（铁矿石采选和机修基地）、弄弄坪片区（位于攀枝花市最大河谷阶地，为钢铁工业生产中心）、河门口片区（以石灰石采掘、熔烧和动力、建筑材料工业为主）、大渡口—仁和片区（以地方工业为主，攀枝花市行政中心位于大渡口，1972 年 12 月市行政中心迁至炳草岗）、宝鼎（又称“宝顶”）片区（煤炭生产基地，攀枝花矿务局在陶家渡中心居民点）。

随着 1970 年攀钢投产，1974 年攀枝花钢铁基地基本建成，渡口市由大工地向钢铁工业城市转变，钢铁生产规模逐步扩大。1973～1978 年以冶金工业城市定位编制《渡口市城市规划》，在原有 5 片区基础上，新增金江（攀枝花的门户、交通枢纽和以化学工业为主）、炳草岗（攀枝花市行政和文化中心，1972 年 12 月市政府驻地由原大渡口—仁和片区迁到炳草岗）和格里坪（攀枝花支线铁路终点，以木材贮运和木材加工为主）3 片区[19, 20]，城市实体空间演化为八大组团式片区。

攀枝花钢铁基地属于煤铁型布局，攀枝花钢铁厂厂区（弄弄坪）东距攀枝花矿山密地选矿厂约 9km，西与河门口煤炭、电力工业区相距约 11km，西距格里坪贮木场约 19km。攀枝花钢铁基地建设时，由于备战的需要，保密要求十分严格。为使任何外来人员或物品都不可能直接进入三线重镇攀枝花，金江（攀枝花）火车站离市区 20 多 km（为保密需要，快车不直接进入市区。修建攀枝花至格里坪直线，将市区主要区域串联起来）。攀枝花钢铁厂依山环江，北面为一高地。由弄弄坪主厂区、烂泥田、枣子坪、马鹿菁辅助生产区、冷轧厂区组成。弄弄坪位于金沙江北岸的二级阶地，南北宽约 0.9km，东西长约 3km，地势由东北向西南倾斜。攀枝花钢铁基地所在地弄弄坪面积狭小，布局紧凑，被誉为“象牙微雕钢城”。

随着工业和城市发展，攀枝花市工业区与农业区间界线逐渐明晰，市域核心区域空间被划分为东、西城区和郊区（后为仁和区）。为满足农产品供应，市域外围邻近农业区域先后被划入：云南永仁县部分区域（1974 年 10 月）、四川会理县部分区域（1978 年 7 月）以及四川米易、盐边两县全域（1978 年 10 月）。在攀枝花钢铁基地基本建成后的 5 年内（1974—1978 年），攀枝花市域空间由 1411.96km^2 扩大到 7434.40km^2（扩大约 4.3 倍）。该阶段攀枝花市地域发展以城市片区嵌入式展开，东区（以铁矿开采与钢铁冶炼为主）、西区（以煤炭开采、能源与建材生产为主）“矿城一体”沿金沙江两岸以组团式格局嵌入仁和区等周边县区。其中，仁和区是由川、滇两省的 4 个县划入而设，历史沿革比较复杂。城市工业区沿金沙江两岸绵延 70 多公里：沿金沙江北岸从东到西依次为攀枝花—密地、弄弄坪、河门口、格里坪，沿金沙江南岸由东向西依次为金江、炳草岗、大渡口至仁和、陶家渡（现宝鼎），号称“百里钢城”。1980 年，攀钢达到并超过一期工程设计能力，渡口市成为西南地区最大钢铁基地。

2. 地域内部调整阶段

1987 年渡口市更名为攀枝花市后，其市域空间范围及行政区划格局持续稳定。攀枝花市资源开发从矿产资源开发，延伸到矿产、农业自然资源和水能等优势资源开发，并随着资源开发调整和城市转型发展进行资源综合利用，其市域内部空间不断优化。

1990～1998 年二滩水电站建设，水库淹没致使盐边县城由健康镇（被淹没）搬迁至桐子林镇，仁和区东北部部分区域划入盐边县，米易和盐边两县多个乡镇辖区进行调整。同时，1986 年 1 月～1997 年攀钢完成二期工程建设，钢铁工业及关联产业发展带动城市实体空间扩展。为便于管理，1994 年仁和区部分乡镇划入城市实体区域（东区、西区），东区部分区域划入仁和区。

20 世纪 90 年代后期，受宏观经济、攀钢二期工程建设资金全部自筹等影响，攀钢在激烈的市场竞争中遇到巨大困难[18]。十九冶在完成攀钢二期工程后，因冶金行业开始从扩量到提质，基建投资减少、市场萎缩而陷入困境[21]。攀枝花矿务局（原宝鼎山煤炭建设指挥部，后为渡口矿务局，现为攀煤集团）在经历 90 年代初的鼎盛之后，也出现资源枯竭[22]和市场不景气。攀枝花“矿城合一”“一荣俱荣、一损俱损”的资源型城市问题迫使其进行产业转型：工业通过钢铁深加工、钒钛综合利用、电冶化工等途径，推进以钢铁为主向以钒钛为主、由粗放式发展为主向集约化发展为主、由初级产品为主向精深加工为主转变；利用独特气候与生态环境，大力发展康养旅游等第三产业。资源综合利用和产业转型使攀枝花由冶金工业城市向区域中心城市转化，产业布局也由分散向工业园区集中转变。2011 年开始进行花城新区流沙坡、炳草岗、渡口—仁和、沙沟和总发等南北向 5 个片区的建设。其中，炳草岗与渡口—仁和两个片区，由于炳草岗到仁和道路的建成，这两个片区的联系变得十分密切，初步形成炳草岗—渡口—仁和—炳草岗的中间为“绿心”的环状片区。攀枝花市城市实体空间由东西向沿金沙江分散组团式单一轴，向双轴(东西、南北)网络化结构发展。

5.1.2　攀枝花市地域空间结构特征

受区位、自然环境、资源地域性以及三线建设、资源利用调整和产业转型等因素综合影响，典型山地成熟型资源城市攀枝花市的地域结构具有以下特征。

(1) 市域相对独立，域外协作困难。攀枝花地处川滇两省边际，属于发展战略低谷区、基础设施建设滞后区和经济社会落后区等省际交界城市特征明显。该市远离中心城市(北距成都 614km，南距昆明 273km)，加之南北向山地以及山河相间地貌格局的限制，使市域自成一体、相对独立，域外协作困难。该市对外联系主要依靠南北向的成昆铁路、京昆高速和国道 108 线等交通干线，长期以来主要进行钟摆式原材料(输入)、钢铁产品(输出)等低层次域外协作。

(2) 市域内部自然环境分异明显，城乡社会经济二元结构典型。该市以山地为主(中、低山面积占全市面积的 88.38%)，山河相间、自然环境垂直分异显著。该市矿产资源、农业资源和水能资源等均呈明显的地域性分布(钒钛磁铁矿以密地、红格和白马等地为主，煤炭集中在市域西部金沙江沿岸、农业自然资源以安宁河谷地和仁和区为主、水能富集于金沙江和雅砻江二滩、桐子林等地)。在攀枝花钢铁基地建设之前，该区尚处于传统农业社会阶段。三线建设嵌入式钢铁工业布局使攀枝花市呈现明显的城市核心-边缘结构，市域内社会经济的城乡二元结构特征十分典型。从该市 5 个县区人口密度、人均 GDP、三次产业结构、城市化率、城市居民人均可支配收入和农民人均纯收入等指标(表 5.2)可以看出，建市以来，城市实体空间(东区、西区)与基质空间(仁和区、米易县、盐边县)的社会经济差异仍十分明显。

表 5.2　攀枝花市城市与县区社会经济的差异(2015 年)

区域		人口密度/(人/km^2)	人均 GDP/(元/人)	城市化率/%	三次产业结构	城市居民人均可支配收入/(元/人)	农民人均纯收入/(元/人)
城市区域	东区	1839	123520	97.56	0.15∶64.05∶35.80	33389	15540
	西区	1144	75220	93.14	0.84∶82.85∶16.31	28905	14685
	城区平均	1543	108284	96.17	0.31∶68.16∶31.53	32019	15057
县区区域	仁和区	134	85539	45.72	4.52∶80.88∶14.60	26701	13395
	米易县	104	59722	14.84	9.02∶66.08∶24.90	27224	13182
	盐边县	64	54018	13.56	8.00∶75.20∶35.80	26730	11903

续表

区域	人口密度/(人/km²)	人均GDP/(元/人)	城市化率/%	三次产业结构	城市居民人均可支配收入/(元/人)	农民人均纯收入/(元/人)
县区平均	93	66961	24.20	6.75：75.03：18.22	26813	12776
全市平均	150	83613	64.74	3.38：71.45：25.17	30362	12861
城区：县区(倍)	16.59	1.62	3.97	—	1.19	1.17

数据来源：《攀枝花统计年鉴》(2016)。

(3)城市实体空间呈嵌入式片区组团结构，矿城分离难度大。三线建设时期受战备思想和保密要求影响，攀枝花钢铁工业基地按照接近原料地和保密原则布局厂矿和交通线路，沿金沙江两岸绵延70多公里[19]由东向西嵌入式布局八大工矿组团区（“百里钢城”）。金沙江北岸从东向西依次为攀枝花—密地(冶金矿山)片区、弄弄坪(钢铁工业)片区、河门口(电力、建材工业)片区、格里坪(木材贮运、加工)片区，南岸从东向西依次为金江(铁路等交通枢纽)片区、炳草岗(行政、科教)片区、大渡口—仁和(地方工业、商业和建筑业)片区、陶家渡(又称宝鼎，煤炭工业)片区。八大片区功能单一，城乡犬牙交错。在转型发展中，虽采取产业园区集中布局和以交通为主的基础设施建设，特别是2011年花城新区按功能分区建设，城市网络化结构初见端倪，但该市矿城混杂格局尚未根本改变。

(4)传统资源产业区衰退与新兴产业区兴盛并存。该市经过50多年钒钛磁铁矿、煤矿和建材等矿产资源开采，不少矿区或矿山点往地下深部延伸、开采难度加大，一些矿井(如灰老井、龙洞和沿江等煤矿)因资源枯竭而相继关闭。传统的煤铁资源产业受宏观经济和产能过剩影响，出现厂房废弃、人口外迁和经济下滑等衰退现象。从该市行政区划稳定的21年(1995～2015年)县区人口密度变化图(图5.1)中可以看出，这种人口外迁在资源产业集中的东、西区均较明显。虽经调整资源开发方向、资源综合利用、延伸钢铁产业链、发展新兴钒钛产业和康养旅游等措施，但资源产业仍面临严峻局面。而在市域南部仁和区以服务业等新兴产业为主的花城新区开始快速发展。通过产业转型与集聚，沿中心城区向南(花城新区)、向北(安宁河沿线)延伸的城市实体空间和网络状城镇体系已初见雏形。东西向老城区传统资源产业衰退与南北向花城新区新兴产业兴盛并存的格局比较明显。

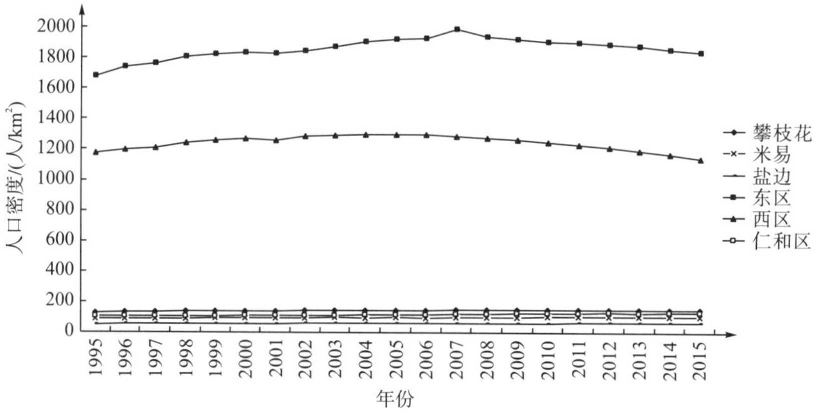

图5.1 攀枝花市1995～2015年人口密度变化图

5.1.3 攀枝花市转型发展的地域空间耦合途径

作为典型山地成熟型资源城市、省级边际城市和三线建设城市，攀枝花市具有独特的地域演化过程和地域结构特征。构建合理的地域结构、优化地域协同是该市转型发展的重要任务和途径。综合考虑其区位条件、资源环境分异特征、产业基础与现状、城市发展格局及其地域结构，未来攀枝花市转型发展的地域协同主要应采取以下策略。

1. 政府多级协同主导，并激发企业、公众主动参与

20世纪90年代我国城市化以多元动力替代以往单一(自上而下的政府投资)或二元为主(自上而下的政府投资、自下而上的乡村集体或个人投资)的城市化动力[23]，呈现政府、企业、个人等多元推动城市化的新趋势。深居内陆的三线建设城市攀枝花长期以来经济增长主要依靠资源开发和投资拉动，在转型发展中改变这种单一路径依赖是关键。必须重视政府多级协同主导转型，并激发企业和公众主动参与地域协同。

在当前的行政管理体制下，单纯市场调节很难实现资源型城市产业结构的自我调整修复，政府调控作用仍然十分重要。但等级化行政管理体制使各等级城市拥有不同的获取资源分配权限[24]，只有形成政府多级协同主导的转型机制，才能促进资源型城市顺利转型。要改变过去单纯依靠中央政府和省级政府投资转型路径，必须发挥攀枝花市、县和乡镇等各级地方政府的主导作用。特别应发挥其在规划编制和实施中的绝对主体地位[25]，通过市域、县(区)和产业园区等各类区域规划编制、实施和制度创新促进转型发展与地域结构优化。

在发挥政府主导作用的同时，需要激发企业主体作用。要通过政府的产业规制推进技术进步，构建企业激励机制鼓励企业外向合作[26]。攀枝花市资源型产业以特大型企业(攀枝花钢铁集团、十九冶和攀煤集团等)为主、规模经济相当突出[27]。20世纪90年代初，攀钢通过钢铁生产与铁矿开采整合(1993年攀矿并入攀钢)、重组成都无缝钢管厂和成都钢铁厂(1996～1999年)、托管和重组长城特殊钢有限责任公司(四川江油市，2004年)以及并购重组锦州铁合金有限责任公司(2002年)和重庆渝港钛白股份有限公司(2002～2004年)等实现区域内外兼并重组[19]，实现从钢铁到钒钛的产业转型。作为国家级攀西钒钛战略资源创新开发试验区的重大项目，同时也是四川省委省政府“打造千亿企业规划”的精品工程项目，攀钢集团西昌钢钒有限公司作为攀钢集团的全资子公司于2011年6月23日在凉山州西昌市(位于西昌经久工业园区，西昌市经久乡)正式成立。21世纪初，十九冶实施重心北移(成都)、北上(四川郫县、都江堰市)、东进(南京、重庆和深圳)战略[18]，赢得更大发展。攀煤集团应对资源枯竭，也积极拓展云南等地煤炭开采。攀枝花大型骨干企业既是城市转型和地域协同的刚性约束，又是转型发展的主力军，应激励这类企业主动参与转型发展与地域协同。同时，企业作为技术和人力资本载体，新企业的市场进入能够驱动新技术扩散、促进经济增长。近年来，华西希望集团在东区银江镇建设阿署达花舞人间景区(总投资130亿元)，成为攀枝花市四大精品旅游度假区；北京东方园林集团与该市合作发展全域旅游取得明显效果。因此，激励本地企业主动参与和吸引外地企业参与是攀

枝花市转型发展和地域结构优化的重要途径。此外，还必须重视用富有区域特色的攀枝花三线建设精神激励公众参与城市转型、创新发展和地域结构优化。

2. 立足资源产业优势，拓展多层次域外协作

攀西地区钒钛磁铁矿、水能和农业自然资源等优势突出，该区是国家攀西战略资源创新开发试验区，全国重要的钒钛和稀土产业基地、水能开发基地。该市已形成钢铁、钒钛、化工和能源等支柱产业，已构建以攀枝花为中心、关联重庆和贵州六盘水的煤炭等原材料调进和钢铁产品输出的域外钟摆式协作模式。随着电冶技术进步、钒钛产品占比快速上升，传统钟摆式域外协作已日趋弱化，急需拓展多层次域外协作，其重点是推进以下三个层次的域外协作。

(1)深化南北向域外协作。从钢铁产业拓展到钒钛产业后，攀枝花市应将传统钟摆式协作方式拓展为融入“成(都)渝(重庆)西(安)贵(阳)昆(明)”西部城市经济圈的大区域合作。并依托古代南方丝路和云南桥头堡，通过中(国)印(度)缅(甸)孟(加拉)经济走廊，深化与东盟和南亚的合作、发展外向型经济。同时，还应调整和深化原材料调进和钢铁产品输出的传统域外钟摆式协作模式，采取差异化产业对接，深化与域外城市产业间横向协同。例如，与成都打造中国西部光谷和“世界级汽车产业城”对接，利用太阳能资源优势积极融入新能源开发；利用钒钛钢铁、低微合金钢优势，成为成都重点制造业基地及零配件生产供应基地等。

(2)拓展东西向域外协作。攀枝花远离成都、昆明两个省会城市，但在东西方向上与滇西北的丽江、大理，滇东北的昭通、长江沿江城市宜宾等地区中心城市的空间距离较近。作为长江经济带顶点城市和川西南、滇西北经济中心，攀枝花市可通过高速公路(攀枝花—丽江、攀枝花—宜宾)和铁路(成昆铁路复线、丽江—攀枝花—昭通)等交通设施建设，完善其川西南次级交通枢纽功能，主动融入长江经济带、承接产业梯度转移，进而拓展东西向域外协同。

(3)强化攀西地区内部协作。北起四川省凉山州冕宁县，南到云南省元谋县，南北长300多公里、东西宽100多公里的广大地区为矿产富集的攀西大裂谷。攀西大裂谷贯穿四川省攀枝花和凉山两市州。为促进攀西大裂谷矿产综合开发利用，2013年四川省将矿产开发协作密切的攀枝花全域和凉山州、雅安市部分地区，共11个县(市、区)纳入攀西战略资源创新开发试验区。作为攀西地区的区域中心城市，攀枝花将钒钛、钢铁产业等向凉山州延伸和扩散布局[28]以强化攀西地区内部的区域协作。还可通过行政区划调整，将凉山州部分县域划入攀枝花市域辖区[29]，进而带动和促进攀西地区内部的区域协同发展。

3. 严格地域空间管控，探索山地资源型城市地域空间发展模式

城市与区域的关系包括两个层次[30]：城市(镇)体系关系(将城市作为“点”的宏观方面)和城乡关系(将城市作为“面”的微观方面)。攀枝花市自然环境的地域分异(特别是垂直分异)显著、资源地域性和生态环境脆弱性(干热河谷生态脆弱区)突出，城镇体系构建、产业布局和发展不能简单套用平原地区的一般模式，需要严格地域空间管控，探索山地资源型城市地域空间发展模式。构建安宁河谷和京昆高速沿线城镇体系，优化产业布局，差

异化推进城乡一体化。

具体来讲，东区应围绕钢铁、钒钛等产业升级，通过旧城改造完善城市功能。西区应以煤化工、机械制造延伸产业链，并发展工业和商贸业。仁和区应通过花城新区和交通枢纽等建设，打造阳光宜居城区。米易县既要承接钢铁、钒钛产业转移，又要注重特色农业和康养产业。盐边县应统筹南北分异，南部利用区位、交通优势发展钢铁和钒钛关联产业，中部利用二滩库区发展旅游业，北部发展山地特色农业与康养旅游业。

4. 依托山水景观，融合资源开发与产业转型，推进城市实体地域功能优化

攀枝花山势雄奇，水量丰富，山水相间，连绵的群山以博大的胸怀拥抱着金沙江、雅砻江及其支流，如同银链一般，串起座座山峰，形成了独特的山水景观，形成了山水园林城市（或滨水花园城市）和山地特色城市的基本骨架。加之这里气候独特，光热资源充足，四季如春，生物资源多样，人文资源丰富多彩，又为创造山水园林或滨水花园城市增添了丰富的“内涵”。作为山地成熟型资源城市，攀枝花市的城市规划应处理好自然主义和理性主义的有机融合。在金沙江、雅砻江和安宁河等城市滨水地带、城市山脊地带和城市边缘地带应尽量采用自然主义的手法，充分利用自然山水景观。应重点加强金沙江两岸，二滩水电站以下雅砻江两岸，安宁河两岸，以及仁和沟两岸的滨水生态景观规划与建设；加强城市区域（包括核心区域山地和组团山地）山脊地带和城市边缘的森林植被和自然景观规划利用和保护。而在8个组团和花城新区的城市核心区域和次中心地区要采用理性主义的构图空间规划。通过八大组团城区改造和花城新区建设，促进城市从东西单一轴向延伸向东西、南北双轴网格化方向演化。

在城市实体地域层面上，城区发展要依托山地城市的自然山川景观，以保安营机场山地为中心，沿金沙江和仁和沟两轴，将山水景观、资源开发与产业转型相融合，通过旧城改造和新区建设优化城市功能。攀枝花市“原始构架”的8个片区根据本地区资源和地形条件特点，巧妙地利用山川河流的走势形成了典型的带状组团格局——“点线组成的完美带状画面”。在未来山水园林城市（或滨水花园城市）、生态旅游城市和现代化大城市建设中要充分利用城市原有格局的优势加以改造。在东、西城区旧城改造中要重视废弃工业遗迹景观利用，传承和彰显地域特色工业文化。统筹金沙江上游观音岩电站下泄流量、城区河段金沙和银江电站建设梯级筑坝壅水，渠化河道打造城区河段亲水景观带，实现水能开发与城区景观融合[31]。特别是2017年7月整体开工建设的银江水电站建成后，在提升攀枝花城区防洪能力、改善城区生态环境容量的同时，将形成一条岸长16km、总库容达6000万m^3的高峡平湖环绕攀枝花市主城区，呈现一幅“水在城中，水城相溶”的壮美画卷。依托山水景观、融合资源开发与产业转型，通过老城区八大组团改造和花城新区建设，推进将康养旅游发展和城市功能优化相融合，将攀枝花市打造成阳光宜居新城。

总之，山地资源型城市攀枝花市兴起于三线建设，具有独特的市域演化和地域结构特征。未来需要通过政府、企业与公众的多元参与，多层次域外协作拓展，地域空间发展模式探索，城市实体地域功能优化等综合策略来推进其转型发展与地域协同[32]。

5.2 岩溶山区县级成熟型资源城市兴文县经济发展空间演化及空间耦合

5.2.1 兴文县概况

四川省兴文县位于四川盆地南部山区的四川与云南两省交界处，介于104°52′28″E～105°21′23″E、28°04′28″N～28°27′18″N。东与泸州市叙永县、南与云南省威信县相邻，西接珙县和长宁县，北与江安和泸州市纳溪区毗邻。该县辖区面积为1373km^2，辖古宋镇、僰王山镇、共乐镇、莲花镇、九丝城镇、石海镇、太平镇、周家镇、五星镇、玉屏镇、大坝苗族乡、毓秀苗族乡、大河苗族乡、麒麟苗族乡、仙峰苗族乡等15个乡镇。2015年全县总人口为48.4万人，城镇化率为33.19%。

兴文县位于云贵高原与四川盆地的过渡带，地形总趋势为南高北低，海拔501～1795.1m。地貌以低山中谷(占39.16%)和中山窄谷(占32.76%)为主，丘陵(占20.95%)次之，槽坝(占7.12%)最少。该县北部以槽坝和丘陵地貌为主，中部为低山中谷地貌，南部为中山窄谷地貌[33]。其中，该县中、南部分布大面积喀斯特地貌。境内“世界级大漏斗，大量的流入型洞穴，完整的喀斯特流域，优越的喀斯特发育条件，漫长的喀斯特演化历史，古今不同阶段喀斯特发育的叠置、继承和新生”等被誉为兴文式喀斯特[34]的独特发育特色。由小岩湾/石海、僰王山、泰安石林和凌霄城4个园区组成的兴文世界地质公园集世界特大天坑、地表石林、地下溶洞、卧虎景观于一体，更享有“四绝共生”的美誉。该县属亚热带湿润型气候，无霜期长，四季分明、雨热同期，年平均气温为17.7℃，年降水量为1191.1mm。境内矿产资源丰富，以二叠系的硫铁矿、无烟煤和石灰岩为主。其中，石灰石储量为100亿t、盐储量48亿t、硫铁矿储量13.5亿t、煤储量11亿t、大理石储量0.5亿t[33]。近年来，探明页岩气储量丰富，被列入国家级页岩气综合利用示范区。

兴文县属于岩溶山区县级成熟型资源城市，其矿产资源与岩溶旅游资源均比较突出。2015年全县生产总值为80.8×10^4万元，三次产业结构为22.2∶44.0∶33.8。工业以煤矿、硫铁矿和石灰石等矿产开采、洗煤、硫化工、水泥等建材生产和农产品加工为主。该县喀斯特景观、民族文化、地方文化等旅游资源优势明显。拥有国家重点风景名胜区、世界地质公园“兴文石海”等著名景区。该县是古代僰人繁衍生息和最终消亡之地，九丝城镇僰人最后的王城——建武古镇(僰人政治生活中心——内官寨)、明朝万历元年(1573年)九丝山僰人被剿灭所留平蛮碑群、凿穴式悬棺、摩崖石刻等遗迹和生活场景遗址具有突出价值。该县又是四川省最大的苗族聚居县，僰人文化、苗族文化和地方民间文化独特。

兴文县岩溶地貌发育，岩溶景观独特，岩溶旅游资源丰富。兴文石海洞乡于1986年入选四川省第一批省级风景名胜区，2002年5月入选第四批国家重点风景名胜区，2004年入选国家地质公园，2005年2月14日被联合国教科文组织评为第二批世界地质公园。兴文世界地质公园由小岩湾园区(又称兴文石海景区)、僰王山园区、太安石林园区、凌霄城园区四大园区组成。其中，小岩湾园区(又称兴文石海景区)位于兴文县城南20km的石海镇(原石林镇)境内，属于大型喀斯特地貌自然风景名胜区，总面积为 121km^2。中心景区形成于距今约 2.7 亿年前的二叠纪，在 14km^2 的范围内，荟萃了中国规模最大的地表石海、地下溶洞群和世界级规模的天坑(又称漏斗)等喀斯特地质奇观，被誉为“三绝同在一画中”。此外，兴文博望山风景名胜区于 2000 年入选四川省第六批省级风景名胜区。

5.2.2　研究时段选取、数据来源与研究方法

1. 研究时段选取与数据来源

兴文县在改革开放前属传统农业县，煤和硫铁矿等开采规模很小。仅有 1953 年在仙峰乡建设的新华硫磺厂(后称新华硫铁矿)、1955 年在兴晏乡建设的兴晏磺厂(1985 年，职工 1331 人)和 1956 年在兴晏乡建设的川堰磺厂(1985 年，职工 849 人)、1977 年在周家镇建设的周家硫铁矿(年采矿 18 万 t，1985 年划为省属企业——川南硫铁矿)等规模较大的硫铁矿企业。而煤矿企业规模很小(职工人数不足 300 人，1985 年最大的古宋煤厂仅 243 人，产量仅 34800t)。1980 年以后矿业与旅游得以较快发展。1980～2014 年兴文县主要矿产品产量与游客人数变化如图 5.2 所示。

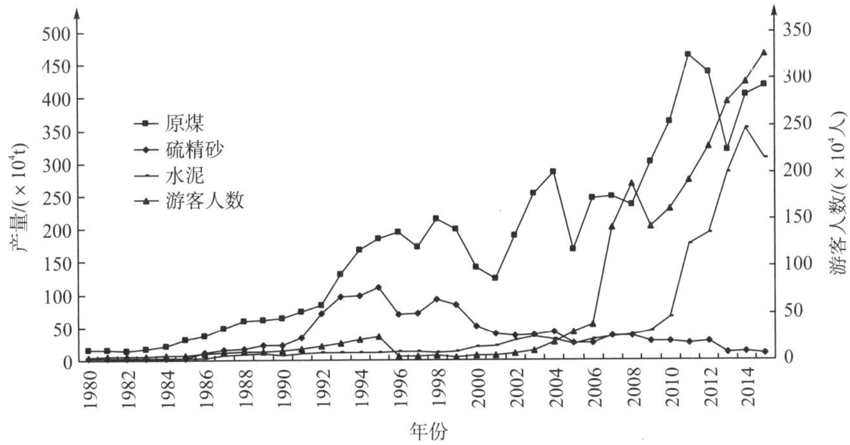

图 5.2　1980～2014 年兴文县主要矿产品产量与游客人数变化图

从图 5.2 可以看出，20 世纪 80 年代兴文县矿业与旅游业开始起步但规模较小(原煤总产量为 60 万 t/年以下，硫精砂为 25 万 t/年以下，水泥为 6 万 t/年以下，游客为 10 万人/年以下)。到 90 年代矿业明显扩张(原煤年产量增长 3 倍多，硫精砂年产量曾达 100 万 t 以上)，旅游业发展相对迟缓。进入 21 世纪后，该县矿业持续增长(原煤与水泥产量分别达 400 万 t/年和 200 万 t/年以上，而硫精砂缩减到 10 万 t/年以下)。随着兴文石海、僰王山景区获批国家地质公园(2004 年)、兴文世界地质公园 2005 年获批并于 2006 年 8 月建成开园[33]，旅游业快速发展。

从总体上讲，该县矿业经过 20 世纪 90 年代的扩张后进入稳定增长期，2006 年后旅游业也快速发展。从该县近 20 年(1996～2015 年)来产业结构变化(图 5.3)可知，其产业结构由 2000 年以前的“一二三”为主的结构，逐渐演变为 2007 年以后的“二三一”结构。

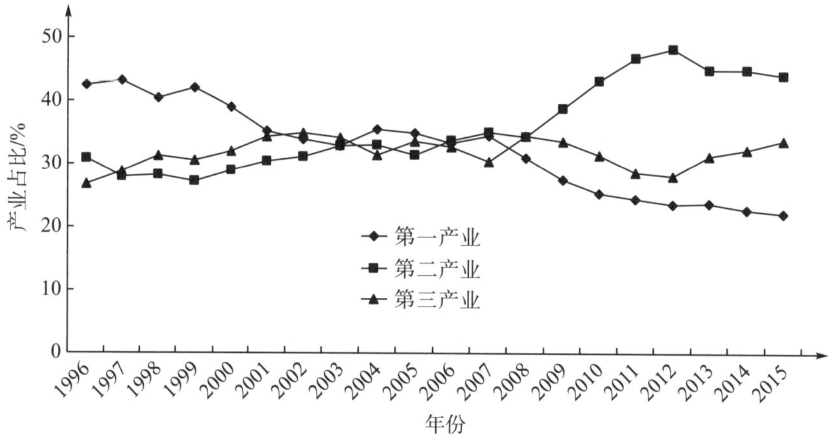

图 5.3　1996～2015 年兴文县产业结构变化图

综合兴文县矿业与旅游开发、产业结构演替，兼顾数据资料的完整性和可比性(该县 2006 年进行乡镇行政区划的调整[33])。本节选择该县矿业与旅游持续增长的 2006～2015 年为研究时段，进行山区县级成熟型资源城市经济发展空间差异及演化研究。本节数据来源于兴文县统计局统计资料、《兴文县志》(1996～2005 年)[33]和 2016 年 7 月兴文县矿山实地调查资料。

2. 研究方法

本节以兴文县的乡镇为研究单元，采用乡镇间人均 GDP 差异、泰尔指数和分离系数等进行兴文县 1996～2005 年经济发展空间差异及演化探讨。

(1) 乡镇间人均 GDP 的绝对差异与相对差异。乡镇间人均 GDP 的绝对差异用极差与标准差表示，而相对差异用相对极差与变异系数表示。人均 GDP 极差用兴文县 15 个乡镇中人均 GDP 最大值与最小值相减求得。将极差除以该县人均 GDP 即为人均 GDP 相对极差。

人均 GDP 标准差(S)的计算公式为

$$S=\sqrt{\frac{\sum_{i=1}^{n}\left(Y_i-\bar{Y}\right)^2}{n}} \tag{5.1}$$

式中，S 为人均 GDP 标准差；Y_i 为兴文县第 i 乡镇人均 GDP 值；$\bar{Y}$ 为兴文县人均 GDP；n 为兴文县乡镇个数，n=15。

人均 GDP 变异系数(CV)的计算公式为

$$CV=S/\bar{Y}=\sqrt{\frac{\sum_{i=1}^{n}\left(Y_i-\bar{Y}\right)^2}{n}}/\bar{Y} \tag{5.2}$$

式中，CV 为人均 GDP 变异系数，其余符号的含义同前。

(2) 经济发展差异的泰尔指数及分解。泰尔(Theil)指数常用来描述区域组间差异和组内差异各自的变化情况以及对区域总差异的影响[35,36]。为准确测度兴文县经济发展总体差异，本节根据矿产资源分布与开发、产业发展，将其所辖15个乡镇划分为4个乡镇组别：矿业组(周家、仙峰、共乐、大河、大坝)、旅游与矿业组(石海、僰王山)、农业组(莲花、五星、麒麟、毓秀、九丝城)和工业组(古宋、太平和玉屏)。该县经济发展的总体差异(T)可以用乡镇组别间的差异和乡镇组别内部基本单元(乡镇)的差异之和来表示，其计算公式为

$$T = T_{WR} + T_{BR} \tag{5.3}$$

式中，T 为研究区域经济差异的泰尔指数；T_{WR} 为乡镇组别间经济差异的泰尔指数；T_{BR} 为兴文县乡镇组别内部经济差异的泰尔指数。

乡镇组别间经济差异的泰尔指数(T_{WR})计算公式为

$$T_{WR} = \sum_{i=1}^{m}\left[\frac{Y_i}{Y}\ln\left(\frac{Y_{ij}/Y_i}{N_{ij}/N_i}\right)\right] \tag{5.4}$$

式中，Y_i 为兴文县第 i 组乡镇生产总值；N_i 为第 i 组乡镇的人口数；Y 为县域生产总值；N 为县域人口总量；m 为乡镇组别个数(如前所述，本书将兴文县乡镇分为4个组别，故 m=4)。

乡镇组别内部经济差异的泰尔指数(T_{BR})计算公式为

$$T_{BR} = \sum_{i=1}^{m}\frac{Y_i}{Y}\sum_{j=1}^{n}\left[\frac{Y_{ij}}{Y_i}\ln\left(\frac{Y_{ij}/Y_i}{N_{ij}/N_i}\right)\right] \tag{5.5}$$

式中，Y_i 为第 i 组乡镇生产总值；Y 为县域生产总值；Y_{ij} 为第 i 组第 j 乡镇生产总值；N_{ij} 为第 i 组第 j 乡镇人口；N_i 为第 i 组乡镇人口；n 为各个乡镇组内的乡镇个数；m 同前；N 为县域人口。

(3) 乡镇组别分离系数。参考区域差异的相关研究[37]，将泰尔指数中乡镇组别间差异和乡镇组别内部差异进一步组合成反映乡镇组别之间相对分离程度的乡镇组别分离系数(S_r)。其计算公式如下：

$$S_r = T_{BR} / \ln\left(N / N_{min}\right) \times \ln\left(N_{min}\right) / T_{WR} \tag{5.6}$$

式中，N_{min} 为乡镇组别中人口最少乡镇组别的人口数；T_{BR}、N 和 T_{WR} 的含义同前；乡镇组别分离系数越大，反映经济发展的区域差异越大。

5.2.3　兴文县2006～2015年经济发展空间差异及演化特征

1. 兴文县2006～2015年乡镇间人均GDP的差异

根据兴文县2006～2015年15个乡镇历年人均GDP，可求得乡镇间历年人均GDP的极差与相对极差，再用式(5.1)和式(5.2)可计算出人均 GDP 的标准差与变异系数。该县2006～2015年乡镇间人均GDP的绝对差异和相对差异如图5.4所示。

从图5.4中可看出，兴文县2006～2015年乡镇间人均GDP的绝对差异(极差和标准差)、相对差异(相对极差和变异系数)均呈上升趋势。其中，人均 GDP 的极差由 11141 元上升到53880元，增长42739元，增幅达383.62%；人均GDP的标准差由3044元上升到13816元，增长10772元，增幅达353.88%。人均GDP的相对极差由2.1201上升到3.2235，增长1.1034，增幅达52.04%；人均GDP的变异系数由0.5793上升到0.8266，增长0.2473，

增幅达 42.69%。乡镇间人均 GDP 绝对差异和相对差异指标的变化表明该县经济发展差异呈增大趋势。

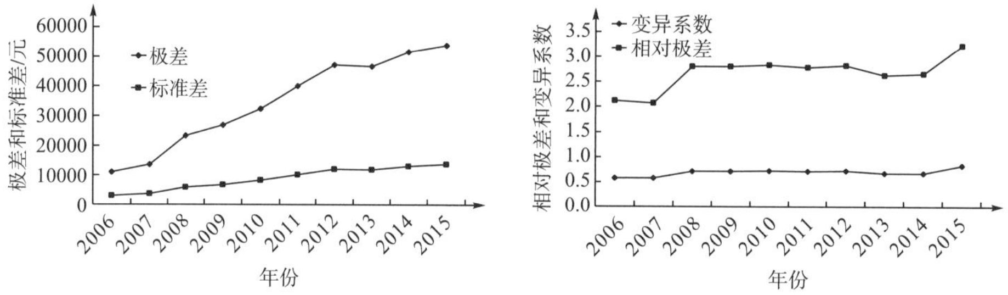

图 5.4　2006～2015 年兴文县乡镇间人均 GDP 的绝对差异和相对差异

再从乡镇组别的人均 GDP 变化(图 5.5)来看，2006～2015 年 4 个组别人均 GDP 的排序稳定，由高到低依次为：工业组＞矿业组＞旅游与矿业组＞农业组。只有工业组人均 GDP 高于全县均值，其余 3 个组别均低于全县均值。各组别人均 GDP 增长幅度也存在明显差异：工业组(311.24%)＞矿业组(263.69%)＞农业组(238.85%)＞旅游与矿业组(223.40%)。乡镇组别人均 GDP 差异也呈增大趋势。

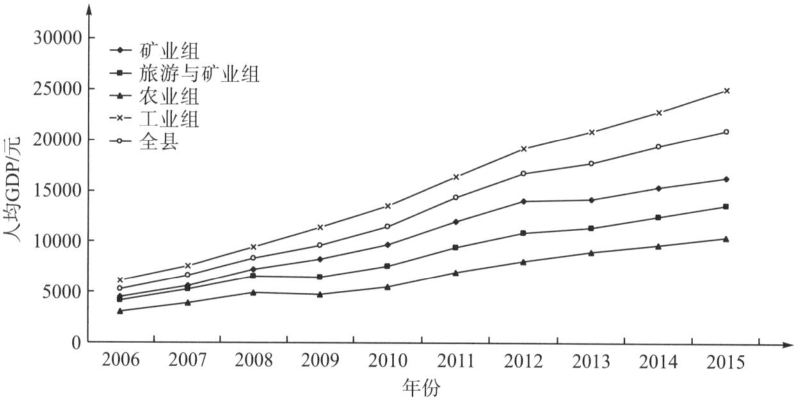

图 5.5　2006～2015 年兴文县各乡镇组别人均 GDP 差异

2. 2006～2015 年兴文县泰尔指数的分解与变化

依据兴文县 2006～2015 年各乡镇人口与 GDP 数据，用式(5.3)～式(5.5)可计算出该县这 10 年来经济差异的泰尔指数分解及贡献率(表 5.3)。

表 5.3　兴文县 2006～2015 年经济差异的泰尔指数分解及贡献率

年份	泰尔指数							乡镇组别间贡献率/%	乡镇组别内贡献率/%
	矿业组	旅游与矿业组	农业组	工业组	乡镇组别间经济差异	乡镇组别内经济差异	总差异		
2006	0.1856	0.0740	0.0109	0.0262	0.0311	0.0776	0.1088	28.62	71.38
2007	0.1852	0.0743	0.0088	0.0226	0.0281	0.0761	0.1042	26.98	73.02
2008	0.2093	0.0805	0.0076	0.0240	0.0274	0.0850	0.1124	24.35	75.65

续表

年份	泰尔指数							乡镇组别间贡献率/%	乡镇组别内贡献率/%
	矿业组	旅游与矿业组	农业组	工业组	乡镇组别间经济差异	乡镇组别内经济差异	总差异		
2009	0.2429	0.0456	0.0066	0.0788	0.0529	0.1138	0.1667	31.73	68.27
2010	0.2551	0.0487	0.0098	0.0822	0.0547	0.1200	0.1747	31.33	68.67
2011	0.2588	0.0503	0.0122	0.0800	0.0501	0.1209	0.1710	29.31	70.69
2012	0.2639	0.0538	0.0141	0.0819	0.0512	0.1240	0.1752	29.21	70.79
2013	0.2541	0.0512	0.0122	0.0760	0.0516	0.1152	0.1667	30.93	69.07
2014	0.2605	0.0517	0.0128	0.0753	0.0523	0.1171	0.1694	30.89	69.11
2015	0.2548	0.0511	0.0131	0.0768	0.0548	0.1148	0.1697	32.32	67.68

从表 5.3 中可以看出，2006～2015 年兴文县经济差异的泰尔指数分解与变化具有以下特征。①经济差异总体呈增大趋势：这 10 年来泰尔指数由 0.1088 上升到 0.1697(上升 55.97%)，上升幅度较大。这 10 年的初期泰尔指数增长尤为迅速，2012 年达到最大值 0.1752，后期略有下降。②乡镇组别内部经济差异比乡镇组别间的差异大(近 10 年来乡镇组别内、乡镇组别间的泰尔指数平均值分别为 0.1065 和 0.0454，两者对总体差异的平均贡献率分别为 70.43%和 29.57%)。但乡镇组别间经济差异的上升幅度高于乡镇组别内经济差异的上升幅度(泰尔指数分别上升 76.21%和 47.94%)。③矿业乡镇组内部经济差异突出，工业乡镇组内部经济差异增加最大。在 4 个乡镇组别中，矿业组的泰尔指数最高，而农业组的泰尔指数最低，两者相差近 21.94 倍。2006～2015 年乡镇组别泰尔指数平均值由高到低依次为：矿业组(0.2370)＞工业组(0.0624)＞旅游与矿业组(0.0581)＞农业组(0.0108)。就乡镇组别内部经济差异的演化来看，除旅游与矿业组的泰尔指数呈下降趋势(下降 30.95%)外，其余 3 个组别均呈上升趋势。其中，工业组上升幅度最大(达 193.13%)，矿业组次之(上升 37.28%)，农业组最小(仅上升 20.18%)。

从该县 2006～2015 年 4 个乡镇组别 GDP 占全县的比例变化(图 5.6)可以看出，工业组 GDP 占比上升幅度最大(达 12.98%，由 36.68%上升到 41.44%)，旅游与矿业组 GDP 占比下降幅度最大(达 15.26%，由 14.61%下降到 12.38%)，农业组的 GDP 占比下降较小(10.74%，由 19.00%下降到 16.96%)，而矿业组的 GDP 占比波动小。

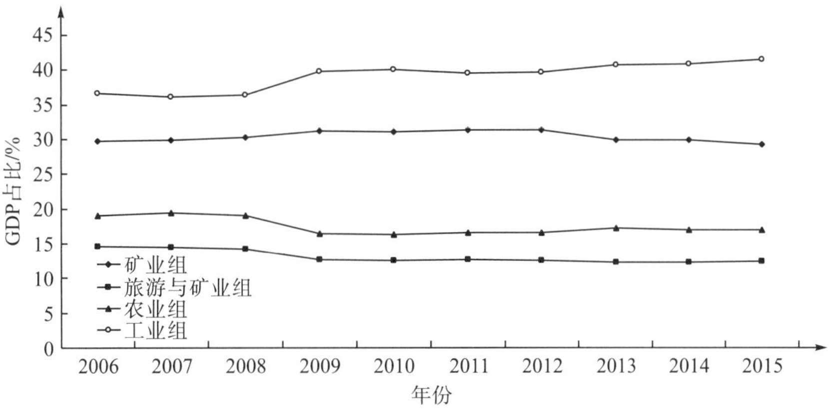

图 5.6　2006～2015 年兴文县各乡镇组别 GDP 占比变化图

3. 2006～2015 年兴文县经济增长与乡镇组别差异变化关系

参考区域经济发展差异研究中的分离系数分析方法，根据乡镇组别分离系数公式(5.6)，以人口最少的旅游与矿业乡镇组为参照组别，计算出 2006～2015 年兴文县乡镇组别分离系数(图 5.7)。从图 5.7 可知，该县 2006～2015 年乡镇组别间分离系数呈振荡上升趋势(由 2.4041 上升到 2.8414)，也表明该县经济发展空间差异呈上升趋势。

综合表 5.3 和图 5.5～图 5.7 可知，2006～2015 年兴文县(乡镇组别间以及组别内部)经济发展差异有增大趋势，且乡镇组别内部的差异比乡镇组别间的差异大；但乡镇组别间差异的增大比组别内部的增大更明显。其经济发展差异的空间分布格局为：南部中山窄谷区矿业乡镇间差异最大、北部槽坝区工业乡镇间次之、中部低山中谷区旅游与矿业乡镇间再次、北部边缘丘陵和南部边缘中山窄谷农业乡镇间最小。而经济发展空间差异的演化格局为：北部槽坝区工业乡镇间差异增长最大、南部中山窄谷区矿业乡镇间差异增长次之、北部边缘丘陵和南部边缘中山窄谷区农业乡镇间差异增长最小，而中部低山中谷区旅游与矿业乡镇间差异略有下降。

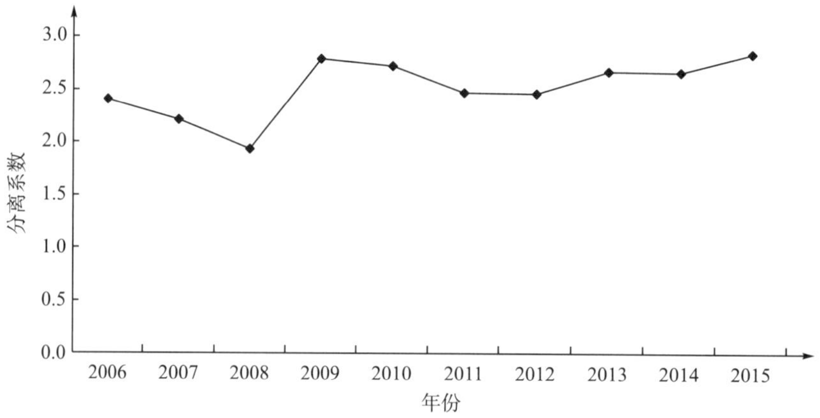

图 5.7 2006～2015 年兴文县经济发展分离系数变化图

5.2.4 2006～2015 年兴文县经济发展空间差异及演变的原因解析

通过综合分析，兴文县经济发展空间差异及演变的原因可以归纳为 5 个方面。

(1)经济发展过度依赖资源。兴文县位于四川盆地向贵州高原的过渡地带，地形起伏大(有槽坝、丘陵、低山中谷和中山窄谷等多种地貌类型)，资源环境的区域分异明显。岩溶地貌及煤、硫铁矿和石灰石等矿产集中分布于中南部(周家、仙峰、石海、僰王山和大坝等乡镇)[33]，该区域乡镇经济多以矿产开发为主。兴文世界地质公园所在的石海镇和僰王山镇既开发矿产又发展旅游。古宋至玉屏一线槽坝地区地形平坦，交通发达，经济基础较好，形成工业乡镇集中地带。县域南、北部缺乏矿产，区位和交通欠佳的乡镇则以农业为主。资源环境的分异、叠加经济过度依赖资源[38] 致使 4 类乡镇组别产业单一、乡镇组别间经济发展差异明显。同一乡镇组别内部，由于环境分异、区位和发展基础等差异使经济发展存在明显差异。随着经济发展，产业类型差异导致乡镇组别间发展差异增大，产业发展的资源环境条件差异致使组别内部原有发展差异进一步增大。

(2)工业园区建设加速工业乡镇发展，进而加大空间差异。该县 2010 年 3 月建设占地 $26.2km^2$，以煤、硫化工为主，兼以能源开发利用和配套发电、机械制造业、轻工业(纺织和林竹制浆等)为辅的太平工业园区(包括太平、仙周和玉屏等三园)，集中发展工业。工业园区的建立使北部槽坝地区条件与基础优越的古宋、太平和玉屏等工业乡镇的工业得以较快发展，加大了与其他乡镇组的经济发展差异。同时，县城古宋镇的快速发展也使该组乡镇内部的差异增加表现突出。

(3)矿业乡镇受宏观经济影响明显。国家从 2005 年底发起整合小规模煤矿的战略政策[39]，随后出台鼓励煤炭企业合并和重组政策。近年来，该县去产能、关闭和整合小煤矿进程加快。兴文县煤、硫铁矿和建材开采规模偏小(多数煤矿生产能力＜10 万 t/年，最大也仅 15 万 t/年；多数硫铁矿＜5 万 t/年)，小规模矿山多具独立工矿地[40]的性质，在面临资源枯竭和经济衰退时资源型企业往往率先撤离，易加重区域的萧条。2015 年以来该县先后关闭 21 个煤矿、3 个水泥厂、1 个硫酸厂，淘汰落后产能 281 万 t。此外，小规模矿山生产安全保障程度低，频发的矿山事故(表 5.4)也影响了矿业发展。2006～2015 年矿业乡镇发展速度放缓，在全县生产总值中的占比没有明显增长，矿业对经济的拉动乏力，该组矿业乡镇的内部差异也略有增大。

表 5.4　兴文县 2006～2015 年突出矿山事故统计

时间	矿山/所在乡镇	事故类型	损失情况
2006.05.10	坳田煤矿/石海镇	煤与瓦斯突出	11 人遇难，9 人受伤(3 重，6 轻)
2007.07.24	大坪煤矿/仙峰乡	煤与瓦斯突出	3 人遇难，1 人受伤
2007.07.26	大湾煤矿/古宋镇	煤与瓦斯突出	3 人遇难
2008.09.05	金河煤矿/古宋镇	煤与瓦斯突出	18 人遇难，直接经济损失 1200 万元
2010.08.11	响水滩煤矿/大坝乡	煤与瓦斯突出	3 人遇难，直接经济损失 200 万元
2011.08.20	永安煤矿/石海镇	煤与瓦斯突出	3 人遇难，1 人轻伤
2014.04.29	五星煤矿/僰王山镇	煤与瓦斯突出	2 人遇难，2 人轻伤

资料来源：四川煤炭安全网。

(4)旅游与矿业乡镇受旅游开发单一、宏观经济双重制约。该县旅游开发集中于兴文石海喀斯特景观，对颇具特色的僰、苗文化等人文资源开发不够。2006 年兴文石海世界地质公园的开发主要在小岩湾(石海镇)、僰王山(僰王山镇)园区，而泰安石林、凌霄城园区开发薄弱。2006～2015年石海世界地质公园的后续开发有限，地质公园周边煤、硫铁矿等矿产开发又受宏观经济和地质公园保护制约的双重影响，致使矿业与旅游乡镇经济发展相对滞后，其 GDP 在全县的占比下降最大，乡镇组别内部的差异反而减小。

(5)农业乡镇发展整体滞后且不均衡。兴文县为山区贫困县，农业生产方式传统、产业化水平低，农业乡镇发展整体滞后于其他乡镇。尽管 2006～2015 年该县中、南部山区利用自然环境优势，布局发展烤烟、蚕桑、猕猴桃、方竹笋、黑山猪、山地乌骨鸡等特色效益型农业。北部槽坝、丘陵地区则依托传统种植业发展农产品加工业和其他工业。但农业乡镇与其他乡镇组别间(特别是工业乡镇)的差异仍在不断增大。同时，受农业自然资源差异的影响，岩溶发育乡镇(如麒麟乡)与区位偏僻乡镇(如毓秀乡)的发展与北部农业乡镇的差异也在不断加大。

5.2.5 兴文县产业转型与区域发展空间耦合途径

作为岩溶山区成熟型资源城市，兴文县未来既面临经济产业转型，也面临区域协调发展和生态环境维护的挑战，应重视县域发展的空间耦合。未来可采取以下途径促进产业转型与区域发展空间耦合[41]。

1)实施多元产业综合发展

兴文县经济过度依赖矿产、旅游等资源，既严重耗损当地资源环境，又导致区域差异增大。该县矿产、旅游资源丰富，优势与特色明显，但工业基础薄弱。因此在资源型城市转型中，应主要考虑退矿进一、退矿进三和产业链延伸的退矿进二等[42]发展模式。该县今后应通过资源综合开发，逐步形成多元产业综合经济，降低对矿产等单一资源的过度依赖，缩小乡镇间发展差异。

2)各类乡镇因地制宜地实施差异化发展

岩溶山区的兴文县资源环境的空间异质性明显，今后各乡镇应根据自身资源环境特点，选取相应的资源开发与产业发展重点，通过差异化发展策略，推动区域协同发展。

(1)矿业乡镇应通过调整矿产开发方向和整合矿业规模实施转型，并探索合理地域空间发展模式。通过退矿进一和产业链延伸的退矿进二等[42]发展模式探索，逐步形成多元产业综合经济，降低对煤炭等单一矿产资源的过度依赖。基于该县页岩气勘探开发进展迅速(毓秀乡鲵源村等地总投资66亿元用于页岩气勘探开发)[43]，将单一煤炭能源生产转变为页岩气、煤炭综合能源利用，并抓住硫铁矿资源综合利用有助于缓解国内硫供需矛盾[44]的实际，以煤炭、页岩气能源生产与硫铁矿开发、化工利用、水泥等建材生产为重点实施矿产开发方向调整。该县矿业企业规模偏小，煤炭、硫铁矿资源点的固化空间分布、短距离高昂的运输成本以及高度的环境污染等[45]使矿业发展的独立工矿区特征较为突出。今后还应加大矿业规模整合力度，发展生态矿区，探索合理地域空间发展模式，逐步解决独立工矿区与集镇的协调融合。

(2)旅游与矿业乡镇应发挥龙头作用，通过政府主导带动全域旅游发展。兴文县拥有国内罕见的完整喀斯特景观，素有“石海洞乡”之称。同时，兴文县又是国内外都屈指可数的宜宾僰人文化遗址的重要组成部分。僰人虽已消亡，但其文化依然传承至今，在长期演变中，汇集交融了僰苗、汉族文化特征，具有独特的民间习俗。该县旅游景观多样、密度高，喀斯特景观与僰苗文化协调统一，具有全域旅游发展的有利条件。但目前旅游与矿产乡镇以喀斯特景观利用为主，僰苗文化旅游开发薄弱；矿产开发成为喀斯特景观的潜在威胁。旅游与矿业乡镇应采用退矿进三的产业发展模式，发挥世界地质公园优势和龙头作用，可以通过政府主导、差异化发展、地域文化挖掘和人文景观营造等策略[46]带动该县全域旅游发展。依托兴文世界地质公园和新近获批的兴文峰岩国家石漠公园(2017 年，大河乡)，将喀斯特景观、僰苗文化旅游和乡村旅游有机融合，壮大旅游支柱产业。一方面要争取将具有独特优势的兴文喀斯特景观早日纳入中国南方喀斯特世界遗产[47]，进一步提高其知名度和发挥其旅游价值。另一方面要突出僰人文化“软开发”的文化资源发掘[48]。可策划破解悬棺之谜的表演和参与体验、僰人生活场景再现与体验等活动，重点打造僰人最后的王城建武古镇，将其建设成为僰文化史迹观光和文化体验区。

(3) 农业乡镇应以山地特色农业为重点推进农业产业化。根据兴文县农业自然资源地域分异明显的特征，北部丘陵和槽坝区应以粮、油、猪为重点，并依托紧邻工业集中乡镇优势，发展农产品加工业；中南部低、中山地区因地制宜地发展烤烟、猕猴桃、蚕桑、马铃薯、方竹、富硒水稻和生态蔬菜等山地特色农产品生产，并将农业生产、乡村景观与喀斯特景观、僰苗文化结合，促进农业与旅游业的交叉和融合。在农业乡镇要努力探索农业专业合作社、家庭农场等多种形式的规模化农业经营模式。

(4) 工业乡镇应延伸矿产资源产业链，发展多元工业产业。利用工业乡镇区位和基础优势，依托县域矿产资源，以煤炭、页岩气能源生产与硫铁矿开发、化工利用、水泥等建材生产为重点，延伸能源——煤、硫和天然气化工、建材等复合矿业产业链。在 3 种煤炭延伸产业链条[42,45]中，主要考虑开采—洗选—发电、开采—洗选—发电—煤化工等两种方式。并依托山地特色农业发展绿色食品、纺织、林竹纸浆等农产品深加工产业，以及机械制造和新型材料等多元工业产业。

3) 注重经济发展与环境保护的协调统一

兴文县中南部岩溶地区地形起伏较大，土壤和水分条件的空间异质性明显，其农田生态系统具有较大的空间破碎性，保水蓄水能力差，易受外界气候条件影响而旱涝频发，农业生产稳定性差[49]。此外，该县硫铁矿等矿产开采造成水平衡破坏、水体污染，大量土地被破坏或占用，并诱发滑坡、崩塌、采空区沉陷等地质灾害和大气污染等地质环境问题[50]。因此，该县在经济发展中要充分重视经济发展与环境保护的协调统一，特别是要重视岩溶区域生态系统稳定性维护和矿产开发的污染治理。

5.3　小　　结

本章分别以地级成熟型资源城市攀枝花市和县级成熟型资源城市兴文县为例进行西南地区山地资源型城市地域功能演化及地域协同研究。

攀枝花市兴起于三线建设，是西南地区典型的成熟型山地资源城市和年轻移民城市，该市具有独特的市域演化和地域结构特征。攀枝花市早期以钢铁基地建设和钢铁生产为中心，地域空间快速扩大。依据资源分布与钢铁生产协作关系，逐步形成东西向沿金沙江八大组团式片区分布的城市实体空间。1987 年渡口市更名为攀枝花市后，市域空间范围及行政区划格局持续稳定。工业发展使城市实体空间由东西向组团式分散结构，向东西(沿金沙江)、南北(沿流沙坡、炳草岗、渡仁、沙沟和总发等花城新区方向)双轴网络化结构演化。该市地域相对独立，域外协作困难；市域内部自然环境分异明显，城乡社会经济二元结构典型；城市实体空间呈嵌入式片区组团结构，矿城分离难度大；传统资源产业区衰退与新兴产业区兴盛并存。其转型与地域协同应考虑以下策略：政府多级协同主导，并激发企业、公众主动参与；立足资源产业优势，拓展多层次域外协作（深化南北向域外协作、拓展东西向域外协作、强化攀西地区内部协作）；严格地域空间管控，探索山地资源型城市地域空间发展模式；依托山水景观、融合资源开发与产业转型，推进城市实体地域功能优化。

四川省兴文县是西南地区具有代表性的岩溶山区县级成熟型资源城市。本章以该县的乡镇为基本研究单元，根据矿产资源分布与开发、产业发展，将其所辖 15 个乡镇划分为 4 个乡镇组别：矿业组、旅游与矿业组、农业组、工业组。通过乡镇组别人均 GDP 差异、泰尔指数和分离系数探讨 2006～2015 年该县经济发展空间差异及演化。结果表明：10 年来该县乡镇间人均 GDP 的绝对与相对差异、总差异泰尔指数（由 0.1088 上升到 0.1697，上升 55.97%）和乡镇组别间分离系数（由 2.4041 上升到 2.8414）均持续上升，经济发展差异呈增大趋势。乡镇组别内经济差异比乡镇组别间差异大（对总体差异的平均贡献率分别为 70.43%和 29.57%），而乡镇组别间经济差异的上升幅度（76.21%）高于乡镇组别内的上升幅度（47.94%）。乡镇组别泰尔指数均值排序为：矿业组（0.2370）＞工业组（0.0624）＞旅游与矿业组（0.0581）＞农业组（0.0108）。工业、矿业和农业等乡镇组别的泰尔指数分别上升 193.13%、37.28%和 20.18%，而旅游与矿业组则下降 30.95%。经济发展过度依赖资源，工业园区建设，宏观经济影响，旅游开发单一，农业整体滞后且不均衡等是该县经济发展空间差异及演化的主要原因。今后兴文县应实施多元产业综合发展，各类乡镇因地制宜地实施差异化发展，注重经济发展与环境保护的协调统一等策略来推动产业转型与区域发展的空间耦合。

资源型城市或地区的区域发展与城镇化进程具有发展动力的资源主导性、发展轨道的政策指向性、发展模式的高速低效性、发展基础的系统脆弱性。对西南地区的山地成熟型资源城市，既要重视经济与产业转型，还必须重视该区山地资源型城市所在地理环境的分异特性、脆弱性，区域社会经济基础与城市发展历程以及区域内部协调发展。在推进其地域协同中，应充分调动政府、企业与民众的协同与共同参与，拓展城市内部、城市之间，甚至域外协同等多层次与多类型的区域协同，考虑跃迁发展模式和飞地发展协同。当然，西南地区山地成熟型资源城市的情况复杂，还需要进一步加强这类城市转型与区域协调发展的个例研究。

参 考 文 献

[1] 国务院. 国务院关于印发全国资源型城市可持续发展规划（2013—2020 年）的通知 [OL].[2013-11-12]. http://www.gov.cn/zwgk/2013-12/03/content_2540070.htm

[2] 陆大道. 统筹兼顾, 全面部署, 资源型城市可持续发展迈入新阶段[J]. 国土资源, 2014(1): 10-11.

[3] 郑伯红, 张方, 廖荣华. 资源型城市核心竞争力的演变与调控：以冷水江市为例[J]. 人文地理, 2002, 17(6): 15-19.

[4] 张文忠, 王岱, 余建辉. 资源型城市接续替代产业发展路径与模式研究[J]. 中国科学院院刊, 2011, 26(2): 134-141.

[5] 马克, 李军国. 我国资源型城市可持续发展的实践与探索——国内资源枯竭型城市十年经济转型经验与展望[J]. 经济纵横,

2012(8): 1-7.

[6] 沈镭, 程静. 矿业城市可持续发展的机理初探[J]. 资源科学, 1999, 21(3): 44-50.

[7] 樊杰, 孙威, 傅小锋. 我国矿业城市持续发展的问题、成因与策略[J]. 自然资源学报, 2005, 20(1): 68-77.

[8] 郑国. 城市发展阶段理论研究进展与展望[J]. 城市发展研究, 2010, 17(2): 83-87.

[9] 王海飞. 兰白都市经济圈视角下的白银市可持续发展战略[J]. 经济地理, 2011, 31(4): 566-572.

[10] 张继飞, 邓伟, 刘邵权. 西南山地资源型城市地域空间发展模式：基于东川区的实证[J]. 地理科学, 2013, 33(10): 1206-1215.

[11] 关兴良, 方创琳, 罗奎. 基于空间场能的中国区域经济发展差异评价[J]. 地理科学, 2012, 32(9): 1055-1065.

[12] 罗怀良. 改革开放以来中国资源(枯竭)型城市转型实践[J]. 四川师范大学学报: 自然科学版, 2015, 38(5): 774-781.

[13] 陈国阶, 方一平, 高延军. 中国山区发展报告: 中国山区发展新动态与新探索[M]. 北京: 商务印书馆，2010.

[14] 张京祥. 城镇群体空间组合[M]. 南京: 东南大学出版社, 2000.

[15] 罗怀良. 基于区域视角的西南地区成熟型资源城市分类及转型障碍研究——以地级成熟型资源城市为例[J]. 山地学报, 2018, 36(4): 598-606.

[16] 四川省攀枝花市志编纂委员会. 攀枝花市志[OL]. [2016-12-06]. http://www.panzhihua.gov.cn/zjpzh/pzhsz/index.shtml

[17] 黎明, 田利军. 论三线建设时期特区体制的兴起与衰落——以攀枝花特区为中心的考察[J]. 乐山师范学院学报, 2017, 32(1): 113-118.

[18] 郑有贵, 张鸿春. 三线建设和西部大开发中的攀枝花——基于攀枝花钢铁基地建设和改革发展的研究[M]. 北京: 当代中国出版社, 2013.

[19] 鲍世行. 攀枝花城市规划的历史回顾[J]. 华中建筑, 2000, 18(1): 84-88.

[20] 鲍世行. 攀枝花规划建设的历史经验[J]. 城市发展研究, 2005, 12(1): 11-13.

[21] 黎伟, 田野, 李文勇. 三线企业“文化品牌”研究——以西部铁军中国十九冶为例[M]. 北京:中国经济出版社, 2012.

[22] 毛仕清. 宝鼎矿区深部煤炭资源勘探与研究[J]. 攀枝花科技与信息, 2004, 29(3): 10-15, 9.

[23] 宁越敏. 新城市化进程——90 年代中国城市化动力机制和特点探讨[J]. 地理学报, 1998, 53(5): 470-477.

[24] 李澎, 刘若阳, 李健. 中国城市行政等级与资源配置效率[J]. 经济地理, 2016, 36(10): 46-51, 59.

[25] 张石磊, 冯章献, 王士君. 传统资源型城市转型的城市规划响应研究——以白山市为例[J]. 经济地理, 2011, 31(11): 1834-1839.

[26] 曹海霞, 韩东娥. 资源型区域的产业规制和企业激励研究[J]. 经济问题, 2015(10): 118-123.

[27] 罗怀良. 攀枝花市资源开发与经济持续发展研究[J]. 资源开发与市场, 2003, 19(6): 381-383.

[28] 魏后凯. 微调产业布局, 加快攀枝花全面转型[J]. 当代县域经济, 2016, (12): 12-13.

[29] 国家发改委宏观经济研究院国土地区经济研究所调研组. 攀枝花市加快城市转型的思路[J]. 宏观经济研究, 2003(9): 54-57.

[30] 姜丽丽, 王士君, 朱光明. 城市与区域关系演化过程及新时代特征[J]. 经济地理, 2009, 29(8): 1307-1311, 1322.

[31] 陈永生, 陈巧红. 城市河段水电开发与城市协调发展的几点经验——以攀枝花市为例[J]. 人民长江, 2012, 43(1): 1-3.

[32] 罗怀良. 山地资源型城市攀枝花转型发展的地域协同研究[J]. 现代城市研究, 2019, 34(3): 91-96.

[33] 《兴文县志》编纂委员会. 《兴文县志》(1996-2005) [M]. 北京: 方志出版社, 2010.

[34] 朱学稳, 张任, 张元海, 等. 四川兴文石林区的喀斯特与洞穴[J]. 中国岩溶,1995, 14(增): 28-48.

[35] 徐建华, 鲁凤, 苏方林, 等. 中国区域经济差异的时空尺度分析[J]. 地理研究, 2005, 24(1): 57-68.

[36] 刘慧. 区域差异测度方法与评价[J]. 地理研究, 2006, 25(4): 710-718.

[37] 陈洪全, 张云峰. 江苏沿海经济发展的区域差异及空间格局演变[J]. 地理科学, 2016, 36(2): 283-288.

[38] 李缙荣, 张小洪. 基于能值和产业视角的兴文县可持续发展评价[J]. 生态学杂志, 2014, 33(7): 1989-1996.

[39] 沈镭, 高丽. 中国西部能源及矿业开发与环境保护协调发展研究[J]. 中国人口•资源与环境, 2013, 23(10): 17-23.

[40] 李倩, 张文忠, 王岱. 地理学视角下的独立工矿区研究[J]. 地理科学进展, 2013, 32(7): 1092-1101.

[41] 罗怀良. 岩溶山区县级成熟型资源城市经济发展空间差异及演化——以四川省兴文县为例[J]. 中国岩溶, 2019, 38(2): 217-226.

[42] 张文忠, 王岱. 中国资源型城市的城镇化特征和发展途径选择[J]. 中国国土资源经济, 2014(6): 12-17.

[43] 申勇. 兴文页岩气开发项目正式投入产气[OL]. [2016-12-12]. https://www.wccdaily.com.cn/shtml/szbcn/ 20161013/13638.shtml.

[44] 袁俊宏. 我国硫与硫铁矿产业现状及市场分析[J]. 硫酸工业, 2016(5): 10-17.

[45] 许吉黎, 焦华富. 成熟期煤炭资源型城市社会空间结构研究: 以安徽省淮南市为例[J]. 经济地理, 2014, 34(1): 61-68.

[46] 罗怀良. 亚热带西部山地平原交错带全域旅游发展研究——以四川省洪雅县为例[J]. 国土资源科技管理, 2017, 34(3): 23-34.

[47] 王兴贵, 税伟, 陈毅萍, 等. 兴文喀斯特与中国南方喀斯特旅游资源对比研究[J]. 中国岩溶, 2017, 36(2): 255-263.

[48] 戴代新. 我国文化旅游资源保护与利用的误区及对策——以宜宾市僰文化旅游开发研究为例[J]. 同济大学学报：社会科学版, 2010, 21(1): 46-51, 78.

[49] 罗怀良, 袁道先, 陈浩. 近 50 年来重庆南川市三泉镇喀斯特区农田生态系统的演替分析[J]. 中国岩溶, 2007, 26(3): 230-236.

[50] 陈晓清, 李发斌, 崔鹏, 等. 兴文县新华硫铁矿地质环境恢复治理[J]. 长江流域资源与环境, 2006, 15(6): 761-766.

第六章　西南地区成熟型资源城市转型升级的生态环境保护与建设

本章以西南地区典型的成熟型资源城市攀枝花为例，首先，通过生态足迹估算，引入与生态环境相关的生态压力指数和与经济发展相关的单位万元 GDP 生态足迹，进行攀枝花市的可持续发展能力分析，并通过生态可持续指数评价攀枝花市生态可持续利用程度。其次，通过城市脆弱性评价体系建立和评价指标选取，对攀枝花市进行脆弱性评价；并综合脆弱性评价结果，探讨资源型转型升级与脆弱性调控措施。最后，探讨西南地区成熟型资源城市转型升级的生态环境保护长效机制。

6.1　攀枝花市生态赤字(盈余)动态变化①

生态足迹也称“生态占用”，是一种度量区域可持续发展程度的方法。它代表在一定条件和消费水平下，将该区域人口所消费的所有资源和废弃物转换成相应的生物生产性土地面积[1]，通过将生态需求与生态供给相比较，可判断某一地区是否处于可持续发展中。自 1992 年加拿大生态经济学家 E.R.William 最早提出生态足迹相关概念和模型[2]，并由其博士生 Wackernagel 对相关概念和指标进行完善[3]以来，由于其方法直观、可操作性好、应用性广泛等优点[4]，备受研究者的关注。诸多学者将其用于国家或区域的可持续发展评价[4-8]。但随着对生态足迹方法应用的不断深化，仅用生态赤字(盈余)来评价区域的可持续发展程度，难以完整反映系统的可持续状态[9]。为此，国内学者对生态足迹方法进行了有益探索和拓展，如将生态足迹划分为消费性生态足迹和生产性生态足迹，并以生产性生态足迹作为区域可持续发展的评价指标，而以消费性生态足迹作为次要指标[9]；通过投入占用产出模式来完善生态占用方法，并引入综合发展度以全面反映可持续发展程度[10]；通过构建可持续发展定量评价的新指标体系，完善可持续发展评价法[11]；对生态足迹模型进行改进，并运用生态可持续指数分析区域生态可持续利用程度[12]。

资源型城市是以本区域自然资源开采、加工为主导产业的一种城市类型。在长期的发展过程中，由于资源型城市产业结构单一、资源依赖强，都面临转型问题。而对资源型城市发展过程的可持续性测度，是其转型发展的前提与基础。攀枝花市作为西南地区典型的资源型城市，从 20 世纪 90 年代起开始进行资源开发转型探索。为测度攀枝花市转型发展的可持续性，在用生态足迹方法对其进行生态赤字与盈余估算的基础上，通过生态压力指数、单位万元 GDP 生态足迹以及生态可持续指数，对 2000～2014 年攀枝花市可持续发展

① 本节内容主要参考笔者所指导硕士研究生毕业论文：杨丹荔. 基于生态足迹方法的攀枝花市可持续发展研究[D]. 成都：四川师范大学, 2017.

状态进行定量分析，以期为区域未来可持续发展战略的制定提供理论依据。

6.1.1 攀枝花市人均生态足迹的动态变化

1. 生态足迹估算方法

生态足迹的估算基于两个基本事实：①人类可以确定自身消费的绝大多数资源及其所产生的废弃物的数量；②这些资源和废弃物能转换成相应的生物生产性土地面积[13]。

根据生产力大小的差异，可以将地球表面的生物生产性土地分为 6 大类[14]。①耕地：种植农作物的土地，人类主要消费的各种粮食、油料、纤维等均来自耕地，在各类土地类型中其生产力水平最高。②草地：发展畜牧业的土地，为人类提供各种肉类(牛羊肉)、乳制品及皮毛等。③林地：包括天然林和人工林，主要为人类提供木材等林副产品，同时还具有吸收二氧化碳、调节气候等生态功能。④水域：为人类提供鱼、虾等各种水产品的海域和内陆水域。⑤化石能源用地：用来评估燃烧化石燃料所排放的二氧化碳对生态环境所产生的影响，但这类土地在实际中并未给出，通常在计算生态足迹时用林地来代替。⑥建设用地：为人类提供各种工业、住宅、交通等各种建设活动的土地，而通常建设用地的扩张会导致耕地面积的减少。通过对生物生产性土地类型的分类，可以将人类所消耗的各类生物资源和能源资源转换成相对应的生物生产性土地面积，用来进行生态足迹分析。

在生态足迹的计算中，不同的消费项目被折算成耕地、林地、草地、水域、建设用地和化石能源用地等 6 种生物生产性土地面积。但由于 6 种生物生产性土地的生产力水平不同，需要采用“均衡因子”进行转换。在国内外关于生态足迹的研究中，Wackernagel 等对各类土地均衡因子的估算应用最为广泛。除此之外，世界自然基金会(World Wide Fund for Nature or World Wildlife Fund，WWF)的 *Living Planet Report* 中对生态足迹的研究成果也提供了均衡因子的计算结果(表 6.1)，且在过去几年中，均衡因子仅发生了微小的变化。为了使攀枝花市生态足迹的计算结果能与国内外其他地区进行比较，本节选取被多数学者所采用的 Wackernagel 等所确定的各类土地的均衡因子[15]作为本节研究中生态足迹估算的均衡因子取值：耕地、建设用地为 2.83，林地、化石能源用地为 1.14，草地为 0.54，水域为 0.22。

表 6.1 国外主要均衡因子取值表

土地类型	Wackernagel 等	WWF-2001	WWF-2002	WWF-2003	WWF-2004
耕地	2.83	2.19	2.11	2.21	2.19
林地	1.14	1.38	1.35	1.34	1.38
草地	0.54	0.48	0.47	0.49	0.48
水域	0.22	0.36	0.35	0.36	0.36
建设用地	2.83	2.19	2.11	2.21	2.19
化石能源用地	1.14	1.38	1.35	1.34	1.38

注：“WWF-2001”表示世界自然基金会(WWF)2001 年的计算结果，其余类推。

生态足迹包括生物资源消费和能源资源消费。在生态足迹消费项目的核算中，各种生物资源和能源资源消费项目均按相应的换算比例折算成相应的土地面积。

其中，生物资源消费项目的人均生态足迹 ef_1 计算公式如下：

$$ef_1 = \sum_{w=1}^{4}\left(k_w \sum_{a=1}^{n} \frac{C_a}{Y_a}\right) \tag{6.1}$$

式中，k_w 为第 w 类土地的均衡因子；a 为生物资源消费项目；C_a 为第 a 种生物资源人均消费量；Y_a 为第 a 种生物资源世界年平均产量；w 为 1～4，分别表示耕地、草地、林地和水域。

能源资源消费项目的人均生态足迹 ef_2 计算公式如下：

$$ef_2 = \sum_{v=1}^{2}\left(k_v \sum_{b=1}^{m} \frac{A_b \cdot \beta_b}{ae_b}\right) \tag{6.2}$$

式中，k_v 为第 v 类土地的均衡因子；b 为能源资源消费项目；A_b 为第 b 种能源资源人均消费量；β_b 为第 b 种能源消费项目的折算系数；ae_b 是第 b 种能源消费的全球平均能源足迹；v 为 1 和 2，分别表示化石能源用地和建设用地。

综合生物资源和能源资源的计算，可以得到人均生态足迹的计算公式为

$$ef = ef_1 + ef_2 = \sum_{w=1}^{4}\left(k_w \sum_{a=1}^{n} \frac{C_a}{Y_a}\right) + \sum_{v=1}^{2}\left(k_v \sum_{b=1}^{m} \frac{A_b \cdot \beta_b}{ae_b}\right) \tag{6.3}$$

式中，ef 为人均生态足迹，其余符号的含义同前。

人均生态承载力表示一个地区各类土地类型所提供给人类生活的生物生产性面积。在计算时应扣除 12%的生物多样性保护面积，其计算公式为

$$ec = \sum_{j=1}^{6} a_j \cdot r_j \cdot y_j \times (1-12\%) \tag{6.4}$$

式中，ec 为人均生态承载力；a_j 为实际人均生物生产面积；r_j 为均衡因子；y_j 为产量因子；j 为 1～6，分别代表耕地、草地、林地、水域、建设用地和化石能源用地。

其中，均衡因子的取值同前；而产量因子一般多选用联合国粮食及农业组织(Food and Agriculture Organization of the United Nation，FAO)网站的相关数据[16]：耕地为 1.66；林地为 0.91；水域为 1.00；草地为 0.19；建设用地为 1.66。本节根据产量因子的含义并结合攀枝花市 2000～2014 年的统计资料数据，逐年确立攀枝花市各土地类型的产量因子(根据攀枝花市相关生产数据与全球平均产量比较后计算得到的攀枝花市各土地类型的历年产量因子)。

人均生态赤字或盈余是将人均生态足迹与人均生态承载力结合起来进行比较，可以判定一个区域的人类生产消费活动是否处于承载力的范围之内。其计算公式为

$$ed = ef - ec \tag{6.5}$$

式中，ed 为区域人均生态赤字(盈余)；ef 为人均生态足迹；ec 为人均生态承载力。若 $ed<0$，则为生态赤字；若 $ed>0$，则为生态盈余。

2. 消费项目的划分与数据来源

生态足迹包括生物资源消费和能源资源消费。本书依据攀枝花市经济发展状况及主要

资源的消费情况，选取粮食、蔬菜、植物油、肉类和蛋奶等 13 种生物资源消费项目以及原煤、汽油和柴油等 7 种能源消费项目(表 6.2)。各消费项目的人均消费量以及各土地类型的人均占有面积数据均来自 1995～2014 年的《攀枝花市统计年鉴》。

表 6.2 攀枝花市主要消费项目及所对应的生产性土地类型

消费项目		土地类型
生物资源消费项目	粮食、蔬菜、植物油、茶叶、酒	耕地
	猪肉、牛肉、羊肉、禽肉、禽蛋、乳品	草地
	水果	林地
	鱼类	水域
能源资源消费项目	原煤、汽油、柴油、煤油、煤炭、液化石油气	化石能源用地
	电力	建设用地

3. 攀枝花市人均生态足迹的动态变化

将攀枝花市 1995～2014 年前述 20 种主要消费项目(生物资源消费和能源资源消费)的人均消费量以及各土地类型的均衡因子代入式(6.1)～式(6.3)，得到攀枝花市 2000～2014 年人均生态足迹，计算结果见表 6.3。统计攀枝花市人均生态足迹的构成比例，得到攀枝花市 2000～2014 年各土地类型人均生态足迹结构图(图 6.1)。

表 6.3 攀枝花市 2000～2014 年人均生态足迹变化 (单位：hm^2/人)

年份	耕地	草地	林地	水域	化石能源用地	建设用地	人均生态足迹
2000	0.710	0.528	0.025	0.067	4.155	0.008	5.493
2001	0.689	0.596	0.024	0.083	4.131	0.011	5.534
2002	0.553	0.577	0.022	0.072	4.591	0.011	5.826
2003	0.547	0.551	0.018	0.077	5.090	0.014	6.297
2004	0.555	0.589	0.018	0.077	5.783	0.014	7.036
2005	0.543	0.608	0.018	0.071	5.733	0.017	6.990
2006	0.533	0.609	0.018	0.076	7.155	0.020	8.411
2007	0.540	0.591	0.019	0.089	7.677	0.023	8.939
2008	0.556	0.711	0.024	0.086	7.864	0.025	9.266
2009	0.545	0.701	0.019	0.077	8.187	0.014	9.543
2010	0.492	0.671	0.023	0.084	11.470	0.034	12.774
2011	0.483	0.742	0.021	0.069	12.312	0.037	13.664
2012	0.452	0.735	0.026	0.070	11.328	0.040	12.651
2013	0.477	0.833	0.025	0.080	12.078	0.040	13.533
2014	0.535	0.666	0.019	0.079	12.294	0.040	13.633

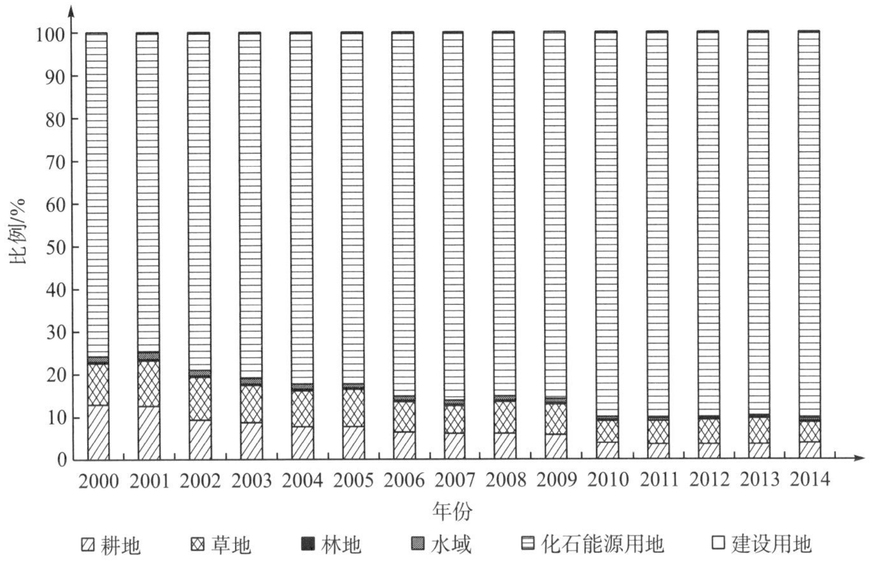

图 6.1　攀枝花市 2000～2014 年各土地类型人均生态足迹结构图

从表 6.3 中可以看出，攀枝花市 2000～2014 年人均生态足迹总体上升较快，从 2000 年的 5.493hm^2/人增长到 2014 年的 13.633hm^2/人，增长幅度达 148.19%。除 2005 年和 2012 年人均生态足迹较上一年略有下降之外，其余年份的人均生态足迹均有所增长，尤其是 2009～2010 年增长最快。各类生产性土地的人均生态足迹变化差异较大：建设用地人均生态足迹增长最快，从 2000 年的 0.008hm^2/人增长到 2014 年的 0.040hm^2/人，增长约 4 倍，除 2008～2009 年有所下降之外，其余年份均呈增长趋势或与上一年持平。化石能源用地的人均生态足迹总体呈增长趋势，从 2000 年的 4.155hm^2/人增长到 2014 年的 12.294hm^2/人，增长幅度达 195.88%，其中 2010 年较 2009 年化石能源用地人均生态足迹增长了 3.283hm^2/人，是这 15 年来增长最快的年份。草地、水域和林地这 15 年来人均生态足迹增减趋势交替出现，但总体上 2014 年草地人均生态足迹较 2000 年增长了 0.138hm^2/人，水域人均生态足迹增长了 0.012hm^2/人。耕地人均生态足迹略有下降，从 2000 年 0.710hm^2/人下降到 2014 年的 0.535hm^2/人，下降幅度达 24.65%。耕地和林地是 6 类生物生产性土地人均生态足迹中出现总体下降趋势的土地类型。

结合表 6.3，从图 6.1 攀枝花市 2000～2014 年各类生物生产性土地人均生态足迹结构比例中可以看出，各类土地人均生态足迹平均构成所占比例由大到小依次为：化石能源用地（84.31%）、草地（7.49%）、耕地（6.78%）、水域（0.92%）、林地（0.25%）、建设用地（0.25%）。其中，化石能源用地人均生态足迹所占比例总体呈增长趋势，且在 6 类生物生产性土地类型中所占比例最高，2014 年其所占比例高达 90.18%。耕地、草地、水域和林地所占比例均有所下降，2014 年较 2000 年人均生态足迹所占比例分别下降了 9 个百分点、4.73 个百分点、0.64 个百分点、0.32 个百分点。建设用地人均生态足迹所占比例略有升高，从 2000 年 0.15%增长到 0.29%。

6.1.2 攀枝花市人均生态承载力的动态变化

1. 产量因子的确定

在生态足迹(生态承载力)的计算中，将某类生物生产性土地的平均生产力与同类土地类型的世界平均生产力进行比较，可以得到该类生物生产性土地的产量因子，其表示区域内各类土地单位面积产量超过或低于世界平均水平的状况[17]。由于各类生物生产性土地的生产力水平会随时间、生产要素等变化而变化，因此每年的生物生产性土地对应一组产量因子。

根据产量因子的含义，并结合攀枝花市2000～2014年的统计资料数据，逐年确立攀枝花市各土地类型的产量因子。耕地产量因子为主要粮食作物的平均产量与全球平均产量相比较，草地产量因子为肉类平均产量与全球平均产量相比较，林地产量因子为主要林产品(水果)平均产量与全球平均产量相比较，水域为水产品平均产量与全球平均产量相比较。表6.4为根据攀枝花市相关生产数据与全球平均产量比较后计算得到的攀枝花市各土地类型的历年产量因子。

表6.4 攀枝花市各土地类型历年产量因子

年份	耕地产量因子	草地产量因子	林地产量因子	水域产量因子	建设用地产量因子
2000	2.00	0.25	1.07	10.66	2.00
2001	2.03	0.26	1.12	11.41	2.03
2002	1.75	0.28	1.00	13.85	1.75
2003	1.97	0.29	1.10	15.64	1.97
2004	1.98	0.31	1.22	17.21	1.98
2005	2.00	0.31	1.17	19.24	2.00
2006	2.02	0.39	1.59	21.95	2.02
2007	2.00	0.41	1.89	29.89	2.00
2008	2.03	0.37	1.91	62.15	2.03
2009	2.05	0.42	2.04	50.85	2.05
2010	1.99	0.44	2.03	57.51	1.99
2011	2.00	0.32	2.1	62.29	2.00
2012	1.90	0.38	2.02	66.07	1.90
2013	1.94	0.45	2.06	65.18	1.94
2014	1.94	0.39	2.03	63.04	1.94

2. 攀枝花市人均生态承载力的动态变化

将攀枝花市2000～2014年各类生物生产性土地的实际人均占有面积及所对应的均衡因子、历年产量因子(表6.4)代入式(6-4)，得到攀枝花市2000～2014年各类生物生产性土地人均生态承载力的动态变化，计算结果见表6.5。

表 6.5　攀枝花市 2000～2014 年人均生态承载力变化　（单位：hm^2/人）

年份	耕地	草地	林地	水域	建设用地	人均生态承载力合计	扣除 12%生物多样性保护面积	人均可利用生态承载力
2000	0.175	0.016	0.566	0.035	0.142	0.934	0.112	0.822
2001	0.172	0.017	0.586	0.038	0.144	0.957	0.115	0.842
2002	0.144	0.018	0.519	0.046	0.129	0.856	0.103	0.753
2003	0.156	0.018	0.564	0.052	0.145	0.935	0.112	0.823
2004	0.157	0.019	0.622	0.057	0.151	1.006	0.121	0.885
2005	0.266	0.019	0.591	0.059	0.153	1.088	0.131	0.957
2006	0.166	0.023	0.798	0.072	0.154	1.213	0.146	1.067
2007	0.164	0.024	0.939	0.092	0.153	1.372	0.165	1.207
2008	0.178	0.022	0.941	0.191	0.161	1.493	0.179	1.314
2009	0.203	0.023	1.002	0.157	0.162	1.547	0.186	1.361
2010	0.203	0.021	1.000	0.177	0.158	1.559	0.187	0.372
2011	0.204	0.016	1.032	0.192	0.164	1.608	0.193	1.415
2012	0.194	0.018	0.993	0.203	0.156	1.564	0.188	1.376
2013	0.203	0.020	1.012	0.201	0.159	1.595	0.191	1.404
2014	0.203	0.017	0.997	0.194	0.165	1.576	0.189	1.387

从表 6.5 可知，攀枝花市人均可利用生态承载力从 2000 年的 0.822hm^2/人增长到 2014 年的 1.387hm^2/人，增幅达 68.73%。从所选年份各类生物生产性土地的人均承载力变化情况来看，耕地、草地，林地、水域、建设用地和人均生态承载力 2014 年较 2000 年分别增长了 0.028hm^2/人、0.001hm^2/人、0.431hm^2/人、0.159hm^2/人、0.023hm^2/人和 0.642hm^2/人。其中，林地人均生态承载力增长较快且所占比例最大，2011 年林地的生态承载力高达 1.032hm^2/人。攀枝花市这 15 年来各类生物生产性土地人均生态承载力平均构成所占比例由大到小依次为：林地（63.01%）、耕地（14.45%）、建设用地（11.89%）、水域（9.17%）、草地（1.48%）。

6.1.3　攀枝花市人均生态赤字（盈余）的动态变化

1. 攀枝花市各土地类型人均生态足迹和人均生态承载力比较

如前所述，将攀枝花市 2000～2014 年各土地类型消费项目的人均消费量代入式（6-1）、式（6-2）和式（6-4），得到各土地类型人均生态足迹和人均生态承载力的变化情况（表 6.3 和表 6.5）。综合表 6.3 和表 6.5 可知，从各类生产性土地类型的人均供需结构上看，除了林地和建设用地 2000～2014 年人均生态承载力高于其人均生态足迹，生态供给能够满足生态需求，供需矛盾不突出之外；耕地和草地的人均生态足迹明显高于其人均生态承载力，生态供需矛盾突出；水域的人均生态足迹和人均生态承载力变化较大，供需结构交替变化。

具体而言，耕地的人均生态足迹在 2000～2014 年有所下降，从 2000 年的 0.710hm^2/人下降到 2014 年的 0.535hm^2/人，但下降幅度较小，且 2014 年较 2013 年耕地人均生态足迹出现了增长的趋势；耕地的人均生态承载力变化幅度较小，除 2005 年以外，其余年份的人均生态承载力在 0.1～0.2hm^2/人变化，人均生态足迹远高于人均生态承载力。草地在这 15 年人均生态足迹除 2014 年有明显下降之外，其余年份均呈现出增长的趋势，最高时达 0.833hm^2/人；草地人均生态承载力变化较小，几乎保持在 0.1hm^2/人以下的水平，其人均生态足迹与人均生态承载力之间的差异随年份的增长有进一步扩大的趋势。由此可见，攀枝花市耕地和草地的资源消耗已经远远超出其承载力的范围，处于生态赤字状态。肉类和乳制品的消费需求的增加，是导致草地生态赤字逐年增长的主要原因。对稻谷、小麦等需求量虽有所减少，导致耕地人均生态足迹有所降低，但作为传统的主要粮食，其需求量仍较大，要改变耕地生态赤字的状态也不容乐观。水域人均生态足迹和人均生态承载力波动较大，2000～2007 年人均生态足迹明显高于人均生态承载力，但 2007 年以后水域的人均生态承载力逐渐增加，均高于生态足迹，其生态由赤字转为盈余，生态可持续状况逐年变好。这主要是由于近年来，攀枝花市积极推进渔业结构调整，扩大水产养殖的生产规模和提升产品的品质，使得水产品的产量大幅增长，水域人均生态承载力逐年提高。

2. 攀枝花市人均生态赤字(盈余)的变化分析

将前述计算得到的攀枝花市 2000～2014 年人均生态足迹(表 6.3)和人均生态承载力(表 6.5)，代入式(6.5)，得到攀枝花市各土地类型人均生态赤字(盈余)的动态变化，其结果见表 6.6。

表 6.6 攀枝花市 2000～2014 年各土地类型生态赤字(盈余)变化表 (单位：hm^2/人)

年份	耕地	草地	林地	水域	建设用地	化石能源用地	人均生态赤字
2000	0.535	0.512	−0.541	0.032	−0.134	4.155	4.559
2001	0.517	0.579	−0.544	0.045	−0.133	4.131	4.595
2002	0.409	0.559	−0.479	0.026	−0.118	4.591	4.988
2003	0.391	0.533	−0.546	0.025	−0.131	5.090	5.362
2004	0.398	0.570	−0.604	0.020	−0.137	5.783	6.03
2005	0.277	0.589	−0.573	0.012	−0.136	5.733	5.902
2006	0.367	0.586	−0.780	0.004	−0.134	7.155	7.198
2007	0.376	0.567	−0.920	−0.003	−0.130	7.677	7.567
2008	0.378	0.689	−0.917	−0.105	−0.136	7.864	7.773
2009	0.342	0.678	−0.983	−0.080	−0.148	8.187	7.996
2010	0.289	0.650	−0.977	−0.093	−0.124	11.470	11.215
2011	0.279	0.726	−1.011	−0.123	−0.127	12.312	12.056
2012	0.258	0.717	−0.967	−0.133	−0.116	11.328	11.087
2013	0.274	0.813	−0.987	−0.121	−0.119	12.078	11.938
2014	0.332	0.649	−0.978	−0.115	−0.125	12.294	12.057

注：负值表示生态盈余。

从表 6.6 可以看出，攀枝花市 2000～2014 年总体人均生态足迹远高于人均生态承载力，其生态一直处于赤字状态，且随着时间推移，生态赤字还将进一步扩大。2000～2014 年人均生态足迹增长迅速，尤其是 2009 年以后，人均生态足迹大幅增长。而人均生态承载力由于其实际生物生产性土地面积历年来变化不大，各类型土地的产量因子波动范围也较小，导致其变化范围基本在 $2hm^2$/人以下。因此攀枝花市人均生态赤字的增长与人均生态足迹的变化具有同步性。人均生态赤字由 2000 年的 $4.559hm^2$/人增长到 2014 年的 $12.057hm^2$/人，增长近 2 倍。2000～2009 年人均生态赤字平稳增长，增长幅度较小，10 年间增长了 $3.437hm^2$/人，平均每年增长 $0.344hm^2$/人。2009 年以后人均生态赤字大幅增长，2009～2014 年这 5 年间增长了 $4.061hm^2$/人，平均每年增长 $0.812hm^2$/人，增幅大增速快。这 15 年来，攀枝花市人均生态赤字达 $8.022hm^2$/人，而全国人均生态赤字为 0.508～$0.725hm^2$/人，明显高出全国平均水平。可见攀枝花市生态需求已经远远超出了生态系统的自然承载能力，生态可持续性较差。

从表 6.6 中攀枝花市各土地类型的生态赤字(盈余)变化表来看，化石能源用地的生态赤字是造成攀枝花市生态赤字的主要原因。攀枝花市作为西南地区典型的资源型城市，由于能源的过度开采和消费，尤其是攀钢作为全国著名的钢铁工业基地，对能源的消费高，产生了较大的生态足迹，其对生态的需求远远超过了生态系统的承载力范围，对生态环境造成严重的影响。耕地和草地所生产的产品类型是人类维持生计的必须消费品，人均需求量高，人均生态足迹较人均生态承载力高。虽随着人民生活水平的提高，人均粮食消费结构发生了改变，粮食消费需求减少，使得耕地人均生态赤字有所降低；而人口对肉类和乳制品的需求增加，导致草地人均生态赤字有所增加。从表 6.6 中可以看出，耕地和草地同样是造成攀枝花市生态赤字的原因。水域随着其生产力水平的提高，人均生态承载力提高，生态状况由赤字转为盈余。同时林地和建设用地对攀枝花市总体的生态赤字有降低的作用，但由于其所占比例较小，不能从根本上改变攀枝花市生态赤字的现状。

6.1.4 小结

通过对攀枝花市 2000～2014 年人均生态足迹、人均生态承载力及人均生态赤字的计算得到以下结论。

(1)攀枝花市 2014 年人均生态足迹较 2000 年增长了 148.19%，增速较快。其中，化石能源用地的人均生态足迹增长最快且所占比例最大，这主要是由于攀枝花市属于典型的资源型城市，以钢铁工业为主的支柱性产业对能源资源的消耗巨大，使得化石能源用地人均生态足迹成为拉动攀枝花市人均生态足迹快速增长的主要原因。与此同时，随着人们生活水平的提高，食物消费结构也发生了改变。粮食的需求量减少，畜牧产品尤其是肉类和乳制品的需求量增多，导致草地的人均生态足迹逐年增长而耕地人均生态足迹略有下降，攀枝花市人均生态足迹结构也随之发生改变。

(2)从攀枝花市人均生态承载力动态变化可知，2000～2014 年人均可利用生态承载力略微增长，从 2000 年的 $0.822hm^2$/人增长到 2014 年的 $1.387hm^2$/人。各生物生产性土地类型的生态承载力均有所增长，其中林地人均生态承载力增长较快且所占比例最大，其次为耕地、水域、建设用地和草地。

(3)根据攀枝花市人均生态足迹和人均生态承载力的估算可知，这15年来攀枝花市处于生态赤字状态，2014年人均生态赤字达12.057hm^2/人，且随着时间推移，人均生态赤字还将进一步扩大。而从各类生物生产性土地面积的生态赤字(盈余)来看，除林地、建设用地及2007年以后水域的生态状况呈盈余外，耕地、草地和化石能源用地都呈现出生态赤字，但耕地的生态赤字随年份变化而逐年减小，草地和化石能源的生态赤字逐年扩大。化石能源资源的高消耗是造成攀枝花市生态赤字扩大的主要原因。如不积极地调整高耗能的产业结构，提高能源利用效率，实现资源的合理利用，生态系统还将进一步遭到破坏。

6.2 基于生态足迹方法的攀枝花市可持续发展评价

6.2.1 基于生态足迹的可持续发展评价指标

生态足迹研究者从生态环境、经济发展等多方面建立可持续发展评价指标来评价区域自然资源的供需情况和可持续发展程度，先后提出了单位万元GDP生态足迹、生态足迹多样性指数、生态经济系统发展能力指数、生态压力指数、生态足迹指数及生态协调度指数等区域可持续发展评价指标[18, 19]。

1. 单位万元GDP生态足迹

单位万元GDP生态足迹(WEF)是区域总人口生态足迹与国内生产总值GDP的比值，该值体现了区域社会经济发展与资源利用之间的关系。单位万元GDP生态足迹的计算公式为

$$\mathrm{WEF} = EF / \mathrm{GDP} \tag{6.6}$$

式中，EF为区域总人口生态足迹；GDP为区域生产总值。WEF的值越大，表明该区域资源利用效率越低；反之，则资源利用效率越高。

2. 生态足迹多样性指数和生态经济系统发展能力指数

学者们在Shannon Weaver公式和Ulanowicz公式的基础上，提出了生态足迹多样性指数和生态经济系统发展能力指数两类评价指标[20]，其计算公式如下。

(1)生态足迹多样性指数(H)计算公式为

$$H = -\sum P_i \ln P_i \tag{6.7}$$

式中，P_i指第i种生物生产性土地类型在总生态足迹中的比例。

生态足迹多样性指数测算第i种生物生产性土地类型在总生态足迹中的比例[21]，即$\sum P_i = 1$；因此，对于既定生态经济系统中生态足迹的分配越接近平等，那么生态足迹的多样性就越高，其稳定性也就越好。

(2)生态经济系统发展能力指数(C)的计算公式为

$$C = ef \cdot H \tag{6.8}$$

式中，ef为研究区人均生态足迹；H为研究区生态足迹多样性指数。

若假定研究区生态足迹恒定，生态经济系统的发展能力与生态足迹的多样性成正比，即该区域的生态足迹多样性指数越高，其生态经济系统的发展能力也就越强[22]。

3. 生态压力指数、生态足迹指数和生态协调度指数

(1) 生态压力指数(ETI)。将区域生态需求与生态供给进行比较，根据其比值能够判定该区域生态环境所受压力的强度[11]。由于生态承载力中没有对应的化石能源承载力，且化石能源具有贸易流通性和气体的扩散性，其产生的生态压力不应仅由当地承担。因此，在计算生态压力指数时通常仅计算耕地、草地、林地、水域和建设用地等可更新资源的生态足迹[11]。计算公式为

$$\mathrm{ETI}=ef'/ec \tag{6.9}$$

式中，ef' 为研究区可更新资源的人均生态足迹；ec 为人均生态承载力。ETI 的值越小，表示生态压力越小，生态环境越安全；反之，则生态压力越大。

(2) 生态足迹指数(EFI)。生态足迹指数指一定区域的生态承载力与生态足迹的差额与生态承载力的比值，能够反映该区域未来可持续发展能力。计算公式为

$$\mathrm{EFI}=\left[\left(EC-EF\right)/EC\right]\times 100\% \tag{6.10}$$

式中，EC 为研究区总生态承载力；EF 为研究区总生态足迹。EFI 的值可以为 0、0＜EFI≤100%或＜0。

(3) 生态协调度指数(DS)。通过人均生态足迹和人均生态承载力，能够衡量区域发展和生态环境之间的协调程度。计算公式为

$$DS=\left(ef+ec\right)/\sqrt{ef^2+ec^2} \tag{6.11}$$

式中，ef 指研究区人均生态足迹；ec 指研究区人均生态承载力；DS 取值为 1～1.414。

6.2.2　基于生态足迹方法的攀枝花市可持续发展评价

本书在生态足迹估算法的基础上，运用可持续发展多指标评价法，通过单位万元 GDP 生态足迹、生态足迹多样性指数、生态经济系统发展能力、生态压力指数、生态足迹指数及生态协调度对攀枝花市 2000～2014 年可持续发展状况进行评价。

1. 单位万元 GDP 生态足迹评价

将攀枝花市 2000～2014 年历年 GDP 和总生态足迹代入式(6.6)，得到 2000～2014 年攀枝花单位万元 GDP 生态足迹的动态变化情况(图 6.2)。从图 6.2 中可以看出，2000～2014 年攀枝花市生产总值总体呈增长趋势：从 2000 年的 114.52×10^4 万元增长到 2014 年的 870.85×10^4 万元，增速快，增幅大，表示攀枝花市经济状况总体呈良好的发展态势，经济水平逐年提高。单位万元 GDP 生态足迹反映了自然资源利用的效率。从图 6.2 中可知，攀枝花市单位万元 GDP 生态足迹逐年递减，从 2000 年的 4.941hm^2/万元下降到 2014 的 1.752hm^2/万元，降幅达 64.54%。这表明在经济增长的同时，攀枝花市对资源的利用率逐年提高，生产方式由粗放转向集约，并向资源的循环利用发展。

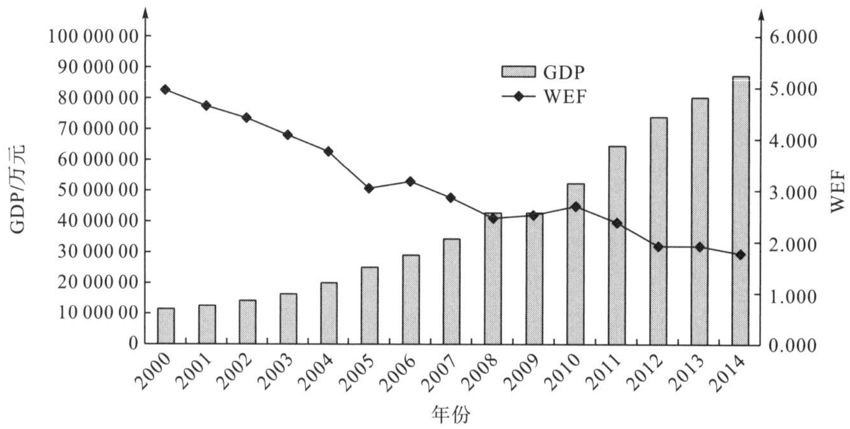

图 6.2 攀枝花市 2000～2014 年 GDP 与单位万元 GDP 生态足迹动态变化

2. 生态足迹多样性指数和生态经济系统的发展能力指数评价分析

将前文对 2000～2014 年攀枝花市人均生态足迹和人均生态承载力的计算结果代入式(6.7)和式(6.8)，可计算得到 2000～2014 年攀枝花市生态足迹多样性指数和生态经济系统的发展能力指数，结果见图 6.3。

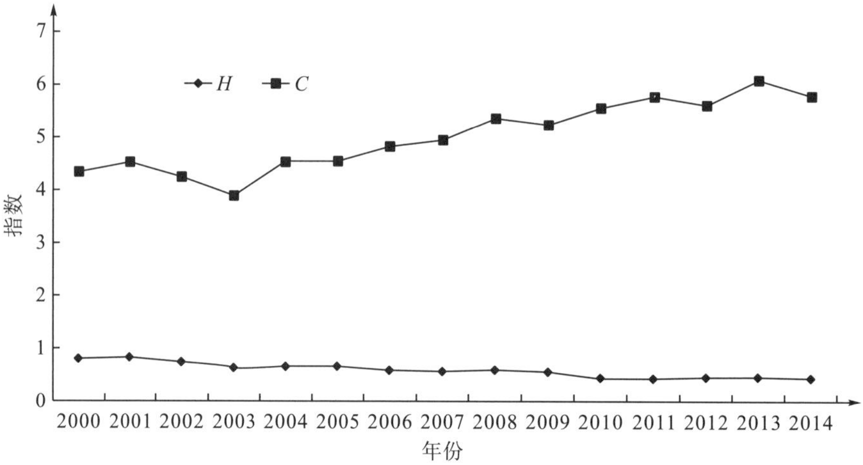

图 6.3 攀枝花市 2000～2014 年生态足迹多样性指数和生态经济系统发展能力指数变化

注：*H* 为生态足迹多样性指数，*C* 为生态经济系统发展能力指数。

生态足迹多样性通过不同土地类型的数量以及生态系统组分的分配状况反映生态足迹的结构特征。从图 6.3 中可以看出，攀枝花市 2000～2014 年生态足迹的多样性总体呈平稳下降趋势，主要在 0.423～0.817 波动，平均生态足迹多样性指数为 0.578。2000～2010 年，攀枝花市生态经济系统多样性指数增减趋势交替出现，变化幅度较大。这说明在这一时期内生态足迹的构成较不合理。2011～2014 年，攀枝花市生态足迹多样性变化较为平稳，基本保持在 0.435 上下波动，说明这 5 年来，生态足迹的构成逐渐趋于合理化，人们的消费需求下降且消费品结构逐渐均衡。

从图 6.3 中可以看出，攀枝花市生态经济发展能力指数在 3.8～6.1 波动，均值为 5.017。除个别年份以外，其生态系统的经济发展能力总体上呈增长趋势。从 2000 年的 4.334 增长到 2014 年的 5.780，2013 年达最大值 6.090，可见攀枝花市 2000～2014 年发展能力不断提高。将生态经济系统发展能力指数与人均生态足迹多样性指数进行相关性分析可以得出，二者呈显著的正相关关系：人均生态足迹多样性指数越高，生态经济系统发展能力指数也越大。这说明区域经济要得到更大的发展，还需要消耗更多的生态足迹，这与现实情况相符，但这样不利于城市的可持续发展。人均生态承载力是有限的，且相对于人均生态足迹来说面积较小。因此要提升攀枝花市生态经济发展，不仅要加强生态承载力的保护，更重要的是通过提高生态足迹的多样性，实现土地利用的多样化和合理化来实现经济的可持续发展。

3. 生态压力指数、生态足迹指数和生态协调度指数评价分析

1) 生态压力指数评价分析

生态压力指数是区域人均生态足迹与人均生态承载力的比值，反映区域生态环境所受压力强度。通过生态压力指数，可以判定攀枝花市发展的安全性和稳定性。将攀枝花市可更新资源的人均生态足迹、人均生态承载力代入式(6.9)，得到 2000～2014 年攀枝花市生态压力指数的动态变化，其结果见图 6.4。从图 6.4 中可知，2000～2014 年攀枝花市生态压力指数总体呈下降趋势，从 2000 年 1.628 下降到 2014 年的 0.965，降幅达 40.72%，尤其是 2000～2006 年下降幅度最大，其 15 年的平均值为 1.219。说明在攀枝花市经济逐年增长的同时，生态环境压力逐年降低，生态环境趋于好转。

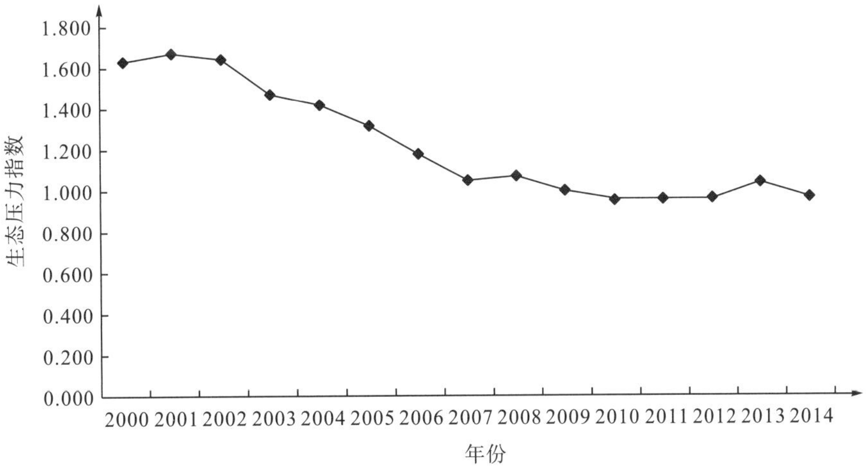

图 6.4 攀枝花市 2000～2014 年生态压力指数动态变化

为更好地评价攀枝花市生态压力程度，本书引用世界各国生态环境和社会经济发展状况制定了生态压力指数等级划分标准[23](表 6.7)，根据生态压力指数计算值对比表中的划分标准，可以得出攀枝花市生态压力等级为：2000～2002 年攀枝花市生态压力处于很不安全状态；2003～2008 年处于较不安全状态；2009～2014 年处于稍不安全状态。从中可

以看出攀枝花市城市发展状况逐年好转。

表 6.7 生态压力指数等级划分标准[23]

等级	生态压力指数	表征状态
1	<0.50	很安全
2	0.51～0.80	较安全
3	0.81～1.00	稍不安全
4	1.01～1.50	较不安全
5	1.50～2.00	很不安全
6	>2.00	极不安全

2）生态足迹指数评价分析

当生态足迹指数（EFI）为 0～100%时，表示生物承载力能很好地支撑生态足迹增长；当生态足迹指数（EFI）=100%时，表示该区域为人类生态足迹很小甚至可以忽略不计的区域；当生态足迹指数（EFI）<0 时，表示该区域的生物承载力不足以支持当地的生态足迹[24]。将攀枝花市总生态足迹和总生态承载力代入式（6.10），得到攀枝花市 2000～2014 年生态足迹指数的动态变化情况，其结果见图 6.5。从图 6.5 中可以看出，攀枝花市生态足迹指数有增有减，生态承载力虽有所增长，但相较于生态足迹而言增长较慢且数值较小（基本维持在人均 1 全球性公顷左右），而人均生态足迹 2014 年达人均 13.633 全球性公顷。因此，攀枝花市 2000～2014 年生态足迹指数一直小于 0，且随着时间推移，从 2000 年的-5.682 下降到 2014 年的-8.829，总体上呈显著的下降趋势，尤其是 2009～2010 年下降最快。同时，2000～2014 年，攀枝花市年均生态足迹指数为-7.06，说明其生态赤字是生态承载力的 7.06 倍，攀枝花市的生态供给不足以支持当地生态需求，区域处于严重不可持续发展的状态。

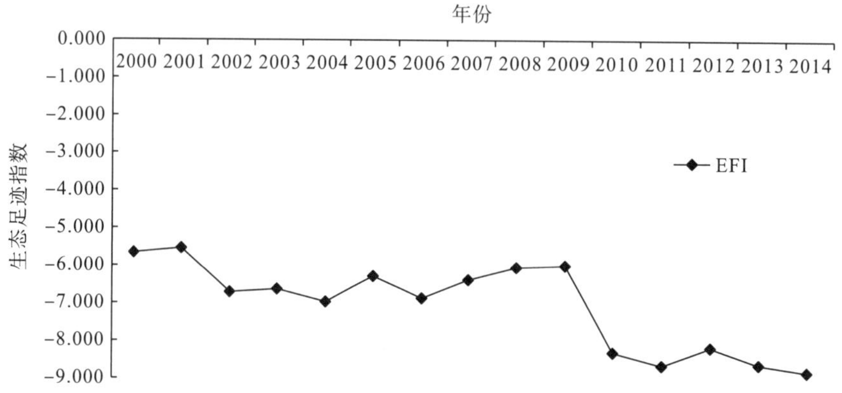

图 6.5 攀枝花市 2000～2014 年生态足迹指数动态变化

3）生态协调度评价分析

将攀枝花市 2000～2014 年人均生态足迹和人均生态承载力代入式（6.11），得到 2000～2014 年生态协调度的动态变化情况，其结果见图 6.6。从图 6.6 中可知，攀枝花市

2000～2014 年生态协调度指数呈波动下降的趋势，从 2000 年的 1.137 下降到 2014 年的 1.096。但总体下降幅度不大，基本维持在 1.10～1.14 波动变化，且多年平均值为 1.117，表明攀枝花市城市生态需求大于生态供给，处于一种生态不协调的状态。

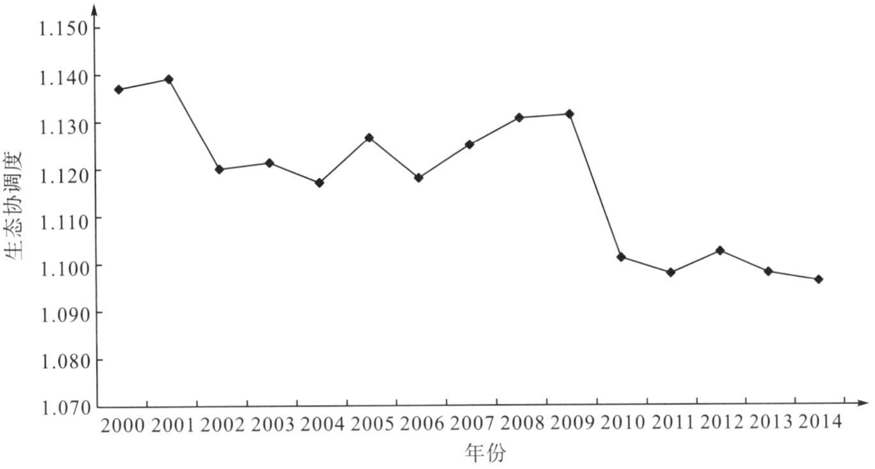

图 6.6 攀枝花市 2000～2014 年生态协调度动态变化

6.2.3 小结

在攀枝花市 2000～2014 年人均生态足迹和人均生态承载力估算的基础上，单位万元 GDP 生态足迹、运用生态足迹多样性指数、生态经济系统发展能力指数、生态压力指数、生态足迹指数及生态协调度等可持续发展评价指标，对攀枝花市城市可持续发展现状进行分析。可以得出以下结论。

(1) 攀枝花市 2000～2014 年单位万元 GDP 生态足迹总体上逐年递减，从 2000 年的 4.941hm^2/万元下降到 2014 年的 1.752hm^2/万元，降幅达 64.54%。这表明在经济增长的同时，攀枝花市对资源的利用率逐年提高，生产方式由粗放转向集约，并向资源的循环利用发展。

(2) 根据攀枝花市 2000～2014 年生态足迹多样性的动态变化来看，其变化趋势由波动下降转变为基本保持平稳。这说明攀枝花市生态足迹的构成逐渐趋于合理化。

(3) 生态经济系统发展能力指数能够很好地反映攀枝花市生态经济系统的发展状况，除个别年份以外，其生态系统的经济发展能力总体上呈增长趋势。可见攀枝花市 2000～2014 年发展能力得到不断的提高。

(4) 2000～2014 年攀枝花市生态压力指数总体上也呈逐年降低趋势，根据生态压力指数等级划分，攀枝花市的生态压力由很不安全状态转变为稍不安全状态，生态压力逐年变好，城市可持续发展状况有所改变。

(5) 但从生态足迹指数和生态协调度指数的变化来看，攀枝花市未来区域的可持续发展能力较弱，随着生态足迹的进一步增大，可能会对城市的未来的可持续发展产生不良的影响，且城市的发展与环境之间的协调指数逐年降低。这说明通过消耗资源来促进城市的发展不利于区域发展的可持续性。

6.3 成熟型资源城市攀枝花市城市脆弱性评价①

脆弱性最早出现在工程领域，20 世纪 70 年代初被引用到自然灾害领域[26-28]，随后又逐渐延伸到社会科学领域[29]。在自然灾害、全球气候变化和生态环境等领域的大量研究，促进了有关脆弱性理论模型、动力机制与评价方法的发展[30,31]。脆弱性评价多采用多指标构建定量模型的方法，逐渐由单一系统分析向关注多重扰动和耦合系统脆弱性分析转变[32-35]。

城市作为一个耦合系统，其脆弱性研究包括内部脆弱性和外部脆弱性两个方面。城市外部脆弱性主要指全球气候变化下的脆弱性和自然灾害脆弱性，城市内部脆弱性包括资源脆弱性、生态脆弱性、经济脆弱性和社会脆弱性[36]。20 世纪 80 年代以来，我国资源型城市衰退引起了学术界的广泛关注。一些学者通过构建脆弱性指标体系[36, 37]，探讨其脆弱性。矿业城市具有独特的生命周期，其经济发展具有典型的资源“路径依赖”及“锁定效应”[39]。而成熟型资源城市作为现阶段我国能源资源安全保障的核心地区，其又处于转型的最佳和关键时期，其脆弱性更需密切关注。本节选取西南山地典型的成熟型资源城市攀枝花市作为研究对象，根据该市实际情况选取相应指标体系，采用层次分析法和多因子综合评价法探讨攀枝花市 2006～2015 年的脆弱性及其动态，并提出相应的应对策略，以期为其转型发展提供理论依据。

6.3.1 攀枝花市城市脆弱性评价方法

本节采用多因子综合评价法构建攀枝花市城市脆弱性评价指标体系，运用层次分析法计算指标权重，最终计算分系统脆弱性指数和城市综合脆弱性指数，并进行脆弱性等级划分。

1. 攀枝花市城市脆弱性评价指标体系及指标选取

现有资源型城市脆弱性评价指标体系尚无统一标准。本节研究在国内学者研究[40-43]基础上，结合攀枝花市实际情况，选取攀枝花市资源、生态环境、经济和社会四个方面共 32 个指标构成攀枝花市城市脆弱性评价指标体系(表 6.8)。

表 6.8 攀枝花市城市脆弱性综合测度指标体系

脆弱性子系统	指标名称	指标单位	指标类型
资源脆弱性	D1 单位 GDP 能耗	t 标准煤/万元	+
	D2 单位 GDP 电耗	kW·h/万元	+
	D3 单位 GDP 建设用地占用面积	m^2/万元	+
	D4 城市人均日生活用水量	L	+
	D5 有效灌溉面积	hm^2	−

① 本节内容主要参考文献[25]。

续表

脆弱性子系统	指标名称	指标单位	指标类型
资源脆弱性	D6 人均耕地面积	hm^2	-
	D7 供水综合生产能力	$\times 10^4 m^3$/日	-
生态环境脆弱性	D8 建成区绿化覆盖率	%	-
	D9 森林覆盖率	%	-
	D10 人口密度	人/km^2	=
	D11 空气质量优良天数比率	%	-
	D12 城市污水集中处理率	%	-
	D13 工业固体废弃物综合利用率	%	-
	D14 生活垃圾无害化处理率	%	-
经济脆弱性	D15 采矿业单位从业人员占比	%	+
	D16 制造业单位从业人员占比	%	-
	D17 第三产业增加值占 GDP 比例	%	-
	D18 规模以上工业企业成本费用利润率	%	-
	D19 规模以上工业企业资产负债率	%	+
	D20 规模以上工业企业产销率	%	-
	D21 R&D 投入占 GDP 的比例	%	-
	D22 科技支出占地方财政支出比例	%	-
社会脆弱性	D23 人口自然增长率	‰	=
	D24 人均 GDP	万元	-
	D25 万人普通中学在校学生数	人/$\times 10^4$ 人	-
	D26 城镇居民恩格尔系数	%	+
	D27 百人拥有国际互联网用户数	户$\times 10^2$ 人	-
	D28 建成区排水管道密度	km/km^2	-
	D29 人均城市道路面积	m^2/人	-
	D30 社会救济对象人数	万人	+
	D31 城镇登记失业率	%	+
	D32 城镇居民社会养老保险参保率	%	-

注：表中指标类型“+”表示正向指标，“-”表示负向指标，“=”表示适度指标，即过大过小均不合理。

攀枝花市作为典型的资源型城市，其资源脆弱性主要体现在资源实际可利用量与利用效率上。因此选取单位 GDP 能耗、单位 GDP 电耗、单位 GDP 建设用地占用面积等指标反映矿产资源及其他能源资源的利用效率。考虑到攀枝花发展农业具有得天独厚的气候条件，采用有效灌溉面积、人均耕地面积反映攀枝花市农业发展的资源支撑情况。同时，分别选取建成区绿化覆盖率、森林覆盖率作为生态脆弱性指标，将测度空气质量优良天数比率、城市污水集中处理率、工业固体废弃物综合利用率及生活垃圾无害化处理率等指标作为人为环境脆弱性的影响因素。

城市经济良性发展不仅体现在经济结构上，还体现在经济效益程度和经济创新程度方面。攀枝花市以矿产资源开采而兴起，采矿业单位从业人员占比代表其支柱产业发展态势；制造业作为攀枝花市现阶段转型的重要产业，其单位从业人员占比变化也表征其产业转型实践情况；第三产业蓬勃发展更是经济结构趋于合理化的重要体现。此外，作为典型工业城市，攀枝花市规模以上工业企业收益、负债、产销等情况体现了城市经济效益主要情况。

影响社会脆弱性的要素主要包括人口及人力资源、城市基础设施、社会保障等。由此，本节选取万人普通中学在校学生数、建成区排水管道密度、人均城市道路面积、城镇居民社会养老保险参保率等指标作为攀枝花市社会脆弱性测度指标。

2. 攀枝花市城市脆弱性评价研究时段与数据来源

攀枝花市建市以来工业企业快速发展，资源开发逐渐从单一矿产资源开发向矿产资源、水能资源、农业资源和旅游资源的多元开发及资源综合利用转变。随着资源开发和区域经济发展，攀枝花市作为资源型城市的问题逐渐显现。总体上讲，攀枝花市 2005 年进入资源综合利用阶段，2006 年进入循环经济发展时期。因此，本节选取 2006～2015 年为研究时段，对该市这 10 年来脆弱性及其动态进行测度研究。

本节研究数据主要来源于《四川统计年鉴》《攀枝花统计年鉴》《中国城市统计年鉴》《攀枝花市国民经济和社会发展统计公报》等。本节研究在同一指标选取上尽量采取统一数据来源，以保持数据一致性。其中，单位 GDP 能耗 2006～2013 年为等价值，2014 年、2015 年数据为 2010 年价格；单位 GDP 电耗及单位 GDP 建设用地占用面积分别利用全社会用电量、城市现状建设用地面积除以 GDP 得到，GDP 换算为可比价；规模以上工业企业成本费用利润率 2006～2008 年数据由全部国有及规模以上非国有利润总额除以成本费用得到；规模以上工业企业资产负债率 2006～2008 年数据采用全部国有及规模以上非国有企业数据；规模以上工业企业产销率 2006～2008 年为规模以上工业销售值除以规模以上工业总产值计算得出；科技支出占地方财政支出比例由《四川统计年鉴》财政支出中科技支出除以财政支出求得；人均 GDP 按可比价进行换算。

3. 数据标准化处理与指标权重确定

1) 攀枝花市城市脆弱性指标标准化处理

本节研究对各类指标数值按正向指标、负向指标和适度指标分别采用研究时段内极大值、极小值、均值进行标准化处理，以消除量纲影响。当指标值越大、脆弱性越大时，则为正向指标。例如，单位 GDP 能耗、单位 GDP 电耗、单位 GDP 建设用地占用面积及城市人均日生活用水量等指标值越大，表示脆弱性程度越大，则为正向指标。当指标值越大，脆弱性越小时，则为负向指标。一些指标按理来说本不是指标值越大，脆弱性越小，而是达到某一水平则为较好状态。但其在研究时段内取值并未达到阈值，则将其视为负向指标，如制造业单位从业人员占比。当指标值在研究时段内过大或过小都不合理时，则为适度指标，如人口自然增长率。正向、负向及适度指标标准化处理公式如下。

对于正向评价指标，值越大，脆弱性越大。其标准化处理公式为

$$x_{ij} = \frac{X_{ij} - \min\{X_{ij}\}}{\max\{X_{ij}\} - \min\{X_{ij}\}} \tag{6.12}$$

对于负向评价指标，值越大，脆弱性越小。其标准化处理公式为

$$x_{ij} = \frac{\max\{X_{ij}\} - X_{ij}}{\max\{X_{ij}\} - \min\{X_{ij}\}} \tag{6.13}$$

对于适度指标，即过大过小都不好，其标准化处理公式为

$$x_{ij} = \frac{2\left|X_{ij} - \bar{X}_i\right|}{\bar{X}_i} \tag{6.14}$$

式(6.12)～式(6.14)中，x_{ij}为第j年第i个指标的标准化后各指标值；X_{ij}为第j年第i个指标的原始数据；$\bar{X}_i$为第i个指标的平均数；$\max\{X_{ij}\}$为研究时段所有j年份第i个指标的最大值；$\min\{X_{ij}\}$为研究时段所有j年份第i个指标的最小值。

2）攀枝花市城市脆弱性指标权重确定

本节采用层次分析法计算分系统与指标权重值，最终均通过一致性检验。其中，各分系统分别赋予权重W_k依次为0.12、0.19、0.42、0.27，一致性检验RI值为0.03。各分系统内指标权重值见表6.9，RI值依次为0.02、0.01、0.02、0.03，均通过一致性检验。

表6.9　攀枝花市城市脆弱性指标权重

子系统	W_k	指标名称	W_i	$W_k \times W_i$
资源脆弱性	0.12	D1 单位 GDP 能耗	0.30	0.04
		D2 单位 GDP 电耗	0.06	0.01
		D3 单位 GDP 建设用地占用面积	0.14	0.02
		D4 城市人均日生活用水量	0.08	0.01
		D5 有效灌溉面积	0.09	0.01
		D6 人均耕地面积	0.21	0.02
		D7 供水综合生产能力	0.13	0.02
生态环境脆弱性	0.19	D8 建成区绿化覆盖率	0.06	0.01
		D9 森林覆盖率	0.04	0.01
		D10 人口密度	0.07	0.01
		D11 空气质量优良天数比率	0.28	0.05
		D12 城市污水集中处理率	0.15	0.03
		D13 工业固体废弃物综合利用率	0.25	0.05
		D14 生活垃圾无害化处理率	0.14	0.03
经济脆弱性	0.42	D15 采矿业单位从业人员占比	0.03	0.01
		D16 制造业单位从业人员占比	0.05	0.02
		D17 第三产业增加值占 GDP 比例	0.12	0.05
		D18 规模以上工业企业成本费用利润率	0.07	0.03

续表

子系统	W_k	指标名称	W_i	$W_k \times W_i$
经济脆弱性	0.42	D19 规模以上工业企业资产负债率	0.26	0.11
		D20 规模以上工业企业产销率	0.20	0.08
		D21 R&D 投入占 GDP 的比例	0.09	0.04
		D22 科技支出占地方财政支出比例	0.18	0.08
社会脆弱性	0.27	D23 人口自然增长率	0.03	0.01
		D24 人均 GDP	0.05	0.01
		D25 万人普通高中在校学生数	0.09	0.02
		D26 城镇居民恩格尔系数	0.12	0.03
		D27 百人拥有国际互联网用户数	0.05	0.01
		D28 建成区排水管道密度	0.08	0.02
		D29 人均城市道路面积	0.14	0.04
		D30 社会救济对象人数	0.07	0.02
		D31 城镇登记失业率	0.20	0.05
		D32 城镇居民社会养老保险参保率	0.16	0.04

注：W_k 表示攀枝花市城市脆弱性各系统的权重，W_i 表示第 i 个指标对于所属系统的权重。

4. 攀枝花市城市脆弱性测度方法

本节研究采用多因子综合评价法测度攀枝花市城市脆弱性。先通过加权求和计算分系统脆弱性，最后求得攀枝花市城市综合脆弱性指数。攀枝花市城市分要素或分系统脆弱性是分要素或分系统下各指标根据加权求和计算得来，其计算公式如下：

$$\mathrm{UVI}_k = \sum_{i=1}^{m} x_i \cdot W_i \tag{6.15}$$

式中，当 k 表示要素时，UVI_k 为攀枝花城市分要素脆弱性指数，k 取值为 1,2,3,…,10；当 k 表示子系统时，UVI_k 为攀枝花市城市分系统脆弱性指数，k 取值为 1,2,3,4，分别表示资源脆弱性、生态环境脆弱性、经济脆弱性和社会脆弱性；m 为要素或分系统包含的指标个数，本节共选取 32 个指标，故 m=32；x_i 为第 i 个指标的标准化取值；W_i 为第 i 个指标对于分系统的权重；分系统中各要素脆弱性指数根据要素包含的指标通过加权求和取得。

攀枝花市城市综合脆弱性是由目标层下各分系统脆弱性根据加权求和取得，计算公式如下：

$$\mathrm{UVI}=\sqrt{\sum_{k=1}^{n} \left(\mathrm{UVI}_k\right)^2 \cdot W_k} \tag{6.16}$$

式中，UVI 为城市综合脆弱性指数；UVI_k 表示攀枝花市分系统 k 的脆弱性指数；k 表示攀枝花市各脆弱性系统；n 为城市综合脆弱性包含的分系统个数，本节将攀枝花市的脆弱性分为资源脆弱性、生态环境脆弱性、经济脆弱性和社会脆弱性 4 个分系统，故 n=4；W_k 为城市综合脆弱性中分系统 k 的权重。

5. 攀枝花市城市脆弱性分级

依据已有研究结果，将攀枝花市城市脆弱性划分为 5 级[39]，依次为低脆弱度、较低脆弱度、中脆弱度、较高脆弱度、高脆弱度(表 6.10)。当脆弱性指数在 0.4 以下时为低脆弱度和较低脆弱度，属于极好状态或良好状态；当脆弱性指数为 0.4～0.6 时，为中脆弱度，属于一般状态；当脆弱性指数大于等于 0.6 时，为较高脆弱度和高脆弱度，属于警戒或危机状态，应采取相应措施。

表 6.10　攀枝花市城市脆弱性综合评价分级标准

	1 级	2 级	3 级	4 级	5 级
脆弱程度	低脆弱度	较低脆弱度	中脆弱度	较高脆弱度	高脆弱度
脆弱性指数	UVI<0.2	0.2≤UVI<0.4	0.4≤UVI<0.6	0.6≤UVI<0.8	0.8≤UVI
表征状态	极好状态	良好状态	一般状态	警戒状态	危机状态

6.3.2　攀枝花市城市脆弱性动态及测度结果分析

将攀枝花市 2006～2015 年 32 个指标数据值分别经过式(6.12)～式(6.14)的标准化处理，再经过式(6.15)、式(6.16)的计算，可以得到攀枝花市城市综合脆弱性指数、分系统脆弱性指数、分要素脆弱性指数(图 6.7)；并利用贡献度、变异系数分析攀枝花市 2006～2015 年脆弱性动态特征及影响因素。

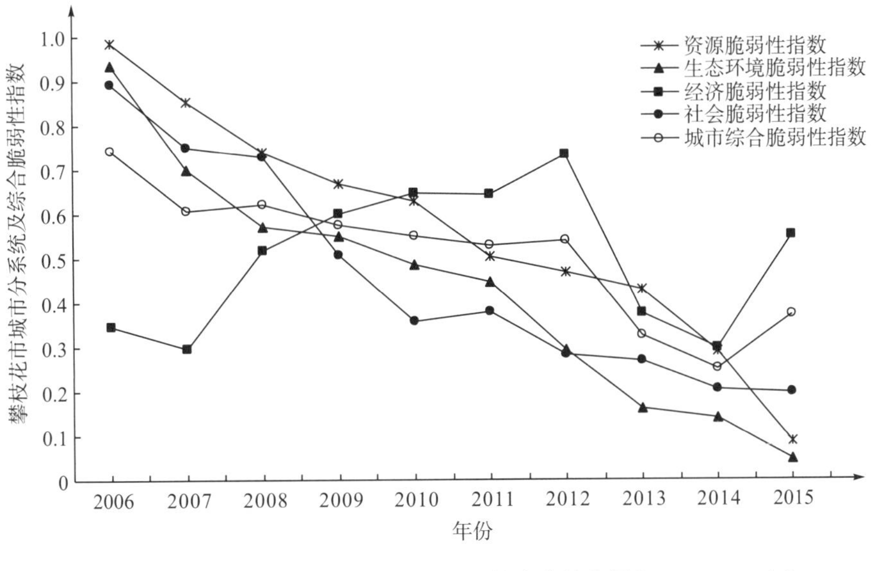

图 6.7　攀枝花市城市分系统及综合脆弱性变化趋势图(2006～2015 年)

1. 攀枝花市城市综合脆弱性演变特征

据图 6.7 可知，攀枝花市城市综合脆弱性指数从 2006 年的 0.74 下降到 2015 的 0.37，总体表明攀枝花市已由较高脆弱度向较低脆弱度过渡。同时，攀枝花市城市综合脆弱性演变大致可以分为三个阶段：总体下降阶段(2006～2009 年)、稳定阶段(2010～2012 年)、波动阶段(2013～2015 年)。在总体下降阶段(2006～2009 年)，攀枝花市城市综合脆弱性指数年均下降 0.07，降幅较大，从较高脆弱度的警戒状态进入到中脆弱度的一般状态。在稳定阶段(2010～2012 年)，攀枝花市城市综合脆弱性指数处于 0.53～0.55，为中脆弱度，城市综合脆弱性指数变化幅度较小。在波动阶段(2013～2015 年)，攀枝花市城市综合脆弱性指数年均波动 0.13，特别是 2013 年较 2012 年其城市综合脆弱性指数下降 0.21，在研究时段内变化幅度达到最大。这一阶段，攀枝花市城市综合脆弱性指数已从中脆弱度进入较低脆弱度，但波动较大。从总体上看，攀枝花市城市综合脆弱性呈下降趋势。

2. 攀枝花市城市脆弱性分系统演变特征

由图 6.7 可知，攀枝花市资源脆弱性、生态环境脆弱性、经济脆弱性和社会脆弱性在数值大小、变化趋势、变化幅度上呈现以下特点。

(1)攀枝花市 2006～2015 年资源脆弱性年均值最大(0.57)，其次为经济脆弱性(0.50)，社会脆弱性(0.46)和生态环境脆弱性(0.43)相对较小。2006～2009 年，攀枝花市资源脆弱性最大，2010～2015 年经济脆弱性逐渐凸显。总体而言，其资源、经济脆弱性较大。

(2)攀枝花市资源脆弱性、生态环境脆弱性、社会脆弱性总体呈下降趋势，而经济脆弱性呈振荡上升趋势。相比 2006 年，攀枝花市 2015 年资源脆弱性总体下降 0.90，生态环境脆弱性下降 0.89，社会脆弱性下降 0.70，经济脆弱性总体上升 0.20。原因在于以单位 GDP 能耗为代表的资源利用脆弱性不断降低，以及由于人均耕地面积后期统计口径变化导致的资源保障脆弱性减少，加之注重和解决资源开发中的“三废”问题使得攀枝花市资源及生态环境脆弱性呈明显下降趋势。同时，随着产业结构不断调整，第三产业发展促进了就业率提高和社会救助人口逐年减少、人均 GDP 逐渐提高，以及城市基本建设的完善也使得攀枝花市社会脆弱性总体呈现持续降低趋势。但是，随着资源管理、环境治理的不断深入，资源、环境问题得到有效控制，而经济脆弱性逐渐凸显，经济转型压力较大。

(3)攀枝花市经济脆弱性年均变化幅度最大(0.13)，资源脆弱性(0.10)与生态环境脆弱性(0.10)持平，社会脆弱性年均变化幅度最小(0.08)。选取变化较大的经济脆弱性进行分析，按式(6.15)计算得到经济脆弱性分要素。据图 6.8 可知，攀枝花市经济效益脆弱性年均值(0.26)、年均变化幅度(0.12)在分要素中达到最大；经济创新脆弱性均值(0.13)次之，年均变化幅度(0.05)与经济效益脆弱性(0.04)差异较小；经济效益脆弱性均值(0.10)最小。经济结构脆弱性指数呈现先升后降的趋势，总体上升 0.02，变化相对较小；经济效益脆弱性与经济脆弱性变化一致，呈波动上升趋势，总体上升 0.38；经济创新脆弱性总体下降 0.20。据图 6.8 可知，攀枝花市在该研究时段内其经济脆弱性由以创新脆弱性为主向以经济效益脆弱性为主转变。

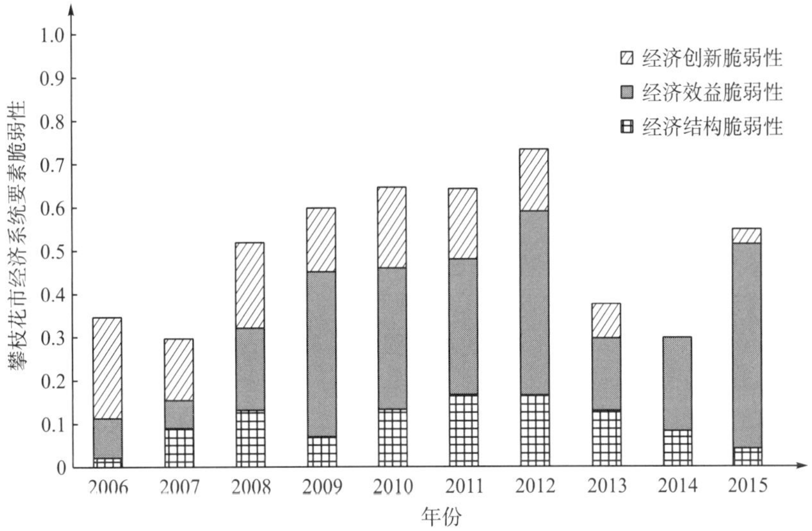

图 6.8　攀枝花市经济系统分要素脆弱性堆积图(2006～2015 年)

3. 攀枝花市城市脆弱性子系统贡献度及影响因素分析

根据各子系统脆弱性对攀枝花市城市综合脆弱性贡献度可知(图 6.9)，攀枝花市社会、资源脆弱性贡献度呈波动下降态势，生态环境脆弱性贡献度逐年降低，而经济脆弱性贡献度由 2006 年的 15.53%上升到 2015 年的 70.03%，呈波动上升态势。2006～2008 年，攀枝花市城市脆弱性以社会脆弱性为主。2009～2012 年转变为以经济脆弱性为主，第二位由资源与社会脆弱性交替出现，各子系统贡献度差异较小。2013～2015 年，攀枝花市经济、社会脆弱性主导作用明显，资源、生态环境脆弱性贡献度较小。这是由于研究时段前期其粗放型资源开采方式导致综合利用率低，资源与环境问题较突出。但由于传统产业占比过高，攀枝花市经济脆弱性逐渐显现，这也给产业转型提出更严峻考验。

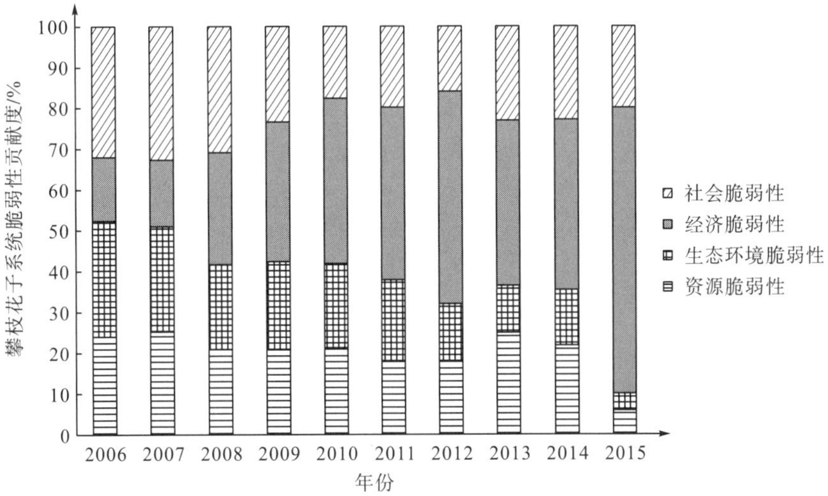

图 6.9　攀枝花市子系统脆弱性贡献度变化图(2006～2015 年)

为进一步分析各指标变动，根据标准值与均值之比求得变异系数(表 6.11)。综合图 6.9 和表 6.11 可以看出，攀枝花市脆弱性子系统具有下列特征。

表 6.11 攀枝花市城市脆弱性指标平均值、变动范围及变异系数(2006～2015 年)

指标名称	平均值	变动范围	变异系数
D1 单位 GDP 能耗	2.32	[1.58, 2.99]	19.32
D2 单位 GDP 电耗	11552.53	[7389.93, 13990.37]	18.37
D3 单位 GDP 建设用地占用面积	73.56	[54.27, 107.86]	24.91
D4 城市人均日生活用水量	205.99	[191.18, 226.89]	5.10
D5 有效灌溉面积	29.40	[25.36, 36.78]	12.43
D6 人均耕地面积	0.04	[0.03, 0.07]	29.58
D7 供水综合生产能力	56.11	[49.26, 64.09]	9.41
D8 建成区绿化覆盖率	40.13	[37.88, 43.81]	5.16
D9 森林覆盖率	59.29	[58.9, 60.03]	0.86
D10 人口密度	164.21	[153.10, 176.00]	5.36
D11 空气质量优良天数比率	90.09	[80.70, 98.90]	5.70
D12 城市污水集中处理率	47.17	[17.77, 93.25]	62.70
D13 工业固体废弃物综合利用率	83.89	[50.41, 99.58]	20.05
D14 生活垃圾无害化处理率	95.03	[86.30, 99.72]	3.93
D15 采矿业单位从业人员占比	7.85	[6.30, 9.84]	13.64
D16 制造业单位从业人员占比	17.29	[14.77, 22.35]	13.37
D17 第三产业增加值占 GDP 比例	22.89	[20.65, 25.17]	7.26
D18 规模以上工业企业成本费用利润率	4.13	[1.23, 8.04]	48.23
D19 规模以上工业企业资产负债率	73.77	[69.65, 79.36]	5.03
D20 规模以上工业企业产销率	97.56	[95.65, 99.94]	1.29
D21 R&D 投入占 GDP 的比例	1.05	[0.81, 1.32]	18.69
D22 科技支出占地方财政支出比例	1.13	[0.50, 1.69]	29.73
D23 人口自然增长率	4.55	[2.74, 6.90]	33.11
D24 人均 GDP	12779.47	[7270.00, 19216.00]	32.22
D25 万人普通高中在校学生数	607.21	[561.00, 635.00]	4.18
D26 城镇居民恩格尔系数	45.51	[35.60, 45.90]	7.16
D27 百人拥有国际互联网用户数	15.40	[6.21, 26.76]	46.23
D28 建成区排水管道密度	9.36	[8.51, 9.98]	5.16
D29 人均城市道路面积	9.85	[8.21, 12.33]	15.52
D30 社会救济对象人数	6.13	[3.83, 7.16]	19.87
D31 城镇登记失业率	3.81	[3.50, 4.40]	8.39
D32 城镇居民社会养老保险参保率	35.30	[20.30, 41.59]	17.97

(1)在资源脆弱性指标中，权重最高的指标单位 GDP 能耗其变异系数达 19.32，单位 GDP 建设用地占用面积的变异系数达到 24.91，这表明攀枝花市资源利用效率显著提高。由于 2015 年统计口径发生变化，人均耕地面积的变异系数也达到 29.58，这使得攀枝花市资源保障脆弱性在 2015 年降幅增大。

(2)在生态脆弱性指标中，建成区绿化覆盖率及森林覆盖率的变异系数为 5.16、0.86，因此其总体变化较和缓。但空气质量优良天数比率(5.70)、工业固体废弃物综合利用率(20.05)、城市污水集中处理率(62.70)、生活垃圾无害化处理率(3.93)所占权重较大。2006 年，攀枝花市工业固体废弃物综合利用率仅 20.05%，这也是攀枝花市 2006 年生态环境脆弱性指数过高的重要原因。由于前期粗放开采带来的环境问题不断引起重视，污染治理程度加大使人为造成的环境破坏得到有效遏制，环境脆弱性降幅也在分要素中达到最大，生态环境脆弱性贡献度也逐年减小。

(3)在经济脆弱性指标中，攀枝花市过分依赖第二产业(2012 年攀枝花市受国际市场矿产资源结构波动的影响，第二产业占比高达 75.86%)，第一、第三产业占比较小，经济结构脆弱性大。2012 年之后，以采矿业、制造业单位从业人员占比以及第三产业增加值占比为代表的经济结构脆弱性逐年下降。以规模以上工业企业成本费用利润率、资产负债率、产销率为评价指标的经济效益脆弱性由于产能过剩影响，国家采取一系列去产能措施，企业经济效益下滑，整体呈波动上升趋势。特别是规模以上工业企业成本费用利润率变异系数达 48.23，规模以上工业企业资产负债率与规模以上工业企业产销率变异系数较小，分别为 5.03、1.29，但所占比例较大。因此，攀枝花市经济效益脆弱性呈波动上升，而经济创新脆弱性下降和缓。攀枝花市一方面积极采取产业转型措施，经济结构脆弱性小；另一方面承受产能过剩、经济下行压力和去产能政策压力，经济效益脆弱性增大。但总体经济下行压力大于经济转型弹性，且经济结构变化幅度在分要素中较小。由此攀枝花市经济脆弱性总体波动较大，这也表明攀枝花市产业转型实践既取得一定成果，但仍需进一步探索。

(4)在社会脆弱性指标中，人口自然增长率、人均 GDP 变异系数为 33.11、32.22。结合表 6.9 攀枝花市城市脆弱性指标权重可知，两者所占权重较小，这使得攀枝花市人类发展指数变化较小。百人拥有国际互联网用户数变异系数达到 46.23，但该指标权重仅为 0.05，对基础设施脆弱性下降和缓的总体趋势影响不大。而社会救济对象人数、城镇登记失业率、城镇居民社会养老保险参保率变异系数依次为 19.87、8.39、17.97，这些指标权重较大，依次为 0.07、0.20、0.16，由此社会保障脆弱性下降趋势明显。因此，社会脆弱性总体呈现出变化幅度较小的趋势。

6.3.3　攀枝花市转型及脆弱性调控措施

综合上述分析，攀枝花市在 2006～2015 年的转型发展中，环境空气质量逐渐转好，环境问题得到有效控制。但随着资源、环境问题得到解决，攀枝花市经济、社会问题日益突出，特别是经济脆弱性在四个子系统中愈发凸显。而社会脆弱性逐渐成为攀枝花市第二大脆弱性系统，需要在转型发展中重视人口发展、基础设施及社会保障措施的完善。因此，未来攀枝花市转型及脆弱性调控可以采取以下措施[44]。

(1)坚持以经济转型为核心，持续推进资源综合开发利用。攀枝花市由于第二产业占比过高，工业依靠少数大规模资源型企业，城市经济与大企业结成“一荣俱荣，一损俱损”的纽带联系[44]。钢铁等资源性产品受外部因素影响大，而煤铁等工业产能过剩导致攀枝花市经济效益脆弱性呈波动上升趋势。本节研究表明，该市脆弱性贡献度逐渐转变为以经济、社会脆弱性为主，这进一步要求攀枝花市加快产业转型。尽管现阶段攀枝花市第三产业对经济贡献较小，但发展潜力巨大，未来攀枝花市应以特色旅游为主，加快以旅游为主的第三产业[45]和制造业等接续替代产业的发展，推进资源综合利用。

(2)进一步加强矿产资源地质勘探，延伸矿山服务年限。攀枝花市作为成熟型资源城市，矿产资源是其发展的重要基础。攀西作为国家重要的矿产资源富集与开发基地，现阶段应加强矿产资源地质勘探科技投入，增加矿产资源探明储量，为矿产资源持续开发提供先行保障；并促进矿产资源、水能资源、农业资源、光能资源及旅游资源的多元开发利用，提高资源保障与利用程度。

(3)统筹区域发展，不断降低社会脆弱性。资源型城市转型升级必须扎根城市所在区域更深层次的社会图景之中，才有可能实现其成功转型和持续发展[46]。攀枝花市市域内部的区域发展差异较大，二元结构特征显著。同时，工业去产能政策使得失业人口增加，社会脆弱性逐渐成为攀枝花市城市综合脆弱性的第二大贡献系统。未来，攀枝花市降低社会脆弱性应进一步加大产业结构调整，扩大产业对劳动力的吸纳能力，加强农村扶贫力度及进一步推进基础设施完善，促进区域协同发展。

(4)强化工业固体废弃物综合利用，进一步加强生态环境建设。攀枝花市2006～2015年污染物治理取得一定成效，生态环境脆弱性呈阶段性下降。但是，该市固体废弃物数量巨大，由此引起的土壤与水体污染风险较大。同时，该市地处干热河谷，环境极具易损性，生态环境建设压力依然较大。因此，未来攀枝花市应加强工业固体废弃物综合利用及生活垃圾无害化处理，加强生态环境建设，促进干热河谷生态向良性方向发展。

6.4 西南地区成熟型资源城市转型升级的生态环境保护长效机制

资源型城市依赖矿产等不可再生资源，依靠“高投资、高消耗、高污染”支撑经济快速增长，往往伴随着严重的环境污染和生态环境保护压力。资源型城市可持续发展引起了国家的高度重视，已成为资源型城市转型的重要任务之一。国内学者就资源型城市转型升级的生态环境保护进行了大量针对具体城市的实证研究和生态环境问题及破解的规范探索，为资源型城市转型升级的生态环境保护提供了理论基础和对策参考。成熟型资源城市是西南地区数量最多的一类资源型城市(该区50个资源型城市中有31个)。成熟型资源城市既是一类正在向衰退型演进、存在资源枯竭与城市衰退等严重潜在问题和威胁的资源型城市，也是一类处于转型最佳时期的资源型城市。在综合有关资源型城市生态环境保护实证研究和理论探索的基础上，本节主要探讨西南地区成熟型资源城市转型升级的生态环境保护长效机制构建。

6.4.1 形成有效衔接的生态环境保护文化体系与制度体系

在生态环境保护的长效机制建立中，既要注重生态环境保护文化体系建设，也要注重生态环境保护制度体系建设，更要注重生态环境保护文化体系与制度体系的有效衔接。

在矿产资源和森林资源开发和资源型城市发展中，绿色发展是前端、环境保护是后端。西南地区在成熟型资源城市转型中应发挥该区特有的少数民族生态环境保护地方文化，加强生态环境保护文化体系建设。通过宣传教育，普及生态环境保护知识、环保规划和设施先行的建设时序、生态环境保护法律和制度等准则，形成良好的生态环境保护氛围。进一步倡导资源节约和环境友好的意识，彻底扭转重工矿生产和经济发展，轻生态环境保护的局面。结合成熟型资源城市所依托的资源类型、地理环境特征和生产工艺现状等，进一步建立健全矿产资源开发环境保护相关地方性法律法规和体系，认真贯彻落实生态环境保护的制度体系，特别是要认真落实生态红线、资源利用上线、环境质量底线，环境准入清单等“三线一单”。做到矿山建设和资源利用前的环境评价、生产中污染物总量与浓度的排污许可、清洁生产与重污染企业强制性审核的全过程监控，对污染物的直排、超排、违排严格执法，使生态环境保护文化体系与制度体系实现有效衔接，并积极开展生态环境风险识别、预防和应急处置的研判，大力推进生态环境保护的制度创新，进一步健全生态安全文化体系和制度体系。

6.4.2 通过政府主导，完善生态环境保护的多主体协同机制

当前随着我国工业化和城镇化的快速推进，环境污染问题和生态治理需求越来越凸显和迫切，区域发展模式开始从单纯的工业经济增长向限制工业增长的生态范式转型。地方政府的发展策略从“发展型战略”向兼顾经济发展与环境保护的“共生者战略”的转型，其行动场域从经济增长到生态环境治理转变，治理策略从增长机器向城市治理联盟转换[47]。地方政府在应对环境治理的战略转型过程中，会受到行政和财权的发包制、监督与激励、横向府际关系的博弈与冲突等三种因素的影响。资源型城市转型实践表明，政府主导是我国资源型城市转型的有效途径。西南地区成熟型资源城市转型中生态环境保护长效机制只有通过政府主导，并注重建立和完善由地方政府、资源型企业、民众等行动主体组成的责任分摊协作体系才是建立生态环境保护长效机制的有效途径。

资源型区域资源损耗与生态环境破坏形成机理研究表明[48]，资源型区域资源损耗与生态环境破坏和物质产品的跨期消费选择密切相关。在物质产品跨期消费偏好的作用下，技术挤出引致高经济增长下的资源快速耗竭，外部性与环境累积弱化了成本内部化机制，功能替代与经济发展效应持续强化着即期消费偏好。因此，从政府角度来看，要高度重视西南地区地处诸多江河上游所具有的环境保护与生态建设重要性，彻底摒弃“GDP 崇拜”的政绩考核机制，构建“绿色 GDP”考核体系。即在经济发展的同时，政府需要放弃传统的高消耗、高污染的经济增长方式，关注生态环境的保护和耗竭性资源价值的补偿与保值，更新理念，推进全社会的技术创新与推广应用，将经济发展中的资源、环境代价降至最低。从企业角度来看，需要矿山企业在开发前、开发中和开发后始终坚持绿色理念。强

化矿业收益管理，消除区域过去“高收入幻觉”。强化矿业收益跨期管理的核心在于构建矿业收益的合理转化与转移机制。要将资源收益用于教育、卫生、基础设施、养老、社会福利、资产投资与分红、区域发展、生态环境保护与治理等方面，不断将自然资本转化为生产性资本、人力资本和社会资本，以保证区域真实财富总量不减。强化生态环境补偿与资源开发后生态修复，平衡跨期生态财富资本存量。

由于对资源型城市可持续发展责任和义务的承担，社会主体不会有显示偏好的主动性，资源型城市必须以刚性的责任追究制度作为主要保障手段，以确保法律规范的“可持续发展”价值真正实现[49]。因此，资源型城市可持续发展的保障策略应当改变传统的以政策为导向的传统路径，代之以法律为主的法治化路径。在资源型城市转型生态环境保护长效机制的责任分摊中，要落实资源型城市或企业属地地方政府的生态环境保护的主体责任、环保部门的监管责任、资源型企业的直接责任。加大对现有矿山企业的监督管理力度，落实各级政府责任。健全生态补偿机制，实行政府主导、市场推进的多样化生态补偿方式。通过市场准入制度设立严格的绿色门槛，加强西南地区成熟型资源城市与周边区域一体化发展和融合发展。提高能源及矿产资源开发利益相关主体的参与能力。加强能源及矿业开发全过程的第三方独立监管。推进资源型城市区域经济政策调整，发展替代产业，并通过地方财政对资源型企业发展的扶持和人员安置，推动资源型产业转型与生态环境保护。

6.4.3 通过技术进步，构建有利于生态环境保护的生态经济和循环经济体系

在西南地区成熟型资源城市转型升级中，建立生态环境保护长效机制的关键是要将产业经济转型与生态环境保护有机融合。因此，该区在推进成熟型资源城市转型升级中，应着重考虑通过技术进步，构建有利于生态环境保护的生态经济和循环经济体系。

在第三章西南地区地级成熟型资源城市转型障碍分析中已知，该区多数地级成熟型资源城市均存在环境保护的障碍，而攀枝花市更是面临数量巨大的固体废弃物障碍；而滇西地区成熟型资源城市又存在发展基础薄弱、生产技术落后的问题。因此，在成熟型资源城市转型发展中大力促进技术进步、发展生态经济和循环经济生产技术对于生态环境保护具有十分重要的作用。具体而言，要在产业体系调整和优化与产业园区建设中通过技术改造，打造合理的生态经济体系，推行生态产业化。一方面，在转型发展中要大力发展绿色替代产业。该区成熟型资源城市在利用其资源优势发展相应替代产业的过程中，要大力优选绿色环保产业(如生态旅游、工业旅游、康养旅游、生态农业、高技术含量的资源产业链延伸产业等)，着力资源型城市产业转型与生态经济和循环经济体系建设。另一方面，要在矿产等资源开发中推进绿色矿业产业发展。在矿产勘查→矿山开采→选矿→冶炼→深加工→消费→回收→排放的反馈式流程中，要通过技术进步减少对矿产资源的消耗，把矿产活动对自然环境的影响降低到尽可能小的程度[50]。通过发展绿色矿业和能源矿产循环经济，推进资源型城市转型。同时，应利用西南地区水能、风能、太阳能和生物质燃料等能源资源优势，通过技术进步促进水能开发，大力发展生物燃料、风能发电和太阳能光伏产业等绿色清洁能源产业。

6.4.4 贯彻分类处理原则，因地制宜地推进成熟型资源城市的生态环境保护

西南地区成熟型资源城市依托的资源类型多样，区位条件、地理环境和地域空间差异明显，发展基础和开发历程不尽相同。因此，必须贯彻分类处理的原则，因地制宜地推进该区成熟型资源城市的生态环境保护。要综合评估成熟型资源城市区位条件、资源优势、资源产业依托的资源类型和产业基础，确定相应的产业转换与产业延伸方向和途径。要根据地理环境限制因素如干旱河谷、岩溶石漠化和高山峡谷等，采取相应的地域开发与国土管控模式和相应的生态环境保护策略。

参 考 文 献

[1] 张乐勤, 陈素平, 荣慧芳. 安徽省池州市 2001～2010 年可持续发展动态测度与分析[J]. 地理研究, 2012, 31(3): 339- 449.

[2] Rees W E. Ecological footprints and appropriated carrying capacity: What urban economics leaves out[J]. Environment and Urbanization, 1992, 4(2): 121-130.

[3] Wackernagel M, Rees W. Our ecological footprints: Reducing human impact on the earth [M]. Gabriela Island: New Society Publishers, 1996: 61-83.

[4] 彭建, 吴健生, 蒋依依, 等. 生态足迹分析应用于区域可持续发展生态评估的缺陷[J]. 生态学报, 2006, 26(8): 2716-2722.

[5] 徐中民, 张志强, 程国栋. 生态足迹的概念及计算模型[J]. 生态经济, 2000(10): 8-10.

[6] 徐中民, 陈东景, 张志强, 等. 中国 1999 年的生态足迹分析[J]. 土壤学报, 2002, 39(3): 441-445.

[7] 张恒义, 刘卫东, 林育欣, 等. 基于改进生态足迹模型的浙江省域生态足迹分析[J]. 生态学报, 2009, 29(5): 2738-2748.

[8] 周静, 管卫华. 基于生态足迹方法的南京可持续发展研究[J]. 生态学报, 2012, 32(20): 6471-6480.

[9] 熊德国, 鲜学福, 姜永东. 生态足迹理论在区域可持续发展评价中的应用及改进[J]. 地理科学进展, 2003, 22(6): 618-626.

[10] 秦耀辰, 牛树海. 生态占用法在区域可持续发展评价中的运用与改进[J]. 资源科学, 2003, 25(1): 1-8.

[11] 赵先贵, 肖玲, 马彩虹, 等. 基于生态足迹的可持续评价指标体系的构建[J]. 中国农业科学, 2006, 39(6): 1202-1207.

[12] 陈晨, 夏显力. 基于生态足迹模型的西部资源型城市可持续发展评价[J]. 水土保持研究, 2012, 19(1): 197-201.

[13] 张志强, 徐中民, 程国栋, 等. 中国西部 12 省(区市)的生态足迹[J]. 地理学报, 2001, 56(5): 599-610.

[14] 郭华, 蔡建明, 杨振山. 城市食物生态足迹的测算模型及实证分析[J]. 自然资源学报, 2013, 28(3): 417-425.

[15] Wackernagel M, Onisto L, Callejas L A, et al. Ecological footprints of nations : How much nature do they use? How much nature do they have? [R]. Commissioned by the Earth Council for the Rio+ 5 Forum. International Council for Local Enviromental Initiatives, Toronto, 1997.

[16] Food and Agriculture Organization of the United Nation. FAO statistical database: Agriculture data [OL]. [2016-04-26].http: //faostat. fao. org/ collectons?version=ext&hasbulk=0&subset=agriculture.

[17] 谭伟文, 文礼章, 沈佐锐, 等. 生态足迹理论综述与应用展望[J]. 生态经济, 2012(6): 173-181.

[18] 刘义军, 卢武强, 李荣. 湖北省生态足迹计算与分析[J]. 华中师范大学学报: 自然科学版, 2004, 38(2): 260-262.

[19] 冯奇, 吴胜军, 蔡述明. 黄石市土地生态承载力分析[J]. 华中农业大学学报: 社会科学版, 2006(1): 38-43.

[20] 熊传和, 杨德刚, 张新换, 等. 新疆生态经济系统可持续发展空间格局[J]. 生态学报, 2015, 35(10): 3428-3436.

[21] 徐中民, 张志强, 程国栋, 等. 中国 1999 年生态足迹计算与发展能力分析[J]. 应用生态学报, 2003, 14(2): 280-285.

[22] 安云娜, 黄义雄, 李会川, 等. 福建省生态足迹动态变化[J]. 福建林业科技, 2008, 35(1): 67-70.

[23] 赵先贵，马彩虹，高利峰，等. 基于生态压力指数的不同尺度区域生态安全评级[J]. 中国生态农业学报，2007，15(6)：135-138.

[24] 吴隆杰. 基于生态足迹指数的中国可持续发展动态评估[J]. 中国农业大学学报, 2005, 10(6): 94-99.

[25] 张梅，罗怀良，陈林. 资源型城市脆弱性评价——以攀枝花市为例[J]. 长江流域资源与环境, 2018, 27(5): 1170-1178。

[26] Kates R W, Amaral D J, Haas J E, et al. Human impact of the managua earthquake: Transitional societies are peculiarly vulnerable to natural disasters [J]. Science, 1973, 182(4116): 981-990.

[27] Turner B L, Kasperson R E, Matson P A, et al. A framework for vulnerability analysis in sustainability science [J]. Proceedings of the National Academy of Sciences of the United States of America, 2003, 100(14): 8074-8079.

[28] 樊运晓，高朋会，王红娟. 模糊综合评判区域承灾体脆弱性的理论模型[J]. 灾害学, 2003, 18(3): 20-23.

[29] 李鹤，张平宇. 全球变化背景下脆弱性研究进展与应用展望[J]. 地理科学进展, 2011, 30(7): 920-929.

[30] 王士君，王永超，冯章献. 石油城市经济系统脆弱性发生过程、机理及程度研究——以大庆市为例[J]. 经济地理，2010，30(3): 397-402.

[31] 李鹤，张平宇，程叶青. 脆弱性的概念及其评价方法[J]. 地理科学进展, 2008, 27(3): 18-23.

[32] 孙武. 波动性生态脆弱带的特征[J]. 中国沙漠, 1997, 17(2): 199-203.

[33] 苏飞，张平宇，李鹤. 中国煤矿城市经济系统脆弱性评价[J]. 地理研究, 2008, 27(4): 907-916.

[34] 徐君，李贵芳，王育红. 资源型城市脆弱性特征及反脆弱性发展研究[J]. 资源开发与市场, 2015, 31(9): 1116-1122.

[35] 赵林，王维，张宇硕，等. 东北振兴以来东北地区城市脆弱性时空格局演[J]. 经济地理, 2014, 34(12): 69-77.

[36] 王岩，方创琳，张蔷. 城市脆弱性研究评述与展望[J]. 地理科学进展, 2013, 32(5): 755-768.

[37] 王岩，方创琳. 大庆市城市脆弱性综合评价与动态演变研究[J]. 地理科学, 2014, 34(5): 547-555.

[38] 高宇. 基于 PSE-C 模型的资源型城市脆弱性评价[J]. 资源与产业, 2014, 16(1): 1-7.

[39] 孙平军，修春亮. 基于PSE模型的矿业城市经济发展脆弱性研究[J]. 地理研究, 2011, 30(2): 301-310.

[40] 方创琳，王岩. 中国城市脆弱性的综合测度与空间分异特征[J]. 地理学报, 2015, 70(2): 234-247.

[41] 顾朝林，甄峰，黄朝永. 江苏省地级市可持续发展能力综合评价研究[J]. 南京大学学报(自然科学版)，2001，37(3)：281-287.

[42] 潘润秋，马骏. 山西省煤炭资源型城市脆弱性分析及其格局变化[J]. 资源与产业, 2016, 18(3): 1-6.

[43] 田亚平，向清成，王鹏. 区域人地耦合系统脆弱性及其评价指标体系[J]. 地理研究, 2013, 32(1): 55-63.

[44] 罗怀良. 攀枝花市资源开发与经济持续发展研究[J]. 资源开发与市场, 2003, 19(6): 381-383.

[45] 王睿，罗怀良，谢传敏，等. 基于偏离-份额分析法的攀枝花市产业结构分析[J]. 资源与产业, 2015, 17(6): 132-137.

[46] 罗怀良. 改革开放以来中国资源(枯竭)型城市转型实践[J]. 四川师范大学学报：自然科学版, 2015, 38(5): 774-781.

[47] 崔晶，宋红美. 城镇化进程中地方政府治理策略转换的逻辑[J]. 政治学研究, 2015(2): 55-68.

[48] 杜彦其，李宏志. 资源型区域资源损耗、生态环境破坏形成机理及其破解——基于跨期消费选择的视角[J]. 河北学刊，2015, 35(2): 125-128.

[49] 杜辉. 资源型城市可持续发展保障的策略转换与制度构造[J]. 中国人口・资源与环境, 2013, 23(2): 88-93.

[50] 潘长良，彭秀平. 关于生态矿业的思考[J]. 湘潭大学自然科学学报, 2004, 26 (1): 132-135.

第七章　西南地区成熟型资源城市转型升级的区域协同对策

7.1　国内资源型城市的区域空间研究综述

经济/产业转型是资源型城市转型的主攻方向或原始动力。改变单一产业结构、选择适宜主导产业，并通过其前后向关联带动相关产业发展的转型思路已成为地方政府和学术界的共识。空间是产业发展的依托与构建载体，而产业则是一定空间内相关联经济活动的聚合。城市不仅作为节点构造区域框架，也作为区域核心主导人口和产业集聚并体现区域特征。一直以来，资源型城市研究较多关注资源、产业和经济发展间的相互关系，而对城市与区域间的共生与互动有所忽视[1]。随着城市化高速发展，我国已经发展到以城市为主导、统筹区域协调发展的阶段[2]，促进区域协调发展成为我国区域发展的重要目标[3]和核心问题。资源型城市转型升级必须要根植于所在区域更深层次的社会图景之中，才有可能实现成功转型和持续发展[4]。从与区域割裂到融入区域，实现城市与区域的协调是资源型城市转型与可持续发展的必然选择[5]。以矿产、森林开发而兴的资源型城市，因资源分布与行政区划等社会经济因素影响其分布并不完全耦合，不同的资源开发模式形成不同的城市模式和城市实体形态，致使资源型城市具有与非资源型城市不同的地域空间。

本书将资源型城市行政辖区以外的宏观区域空间称为资源型城市的域外地域空间，将资源型城市行政辖区称为资源型城市的市域基质空间，将资源型企业或产业集中的城市建成区（城市核心区域）称为资源型城市的实体空间。本节在综述国内资源型城市域外地域空间、市域基质空间和城市实体空间这 3 类区域空间研究进展的基础上，探讨国内既有资源型城市区域空间研究的局限及其展望。

7.1.1　资源型城市的域外地域空间研究

国内外环境、制度变迁、国家与区域战略等内外联动综合推动了 1949 年至今 70 多年来我国的区域经济发展[6]。国内资源型城市的域外地域空间研究涉及资源型城市的区位条件、资源开发与区域发展及区域经济一体化等。

1. 资源型城市的区位条件

社会经济因素与矿产、森林资源分布在空间上并不完全耦合，我国因资源而生的资源型城市在区位选择上常常迁就于资源分布。大量实证研究认为[7-12]，矿业城市的区位偏远，并成为制约其转型和可持续发展的重要因素。以北京、广州、上海等三个区域中心城市为参照，综合时间距离与空间距离的定量区位评价表明[13]：资源枯竭城市存在区位偏远现象，但不同省区、资源类型城市的区位偏远度差异明显——西部地区和森工型城市的区位偏远度最大。

近年来我国高速铁路快速发展，城市区位随着运输方式和参照对象的变化而变化。以省会城市和北京、上海、广州等三个区域中心城市为参照对象，采用时间距离测度高速铁路(动车、高铁)对资源型城市区位的影响研究表明[14]：高速铁路发展恶化了资源型城市的区位，尤以高铁更显著。但也存在资源类型与区域差异：区位改善最明显和恶化最明显的是成熟型资源城市；中部地区资源型城市区位改善最为明显，而西部地区资源型城市的区位恶化最为明显。

2. 资源开发与区域发展

资源型城市的资源开发与区域发展研究主要关注“资源诅咒”及资源开发对区域发展的影响。“资源诅咒”假说[15]的提出引起广泛关注和激烈讨论。国内对资源型城市的“资源诅咒”假说存在两种观点。一是普遍认为资源型城市的“资源诅咒”明显。例如，对中部 36 个地级资源型城市的模型检验[16]，对陕西、山西、内蒙古、宁夏、黑龙江、辽宁和吉林等 7 个典型资源型经济省(区)43 个资源型城市的动态分析(2003～2014)[17]，对东北地区资源型城市的固定效应模型研究[18]和油气资源城市实证模型验证[19]等均表明资源型城市的“资源诅咒”明显。而另一种观点认为资源型城市的“资源诅咒”存在明显的时空差异。例如，对我国东、中、西分区资源型城市的研究表明，中、西部地区资源型城市的“资源诅咒”既有资源依赖的影响，也有地理位置差异的原因；而东部地区并没有“资源诅咒”[20]。通过 2001～2011 年全国 30 个省(区)资源开发型和资源利用型区域基于经济增长维度的对比研究表明[21]，基于资源、经济和环境等多维视角的综合分析认为“资源诅咒”现象显著；而从生态效率视角来看，“资源诅咒”只是表象，相关研究将之归咎于资源丰裕或者资源开发并不恰当；“资源诅咒”的关键是资源利用效率低下。

在国家层面，矿业开采活动的专业化分工和发展加速了国家“核心-边缘”二元结构的演进过程[22,23]。发展动力的资源主导性、发展轨迹的政策指向性、发展模式的高速低质性、发展基础的系统脆弱性是资源型城市的城镇化特征[24]。对新疆[23]、重庆[25]、吉林[26]等地的研究表明，能源矿产开发与城市化水平、产业发展和城市扩展均有很强的相关性。由于工业布局与城市(镇)分布的偏离、单一嵌入式资源开发模式与城市化的偏离、生产与社会组织方式同城市化的偏离等通过影响流动、集聚和创新等基本要素的相互作用，打破了城市化与工业化演进的动力与传导机制，使资源型地区城市化与工业化产生偏差[27]。区位商和弹性系数等是探讨资源型城市资源开发对区域发展影响常用的定量方法。

3. 区域经济一体化

在资源型城市与区域互动中，有关联合生产与资源就地转化的模型研究表明[1]，要推动资源就地转化进而实现产业结构转型升级，资源开采与商品加工的联系要采取地方保护主义；而商品加工与消费的联系则要采取开放的态度，才能适应本地产业结构优化和多元化趋势。在区域经济一体化背景下，资源型城市功能区际协调是提升城市价值和竞争力、促进其转型的有效途径。随着 2006 年国家开始实施以城市群为载体的区域空间战略，城市带(群)引起广泛关注。兰(州)白(银)经济圈及区域联动[28]、皖江城市带[29]、个(旧)开(远)蒙(自)城市群[30]、攀枝花市及攀(枝花)西(昌)战略资源创新开发试验区的产业布局与延伸 [31]和行政区划调整[32]与多层次域外地域协同途径[33]等受到重视。区域经济一体化研究多采用基于“中心带动”理论的人口、GDP 和空间距离的经济联系引力模型[28]等定量方法。

区际协调需要促进城市跨行政区的整合(远程耦合与互动),打造区域经济合作体,弱化影响要素流动的行政界限。宏观视角的城市节点组织模式有节点均衡成长、首位定向成长、单核多点融合和都市连绵区等,中观视角的跨区域经济协作(城市一体化)城市空间组织模式有遥望互动、节点生长等[34]。而级化的城市行政管理体制使我国不同行政等级的城市拥有不同的获取资源分配权限[35]。区际协同需要通过上级政府协调、城市间协作及城市自身拓展等途径。跨界经济协作与治理、城市一体化乃至城市群形成与发展均需要建立健全相应的组织协调机构和机制,如联系会议制度,协作联动机制的大都市区政府、双层制政府和区域管治等。改善资源型城市经济的孤岛效应、拓展区域协同的有效途径有实施区域一体化协作、加强交通设施建设等[33]。

区域经济一体化的实现程度,终归会受到地方利益或行政体制的制约。行政主体利益取向不同,难以形成自主整合与成长机制,严重影响工作效率和一体化进程[36]。行政区划调整可有效扩大资源型城市的经济腹地,将资源型城市逐步转变为区域中心城市[37],推动资源型城市所在区域的经济协作[31]与区域一体化。例如,安徽将安庆市枞阳县划归铜陵市、将六安市寿县划归淮南市等[37],就是为解决资源型城市经济发展空间不足、缺乏发展腹地和空间的问题。此外,具有优势互补和产业关联突出特征的“飞地经济”[38]采取跨越空间的行政管理和经济开发战略,能突破原有体制或机制限制,最终实现两地资源互补和互利共赢。当然,在区域协作与一体化进程中,资源型城市应通过差异定位与错位发展来获得机遇。

7.1.2 资源型城市的市域基质空间研究

资源型城市的市域基质空间受制于资源开发,形成资源型城市独特的产城模式、市域基质空间区域特征和市域基质空间发展模式等。

(1)资源型城市的产城模式。资源型城市的形成往往具有突发性。资源与产业规模、距离、生态、经济、社会等因素均影响资源型城市的产城模式。其中,规模因素是基础,生态是前提,距离与经济因素是关键,而社会因素则是保障。受矿产资源规模及资源转化产业规模等影响,资源型城市主要有 3 种产城模式[39]:移动城镇(资源分散、短期开采),通勤(缘矿建镇的“长距离通勤模式”[40],工人规模小、矿业生命周期较短或现有城镇与矿区较近)和兴建新城镇(资源与产业规模大)。移动城镇一般难以发展成资源型城市,只有通勤和兴建新城镇两种产城模式可以发展为资源型城市。

大型资源开发区基本选择后两种模式形成有依托和无依托两类资源型城市。通勤模式形成有依托的资源型城市,而通勤时间是关键。欧美百万以上人口城市的平均上班时间为 27 分钟[41],30 分钟成为通勤时间适宜性的分水岭。在我国地级矿业城镇中,依托原有城镇发展起来的矿业城镇所占比例不到1/3，而无依托新兴矿业城镇所占比例则高达79%[42]。大庆、焦作、东营、盘锦、白银、六盘水、攀枝花和克拉玛依等就是典型的无依托（“先矿后城”）新兴资源型城市。而有依托资源型城镇在一些条件比较艰苦的地区比较多见。

(2)资源型城市的市域基质空间区域特征。资源型城市的城市建设一直受到“基地建设”模式的干扰[25]，资源开发基地只是一个生产区，受多种因素制约而导致城市服务功能不完善。受资源型经济的锁定效应、黏滞效应和挤出效应作用，以及传统计划经济体制下垂直分工体系、产业地域分工、产品价格机制、资源开发体制等因素作用形成的强化效应，致使资源型城市在区域城镇空间格局上具有典型的嵌入特性。“空间嵌入”是我国资源型城市区域空间格局的一种典型特征。三线建设时期，在传统农业社会地区发展起来的资源型城市(如攀枝花和六盘水等)，其“空间嵌入”尤为突出，往往成为所在区域的“飞地”。

“空间嵌入”使资源型城市与其所在区域之间的联系薄弱，高度城市化的中心市区与低水平城市化的邻近区域之间存在典型的嵌入式二元结构特征[43，44]。这种嵌入式城乡二元结构及差异常采用泰尔指数、生产活动梯度指数和分离系数等定量指标进行测度。

(3)市域基质空间发展模式。资源型城市在发展过程中形成的城镇体系主要有中心地体系(极核式空间开发)、轴带体系(点-轴式空间开发)和圈层体系(网络化空间开发)等空间开发与结构形式[45]。但不同资源条件和地理环境下的城镇空间体系也不尽相同。东川的实证研究表明[46]，现有的空间发展理论模式对西南中高山地区的开发实践并不完全适用；西南山地资源型城市应依据其地域空间实际，以山地自然生态为约束，严格整体均衡的地域空间管制，探索跃迁式“点状”开发，重点发展山地自然生态友好型产业。为解决资源型城市基质空间的城乡发展问题，以行政边界为规划区界限的全域城乡规划[47，48]是一种基质空间发展规划的新形式。全域规划主要包括多规融合、城乡统筹或城乡一体化(统筹与整合土地、人口、产业和生态等全要素)和全域空间规划(空间全覆盖)[49]。

7.1.3 资源型城市实体空间研究

国内资源型城市实体空间研究以城市实体空间结构及其演化、城市实体空间重构和资源型城市的“市矿系统”为主。

1)城市实体空间结构及演化

国内资源型城市实体空间格局或形态及演化研究多以煤炭城市为主进行个案研究，常采用历史回归演绎法、空间定量分析法、数理统计法与空间扩散模型等定性与定量相结合的方法。历史回归演绎法主要通过梳理不同时期的城市空间演变文献资料及实例(规划文献、图件与发展资料等)，总结资源型城市各时段扩展模式的变化[50]。空间定量分析法则借助 GIS 软件，进行城市拓展速度和强度、空间句法分析(如集成度)、城市空间效率、中心城区形状指数、城市紧凑度及分形维数、等扇分析及城市空间竞合、空间布局评价等空间计量方法，探讨资源型城市的空间格局与演化模式[51-54]。数理统计法通过回归模型进行城市规模预测，而空间扩散模型则模拟城市空间扩展影响因子的时空动态并判断城市空间扩展趋势[55]。

城市实体空间格局是城市发展的直接表象和经济活动载体。城市发展带来城市实体空间格局的集聚与扩散，城市实体空间结构的优劣又影响城市功能实现。大量实证研究表明：资源赋存条件和自然环境因素客观上决定了资源型城市的外部空间形态结构，其城市空间结构形态多表现出明显的松散性和演化的无序性。资源型城市实体空间形态有分散布局和相对集中两种，布局分散为多数资源型城市的空间结构[56,57]。分散布局的资源型城市又多以一城多镇的实体空间结构为主，如阜新、大同等；而受地形限制、条块分割或分散开发历史的影响，又多形成多中心组团式的实体空间结构，如淮南、六盘水和攀枝花等。相对集中的资源型城市实体空间结构也不同于一般的综合性城市的集中连片发展，而是由若干个很近的城镇组成；总体上这类城市由集中型空间结构逐步向多中心的实体空间结构演化，如抚顺、自贡等。

完整的资源型城市发展过程为“资源产业经济—新型制造业—综合性经济”。初期资源产业经济主导城市实体空间发展，城市实体空间结构随城市职能升级而演变，空间作用呈现集聚与分散的交替。对应资源型城市整体演进过程，其实体空间结构也呈现出“资源产业经济的点状离散—新型制造业的分区极化—综合性城市的多组团圈层”的阶段性特征[58]。但不同地域、不同资源类型、不同发展阶段的资源型城市的实体空间特征和演化又具有显著差异性。在资源型城市成长、成熟、枯竭和再生的不同阶段，其城市实体空间发展呈现出由外部迅速扩展向矿区生态修复、产业用地升级的模式演变，其核心问题也由设施配套不足与用地蔓延转变为生态环境破坏与用地重组[59]。

2）城市实体空间重构

空间生长理论认为，城市实体空间扩张和演化是资本要素在地域上的空间效应，实质是产业结构所产生的空间效应。资源型经济是资源型城市形成和发展的引擎，也是城市实体空间结构变化的主要推动力量。随着资源型城市转型发展和产业水平的提升，产业由分散转向集中，其城市实体空间将逐步转向相对集中的发展模式[60]。国外资源型城市实体空间重构主要有飞跃型（加强对外联系，如建立新兴产业集群的美国休斯敦），转型型（矿业和非矿业同时发展，产业结构不断优化，如德国鲁尔工业区），告别型（脱胎换骨式的转变，如法国洛林）和复兴型（技术革新，发展新兴产业，如美国匹兹堡）等。借鉴国外发展模式，国内学者提出创建企业创业园或产业基地作为转型的实体空间载体，重点关注构筑对外交通联系以提升区位条件；改变物质经管实现文化转型，综合国土整治与城市转型，有效利用衰退矿区遗留土地和污染闲置场地等策略[61]。在城市实体空间优化中要充分重视产业发展与城市实体空间发展的互动、产业转型与文化遗产资源的关联，以及区域生态体系的构建和完善等 3 个突出问题[54]。尽可能充分利用已有城市实体空间的紧凑型城市是结束城市蔓延危害的有效方法[48]，一些国家将紧凑城市策略作为城市规划标准。构建符合区域实际的紧凑型资源城市实体空间发展模式也成为国内共识[56,62,63]。此外，新区建设也是资源型城市实体空间重构的重要途径之一[64]。

3）资源型城市的“市矿系统”

由于资源型城市产业结构的特殊性，城市和资源型企业分别建构了各自的独立系统，二者同属同一地理单元，形成独特的城市系统与资源型企业系统，即“市矿系统”[65]。资源型城市实体空间优化依赖“市矿系统”的协调。无依托资源型城市的“市矿系统”往往具有“一城一企、企业办社会、政企合一”三个特点。在计划经济体制下，“企业办社会”衍生了以资源型企业为主体的城市经济圈和以行政为主体的城市政治圈两个城市管理主体。为解决企业责任与社会冲突[66]，耦合资源型城市的“市矿关系”，上级政府应在宏观层面提供保障和引导，城市在中观层面实施支持和规划，企业在微观层面积极参与[67]。其中，城市政府是主导力量和主要责任者，既应发挥城市转型和城市实体空间优化的主导作用，还应担负协同相关利益主体的作用；作为技术和人力资本载体的企业应着力于产业转型选择和生产工艺技术创新；新企业的市场进入能够驱动新技术扩散，进而提升地区贸易结构和促进经济增长[68,69]。

7.1.4 国内资源型城市地域空间研究的局限与展望

1. 国内资源型城市地域空间既有研究的局限

国内资源型城市地域空间的大量研究为其转型发展提供了有力的理论支撑，但既有研究尚存在诸多局限。

(1)以个案实证分析为主，缺乏规范的系统理论探索。既有研究多以某一资源型城市为案例，借鉴国外理论(如资源型城市生命周期[70]、“资源诅咒”、城市缝合理论、企业家型城市理论[71]、城市收缩[72]等)进行实证分析；缺乏资源类型、产业规模等级、区位环境差异等地域空间系统的分类与比较研究。虽然既有研究都有一定理论依据与现实价值，但缺乏资源型城市区域空间演化机制与城市转型协同的理论探讨，尤其缺乏立足国情的多元主体(多层级政府、资源型城市、资源型企业及公众)参与的区域空间发展(域外空间协同、市域基质空间协调和实体空间重构)探索。

(2)空间尺度研究单一，缺乏多空间尺度综合嵌套研究。资源型城市发展受域外地域空间、市域基质空间和城市实体空间等多重尺度空间影响，而市域基质空间又可划分为城市(镇)体系(城市作为“点”)和城乡关系(城市作为“面”)两个层次[73]，城市实体空间还涉及独特的“市矿系统”。既有研究多聚焦于城市实体空间，而对市域基质空间和域外地域空间有所忽略，鲜有对资源型城市区域功能的多尺度综合嵌套研究。此外，就行政级别而言，既有研究主要关注尺度较大的地级资源型城市，对尺度较小的县级资源型城市关注较少，更少涉及独立工矿区[74]；也缺乏不同级别行政主体、城市内不同利益相关主体等与资源型城市区域空间演化的互动、共生与协同研究。

(3)以短尺度静态实证、定性分析为主，长尺度动态定量、动态探索不足。既有研究多以某一时点或时段的资源型城市区域空间静态实证分析为主，长尺度时间的动态分析不够。研究方法也偏重定性分析，空间信息技术的使用以及相关数学模型的定量研究较缺乏。资源型城市产业与空间发展受多种因素的综合制约，短时间尺度的静态定性研究难以揭示其演变规律和发展机制。

此外，国内既有资源型城市地域空间研究多聚焦于核心区域(实体空间)或资源产业集中区域产业转型和城市空间结构优化的实证研究；多聚焦于资源型城市间的差异比较，而对资源型城市的地域空间特征及城市与区域的互动关注不够。对于资源型城市特殊的市矿系统，较多关注中央政府对资源型城市转型的主导作用，而对与资源型城市转型相关联的上级政府、城市本级地方政府、城市内部各级政府、企业与市民公众等多级转型主体(特别是企业与公众)的作用有所忽略。资源型城市转型分类研究也多以资源枯竭型城市和不同资源类型城市居多，而对成熟型资源城市和不同地域类型资源城市(如山地资源型城市)等的研究明显不够。

2. 国内资源型城市地域空间研究展望

针对国内既有资源型城市地域空间研究的局限，今后应围绕资源型城市的国土空间管控、多空间尺度嵌套综合研究、产业转型和实体空间重构协同开展研究。

(1)探索立足国情的资源型城市国土空间管控理论。改变长期以来"重发展类规划、轻空间类规划"的观念，立足国情与资源型城市市情，探索其区域空间的国土空间管控理论。地域功能、区域空间结构和资源环境承载力是国土空间管控的科学基点[75]。针对资源类别、产业规模等级、城市发展阶段和区域环境等分类探讨资源型城市地域空间结构及演化驱动机制、国土开发强度和资源环境承载力的时空耦合等。探索通过功能管控和空间管控，形成生态、农业和城镇等三类空间有序分布的资源型城市国土空间开发格局。

(2)加强不同尺度区域空间的嵌套综合研究。开展域外地域空间、市域基质空间和城市实体空间等多尺度城市区域空间综合嵌套研究，进行资源型城市转型与空间优化模式的创新探索。加强资源型城市域外空间协同、市域基质空间协调研究，更多关注小尺度县级资源型城市与独立工矿区。特别要重视"行政区经济"背景、"城市收缩"等趋势下的资源型城市空间发展模式探讨。

(3)强化资源型城市产业转型与实体空间重构协同探索。在城市区域化、区域一体化背景下，要将资源型城市产业转型与城市实体空间重构有机结合，应注重两者的协同、共生与发展。在追踪长时间尺度资源型城市实体空间演变的基础上，因地制宜探索产城分离、合理功能分区的实体空间重构途径与对策。特别要加强 3S 技术等空间定量技术及数学模型的开发与应用，提高实体空间重构与产业转型协同研究的精度和适用性，使技术更好地服务于资源型城市转型与空间重构的协同实践。

7.2 西南地区资源型城市区域空间特征

如本书第二、第三章所述，中华人民共和国成立后，我国资源型城市主要兴起于计划经济时代的"一五"时期和三线建设时期。其中，三线建设极大地促进了西南地区资源型城市的发展。考虑到当时西南大三线建设的范围，本节中的西南地区仍指四川、云南、贵州和重庆 4 省(市)。资源型城市的界定因研究时点及判定标准的差异而有不同的认识。此处仍以 2013 年国务院发布的《全国资源型城市可持续发展规划(2013—2020 年)》所确定的 262 个资源型城市为准，西南地区共有资源型城市 50 座。

本节通过区位偏远度计算方法和历史回归演绎法探讨西南地区资源型城市的域外地域空间特征、市域基质空间的区域空间特征及城市实体空间的类型。

1) 区位偏远度计算方法

资源型城市工业产品主要考虑铁路运输。参考相关文献[13,14]，资源型城市区位偏远度以省级行政中心城市为参照，通过城市间最短时间进行综合计算。

具体来讲，以某一城市到其省级行政中心城市列车运行的最短时间(h)作为时间距离(T_{ij})。T_{ij} 的计算考虑直达列车和中转列车两种情形[13]：

$$T_{ij}=\min\left\{T_{ij}^{0},\left(T_{ik}+T_{kj}\right)\right\} \tag{7.1}$$

式中，T_{ij} 为两城市间直达列车运行的最短时间，即时间距离；T_{ij}^{0} 为两城市间通过一次中转运行的最短时间；T_{ik}、T_{kj} 分别为城市 i、j 到中转城市 k 的运行时间。

在时间距离计算的基础上，以省级行政中心城市为参照对象，综合省区内地级市到省级行政中心城市的时间距离，先计算省内地级城市到省级行政中心城市的平均时间距离，再用同省资源型城市到省级行政中心城市的时间距离与该省地级城市到省级行政中心城市的平均时间距离进行比较，得出资源型城市区位偏远度[14]：

$$\alpha_i=T_i\Big/\left(\frac{1}{n}\sum_{j=1}^{n}T_j\right) \tag{7.2}$$

式中，α_i 表示第 i 个资源型城市到省级行政中心城市的区位偏远度(当 $\alpha_i>1$ 时，第 i 个资源型城市区位偏远；反之亦然)；T_i 表示第 i 个资源型城市到其省级行政中心城市的时间距离；T_j 表示资源型城市所在省的第 j 个地级市到其省级行政中心城市的时间距离；n 表示该省地级市的个数。

2) 历史回归演绎法

历史回归演绎法主要通过梳理不同时期城市空间演变的规划文献、图件与发展资料等文献资料及实例，总结不同时段资源型城市扩展模式变化[50]。本书通过查阅西南地区典型资源型城市、三线建设研究文献和相关城市政府网站资料等，总结西南地区资源型城市的域外地域空间、市域基质空间和城市实体空间特征及演化，并依据城市实体空间与山地地形相关位置等概括城市实体空间结构或组合类型。

7.2.1 西南地区资源型城市的域外地域空间特征

据 2019 年 6 月全国旅客列车运行图，获取该区地级市和资源型城市到其省级行政中心(成都、重庆、昆明和贵阳)的最短运行时间，利用式(7.1)和式(7.2)计算资源型城市区位偏远度(表 7.1)。从表 7.1 可以看出，西南地区资源型城市的域外地域空间具有以下特征。

表 7.1　西南地区资源型城市区位偏远统计

省(市)	平均区位偏远度	区位偏远度范围	区位不偏远城市	区位偏远城市	没有铁路连接或不开行旅客列车的城市
四川省	1.44	0.36～4.59	广安市(0.83)、自贡市(0.58)、广元市和南充市(0.57)、雅安市(0.36)	攀枝花市(4.59)、凉山彝族自治州(3.45)、达州市(1.03)、华蓥市(1.01)	泸州市、阿坝藏族羌族自治州、绵竹市、兴文县
重庆市	1.35	0.27～3.30	垫江县(0.47)、荣昌县(0.27)	秀山土家族苗族自治县(3.30)	铜梁区、城口县、奉节县、南川区、万盛经济开发区、云阳县
云南省	1.28	0.27～3.03	楚雄彝族自治州(0.43)、曲靖市(0.27)	昭通市(3.03)、丽江市(1.38)	保山市、普洱市、临沧市、安宁市、开远市、晋宁县、新平彝族傣族自治县、兰坪白族普米族自治县、马关县、个旧市、易门县、东川区、香格里拉市
贵州省	0.85	0.14～2.38	万山区(0.96)、开阳县和遵义县(0.45)、黔南布依族苗族自治州和安顺市(0.28)、修文县(0.14)	黔西南布依族苗族自治州(2.38)、松桃苗族自治县(1.36)、六盘水市(1.28)	毕节市、清镇市

注：数据截至 2019 年 6 月。

(1)该区资源型城市区位整体偏远，且省(市)之间差异明显。西南地区资源型城市平均区位偏远度为 1.19。该区资源型城市的平均区位偏远度排序为：四川(1.44)＞重庆(1.35)＞云南(1.28)＞贵州(0.85)，四省(市)之间区位偏远度差异明显。从总体上讲，除贵州外其余省(市)资源型城市区位整体较偏远。这主要与矿产、森林资源分布的地域性特征及该区开发的特殊历程(三线建设等)有着密切关联。

(2)资源型城市区位偏远度大的省(市)，其内部区位偏远度差异越大。西南四省(市)资源型城市区位偏远度的极差(最大值与最小值之差)排序为：四川(4.23)＞重庆(3.03)＞云南(2.76)＞贵州(2.24)。其中，值得注意的是四川省资源型城市区域偏远度最大且极差也最大。受地形起伏、空间位置和交通线路影响，该省的攀枝花和西昌等市的区位也尤为偏远。

(3)西南地区仍有 52%的资源型城市没有铁路连接或不开行旅客列车。截至 2019 年 6 月，该区没有铁路连接或不开行旅客列车的资源型城市比例较高(52%)。四省(市)没有铁路连接或不开行旅客列车资源型城市比例的排序为：云南省(76.47%)＞重庆市(66.67%)＞四川省(30.76%)＞贵州省(18.18%)。而没有铁路连接或不开行旅客列车的资源型城市主要集中在滇西(保山市、临沧市和香格里拉市等)、滇南(普洱市、马关县和个旧市等)、渝东(城口县、奉节县和云阳县等)及四川盆地边缘区(阿坝藏族羌族自治州和绵竹市等)，而贵州省相对较少。

7.2.2　西南地区资源型城市的市域基质空间的区域空间特征

采用历史回归演绎法，通过收集和查阅西南地区典型资源型城市及三线建设的相关文献，可以得出西南地区资源型城市的市域基质空间的区域空间具有以下两个突出特征。

1) 市域基质空间变动具有突发性和频繁性

西南地区近代工业化进程发端较晚，矿产开发对区域工业和城市兴起具有明显的推动作用。但其资源型城市的形成具有突发性，特别是在三线建设中因矿产开发与工业布局而起的资源型城市往往在经济发展比较薄弱的地区迅速兴起。三线建设在西南地区沿宝成、成昆、贵昆、川黔和成渝等铁路发展轴形成“四边形”工业城市聚集区[76, 77]的同时，极大地促进了资源型城市的兴起和发展。其中，攀枝花、六盘水等就是最典型的三线建设新兴资源型城市。

三线建设时“靠山、分散、进洞”等备战要求对该期形成的资源型城市的市域基质空间(行政辖区)影响深刻。受工矿基地建设政策导向、区位条件和经济发展等因素综合影响，这类资源型城市的市域行政辖区范围(市域基质空间)与隶属关系频繁变动(表 7.2)。缘于工业基地建设兴起的三线建设资源型城市，初期切块建市、市域狭小，而随着工业基地不断扩张，城市辖区也随之不断扩大(如攀枝花市缘于钢铁基地，六盘水市为煤炭基地等)。四川省华蓥市因地域协作需要，所属辖区在南充和重庆之间频繁变动。云南省东川市受发展工矿区政策的导向，将该市以农业为主的区域会泽县划出，致使其经济腹地狭小，在资源枯竭、体制改革和铜价下跌等综合因素影响下因衰退而退出地级城市而降格为县级区(昆明市东川区)。个旧市受锡矿开发拉动，市域辖区曾一度快速扩张、并成为红河哈尼族彝族自治州州府驻地；但受地形条件限制、城市核心区域用地紧张，又导致其行政辖区缩小、州府驻地外迁。总之，西南地区资源型城市的市域基质空间变动具有突发性和频繁性。

表 7.2 中华人民共和国成立后西南地区资源型城市的市域变动情况

城市	市域变动情况
攀枝花	1965 年 3 月云南永仁县河华坪县、四川盐边县和会理县共 43 个公社合并设立攀枝花特区(对外称渡口市)；1974 年 10 月云南永仁县 2 个公社部分区域划入；1978 年 7 月四川会理县红格区 4 个公社划入、10 月四川西昌专区米易、盐边 2 个县整体划入；1987 年 1 月渡口市改称攀枝花市
六盘水	1964 年在六枝(时属安顺地区)、盘县(时属安顺地区，后属兴义地区)、水城(时属毕节地区)三县境内设立 3 个矿区；1965 年 1 月成立西南煤矿建设指挥部、11 月设立六枝、盘县、水城 3 个矿区；1966 年 2 月 3 个矿区改为特区、4 月成立六盘水地区工业建设总指挥部；1970 年 12 月成立六盘水地区，原六枝、盘县、水城 3 特区分别与郎岱、盘县、水城 3 个县合并为新的六枝、盘县、水城 3 特区；1978 年 12 月六盘水地区改设六盘水市；1987 年 12 月水城特区分设钟山区和水城县；1999 年 2 月盘县特区更名为盘县
华蓥	1965～1978 年在华蓥山中段西麓建三线工业基地；1978 年 11 月设立南充地区华蓥工农示范区；1979 年 10 月改设华云工农区；1983 年 3 月划归重庆市、10 月划归南充地区；1985 年 2 月撤销华云工农区建立县级华蓥市；1993 年 7 月划归广安地区(1998 年 7 月改设广安市)
东川	1954 年 4 月从会泽、巧家两县划出因民、落雪、汤丹设东川矿区；1958 年 10 月设地级东川市、昭通地区所属会泽县并入；1964 年 12 月恢复会泽县、划归曲靖地区；1998 年 12 月撤东川市、设昆明市东川区
个旧	1950 年个旧县(1913 年设)属蒙自专区；1951 年 1 月撤县设省辖市以矿区为主(与蒙自进行区划调整)；1958 年 9 月由省辖划归红河哈尼族彝族自治州(州府驻地由蒙自县迁个旧市)、10 月蒙自县全部和开远县部分划入；1960 年 9 月恢复开远、蒙自 2 个县由个旧市管辖；1961 年 2 月开远、蒙自 2 个县划归红河哈尼族彝族自治州；2003 年 1 月红河州府驻地由个旧市迁蒙自县

注：根据文献[33]、文献[46]、文献[78]、文献[79]和相关城市政府网站整理。

2）市域基质空间“二元结构”特征突出。

西南地区资源型城市的资源开发基地往往只是市域基质空间中的一个工业生产集中区，这使其市域基质空间格局具有典型的“空间嵌入”特征。攀枝花、六盘水等三线建设时期在传统农业社会地区发展起来的资源型城市，其“空间嵌入”尤为突出，往往成为所在区域的飞地。“空间嵌入”使资源型城市与其所在区域之间的联系薄弱，高度城市化的中心市区与低水平城市化的邻近区域之间存在典型的嵌入式二元结构特征[43,44]。

采用生产活动梯度指数对攀枝花市行政区划稳定的 1994～2016 年县区之间和城乡之间区域发展的地域分异演化研究表明[80]，资源开发和产业转型是影响生产活动梯度指数地域分异的主要因素。而运用人均 GDP 差异、泰尔指数和分离系数对岩溶山区县级资源城市兴文县 2006～2015 年矿业、工业、旅游与矿业及农业等乡镇组别间经济发展空间差异及演化研究表明[81]，经济发展过度依赖资源、矿业的乡镇，宏观经济影响及其他因素是导致其经济发展差异增大的主要原因。

7.2.3　西南地区成熟型资源城市的城市实体空间的结构类型

依据城市实体空间（资源型企业或产业集中的城市建成区）与山地地形相关位置，西南地区资源型城市实体空间的结构可概括为 3 类。

1）点状独立工矿地结构

点状独立工矿地结构以云南东川区和四川兴文县等比较典型。东川素有“天南铜都”之称，铜矿开采历史悠久。东川铜矿田东起小江，西至普渡河，南抵雪岭、北达金沙江，面积为 660km^2，由落雪、汤丹、因民、滥泥坪、石将军、白锡腊、新塘等大中小型铜矿床组成。中华人民共和国成立后，1950 年开始勘察设计东川铜矿，1952 年成立东川矿务局，1953 年进行大规模地质勘探。1960～1977 年先后建成因民、滥泥坪、落雪、汤丹马柱硐等若干大、中型铜矿采选厂。1958 年成立地级东川市，并入会泽县（原属昭通地区）。1964 年为建设工矿区又将会泽县划归曲靖地区。东川矿务局与东川市为行政平列的两个地厅级单位，东川市主要支援东川矿务局的矿山铜矿生产。

受山地地形和铜矿分布制约，东川的铜矿矿井比较分散。其中，原东川矿务局驻地汤丹镇的马柱硐（海拔 2390～2430m）、新塘（海拔 1770m）、滥泥坪（海拔 2966m）等矿井和汤丹初碎厂（海拔 2345m）、汤丹选厂（浪田坝，海拔 1400～1650m）等呈垂直分散状。随着采矿业发展，“因矿而兴、以矿定点”的东川形成由因民（海拔 882m）—新村（海拔 1280m，2005 年并入铜都镇）—汤丹（海拔 2252m）—落雪（海拔 3300m）4 个矿业城镇构成的垂直、独立点状城镇格局（图 7.1）。这些矿业城镇分布具有独立工矿地[75]特征，矿业城镇间相对高差较大：因民和铜都之间相差 398m，铜都和汤丹之间相差 972m，汤丹和落雪之间相差 1048m。

在中央和地方的影响之下，原东川市分别派生出以铜都镇（地方政府驻地）和汤丹镇（矿务局驻地）为主体、相距 38km 的城市功能圈。两个城镇的基础设施建设各自为政，抑制了“内生性”城镇化要素的发展。铜都镇和汤丹镇等均缺乏明显发育的城市中心区和商业区，城市功能分区不明显，矿区特征明显，产业未形成应有的规模效应。随着铜矿资源枯竭、矿业城镇衰败，以致城市整体衰退，东川市被降格为昆明市东川区。

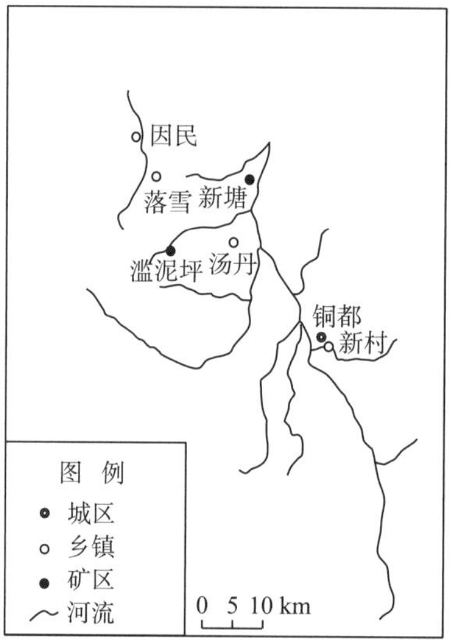

图 7.1 东川矿业城镇与矿区分布图

此外，位于四川盆地南缘的岩溶山地资源型城市兴文县，其煤、硫铁矿和石灰石等矿产集中分布于县域中南部岩溶地貌区。随着矿产开采，逐步形成周家、仙峰、共乐、大河、大坝、石海和僰王山等工矿乡镇，这些工矿乡镇也呈明显的点状独立工矿地结构。

2) 条带状组团结构

条带状组团结构以三线建设时期兴起的四川攀枝花市和贵州六盘水市等最为典型。受三线建设影响，攀枝花钢铁基地按照接近原料地原则布局，在攀(枝花)密(地)铁矿和陶家渡煤矿等矿产地之间的弄弄坪建设钢铁厂，致使城市沿金沙江两岸嵌入式布局八大工矿组团区而绵延 70 多公里[82]。攀枝花市区从东向西沿金沙江北岸为：攀(枝花)密(地)、弄弄坪、河门口、格里坪；而南岸从东向西为：金江、炳草岗、渡口至仁和、陶家渡。八大片区间城乡“犬牙交错”(图 7.2)、城市组团片区功能单一：攀(枝花)密(地)片区主要为铁矿区、弄弄坪为钢铁生产区、河门口为火电等能源生产区、格里坪为木材生产区、金江为铁路交通中心、炳草岗为行政中心、渡口至仁和为地方商贸中心、陶家渡为煤炭生产区。近年来，虽然采取产业园区集中布局发展，特别是 2011 年花城新区按功能分区建设，该市城市结构向网络化演进，但矿城混杂的格局仍未发生根本改变[2]。

由三线建设发展而成的资源型城市六盘水市受岩溶地貌发育影响，其城市沿贵昆铁路沿线展布，形成城市区域与岩溶峰丛交错的组团状格局：德坞片区、钟山片区和双水片区(图 7.3)。六盘水市的城市实体空间呈现典型的带状结构，其东西长 24km，南北平均相距 3.5km。该市城市实体空间被南北群山环峙，山脉延绵起伏，中部地势平缓，局部低陵浅丘，形成了“城在山中、山在城中”的独特山地城市风貌[79]。随着城市的发展，六盘水市中心城区的组团(德坞片区、钟山片区和双水片区)逐渐连接合并，并呈现网络化拓展趋势。根据《六盘水市城市总体规划(2013—2030)》，未来该市中心城区将形成“一主(钟山片区)两副(德坞片区和双水片区)三城区(主城区、西部新城和东部新城)，峰丛湿地绿相融”的多极网络化城市空间结构。

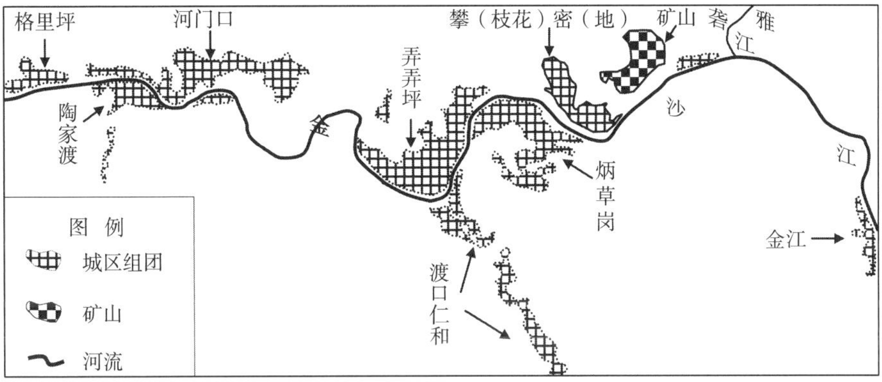

图 7.2　攀枝花市组团式城区分布图

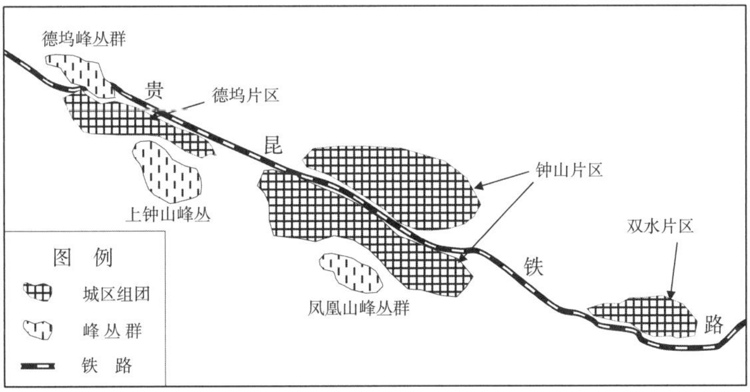

图 7.3　六盘水市组团式城区分布图

3) 山地狭促凹地结构

山地狭促凹地结构以云南省个旧市最为典型。个旧市区(锡城镇)地处狭长凹地之中，海拔 1500～2500m，其东西分别为老阴山和老阳山(图 7.4)。山地为矿山(市区东南 23km 的老厂镇就是著名的老厂锡矿带)，谷地为市区。城区以金湖(最低洼处)为中心向四周扩展分布，东西最宽约 1km，南北最长约 5km。山地矿山开采对市区形成一定威胁，金湖就是由洪水淹没而成。受地形限制，该市城区空间狭窄、用地紧张，城市只能向南北方向扩展。

1951 年个旧设市，归红河哈尼族彝族自治州管辖。1958 年，红河州府驻地由蒙自县迁至个旧市。1958 年曾编制城市总体规划确定个旧为以产锡为主的有色金属冶金工业城市，并决定在距离老市区 14.5km 的大屯坝设市中心。但后来由于行政区划变更，开远、蒙自两县划出，此城市规划未能实施。鉴于城市空间拥挤，2003 年红河州政府驻地由个旧市迁至 30 多公里外的蒙自县城，并在方圆不到 100km 内出现由结构相同、规模相近的

3个市组成的个(旧)开(远)蒙(自)产业带，进而加剧资源分散化和无序竞争，进一步削弱个旧在滇东南的中心地位。

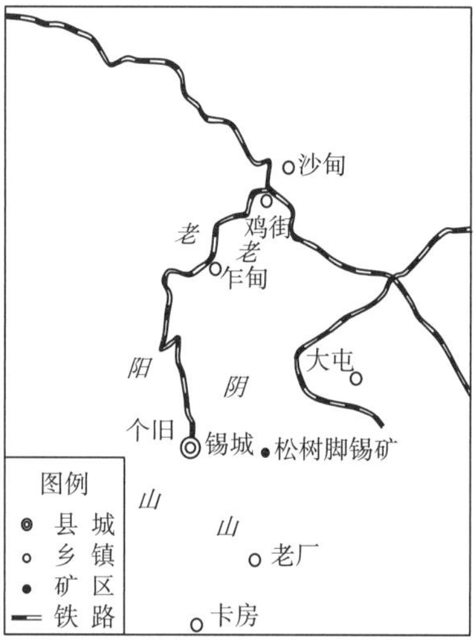

图 7.4 个旧市城区位置分布图

受地形限制，个旧市城区空间拓展困难、城区人口密度过高，城市建设难以适应发展要求。为此，个旧开始实施“东移、西扩、北延”的发展计划：“东移”——在东部与蒙自接壤的大屯镇规划建设新城区和工业园区；“西扩”——将西部限制城市扩大的老阳山“包”进城市中，利用其相对平缓的山势修建道路，建设新城区；“北延”——向北部鸡街方向延伸，建设物资集散中心。先后在东部建设大屯红河工业区、在北部鸡街八抱树建设有色金属冶炼园区和金湖西侧改造老城区。

7.3 西南地区成熟型资源城市的地域关联与区域协同

不同地域、不同资源类型、不同发展阶段的资源型城市的城市空间特征和演化具有显著的差异性。在资源型城市从成长、成熟、枯竭到再生的不同阶段，其城市空间发展呈现出由外部迅速扩展向矿区生态修复、产业用地升级的模式演变。其核心问题也由设施配套不足与用地蔓延转变为生态环境破坏与用地重组[13]。本节拟从区域视角出发，探讨西南地区成熟型资源城市转型升级的三类地域空间(域外地域空间、基质地域空间和城市实体空间)尺度的区域协同。

7.3.1 西南地区成熟型资源城市的地域关联特征与区域协同层次

1. 西南地区成熟型资源城市的地域关联特征

受资源地理分布与开发等诸多因素的影响，资源型城市具有独特的区域空间特征。“空间嵌入”是我国资源型城市区域空间格局的一种典型特征。受资源分布和经济发展基础的双重制约，西南地区成熟型资源城市在形成和发展过程中的“空间嵌入”特征特别突出。本书在第三章已详细介绍三线建设时期在传统农业社会区域迅速兴起的典型成熟型资源城市四川攀枝花市和贵州六盘水市。此外，四川省的广元、达州、雅安，云南的曲靖，贵州的安顺等城市都是三线建设时期发展起来的成熟型资源城市，其“空间嵌入”特征十分突出。此外，在一些矿业规模较小的县级成熟型资源城市，其工矿城镇的“空间嵌入”特征就更为典型和突出，如四川省兴文县随着兴晏磺厂和川堰磺厂（原兴晏乡，现石海镇）、新华磺厂/新华硫铁矿（仙峰乡）、周家硫铁矿/川南硫铁矿（周家镇）等硫铁矿、煤矿和石灰石等矿产的开采而在该县中南部矿产集中分布的周家、仙峰、石海、僰王山和大坝等乡镇形成具有独立工矿地特征的矿业乡镇[81]；又如四川省绵竹市的清平镇、天池乡和金花镇等矿业乡镇也具有明显的空间嵌入特征。空间嵌入特征使西南地区成熟型资源城市具有独特的城市与区域关联。从总体上讲，西南地区成熟型资源城市具有以下不同空间尺度（域外地域空间、市域基质空间和城市实体空间）的地域空间关联特征。

1）城市空间联系存在先外后内、舍近求远的特征

从区域经济联系的角度看，西南地区成熟型资源城市的“空间嵌入”特征使资源型城市具有明显的双重外生性。一方面，资源型城市在城市形成时往往依靠外部人员、资金和技术装备的大量迅速积聚而出现；另一方面，这种“空间嵌入”又使资源型城市经济发展水平明显高于其所在的基质区域（行政辖区），资源产业和城市形成后的生产技术、装备与产业协作和产品流通等主要通过与区域外部的经济联系来实现，而与城市本身所在区域缺乏必要的经济联系，从而使资源型城市的区域联系存在明显的先外后内、舍近求远的区域联系特征。

这种区域联系特征以攀枝花市最为典型。该市在进行钢铁工业基地建设时，采用“以攀枝花为中心，向北和向东形成一个扇面三角区域，攀枝花的钢材运往成都、重庆等地，六盘水的煤炭运往攀枝花，成都、重庆等地的机器运往攀枝花和六盘水两个工业基地”的“钟摆式布局”。这种布局本身就是建立在区外协作的基础上，这也就决定了该市的经济联系几乎全部以区域外部联系与协作形式完成，而与区域内部的经济联系与协作十分有限。西南地区成熟型资源城市转型发展必须要改变这种先外后内、舍近求远的区域联系特征，才能转型发展为区域中心城市。

2）城市基质空间存在典型的二元结构特征

西南地区成熟型资源城市的“空间嵌入”特征使城市成为所在区域的经济发展水平和工业化程度较高的“飞地”。在这类城市发展的早期阶段，受计划经济体制下的垂直分工体系、产业地域分工、产品价格机制和资源开发体制等因素的综合影响，使资源城市内部的城乡差异随着城市的发展而持续扩大，呈现典型的二元结构特征。

第三章通过对西南地区 11 个地级成熟型资源城市的研究表明[44]，攀枝花市作为移民城市，城市经济与县域经济的差异最为突出；普洱、临沧两市经济发展整体滞后，但区域内部低层次经济发展的差异亦较突出；广元、安顺、保山、曲靖、广安和达州 6 市也存在一定程度的城市区域内部差异；只有自贡和雅安两市的内部差异较小。因此，城市市域基

质空间区域内部差异显著是西南地区成熟型资源城市转型发展中一个不可忽视的障碍和困境。

3）矿城混杂、产城分离，资源产业间的协作途径单一

西南地区山地多、地形起伏大，受地形条件和地域空间的限制，该区成熟型资源城市的实体空间（核心区域空间）主要呈现为条带状组团结构（攀枝花、六盘水等）、点状独立工矿地结构（四川兴文、绵竹等）和山地狭促凹地城区结构（如云南个旧、重庆万盛）3 种类型。特别是山地成熟型资源城市用地紧张，一方面矿产开采与城市发展相互混杂，资源型企业与产业发展同城市发展分离、难以协同；另一方面资源型企业与产业之间的协作往往通过原料、产品进行生产流程的上下游协作（攀枝花市 8 个组团之间主要围绕钢铁生产而产生矿产、能源与钢铁生产辅助材料的协作），协作途径十分单一。

总之，西南地区成熟型资源城市与区域的联系存在先外后内、舍近求远的特征，城市所在区域存在典型的二元结构，城市实体空间矿城混杂、产城分离，资源产业间的协作途径单一等特征突出。虽然资源型城市的区域发展路径取决于其自身的区位条件、资源禀赋、产业基础等，具有不同的发展方向，包括发展为区域中心城市，或者以临近大城市为中心城市，或者发展为中心城市的功能区或次级中心，也包括缺乏城市发展条件而迁城的选择。但总体来看，从与区域割裂到融入区域，实现城市与区域的协调发展是资源型城市可持续发展的必然选择[45]。从孤立的“空间嵌入”走向区域协同成为西南地区成熟型资源城市可持续发展的必由之路。

2. 西南地区成熟型资源城市的地域协同层次

城市与区域的关系包括将城市作为“点”的宏观方面——城市（镇）体系关系和将城市作为“面”的微观方面——城乡关系等两个层次[73]。此前资源型城市的地域空间研究多聚焦于城市实体空间（城市核心区域或资源产业集中区域）产业转型的实证研究，鲜有从区域视角对资源型城市地域系统进行综合、规范研究；多聚焦于资源型城市间的差异比较，而对地域空间特征及优化关注不够。资源型城市转型升级必须要扎根于城市所在区域更深层次的社会图景中，才有可能实现其成功转型[4]。资源型城市只有在城市核心区域（实体空间）实施产业转型的基础上，从区域维度推动区域协同与地域系统优化，才能实现可持续发展。

西南地区成熟型资源城市发展与山地地域环境形成不可分割的城市区域有机整体。其城市的空间生长和区域协同，受到自然生态规律和社会经济规律的双重制约和支配。从区域视角来看，西南地区成熟型资源城市在转型升级中涉及 3 种类型的地域协同：城市域外地域的区域城市（镇）体系中的城市（或地区）间协同、城市行政辖区内部（市域基质空间）的城乡间协同和城市核心地域（城市实体空间）的内部协同。从协同途径来看，主要通过政府间府际协同、产业（或企业）协同、城企协同（“市矿系统”的市矿协同或产城协同）等途径来实施。城市区域外部的城市（或地区）间（域外地域系统）协同与城市区域内部的城乡间（市域基质空间）协同可视作成熟型资源城市的地域系统协同，其重点考虑城市所在不同尺度的区域协作与区域一体化。而城市核心地域的内部协同视作城市实体空间优化，其重点

考虑城市功能完善与城市格局优化。本章分别从资源型城市域外地域空间的地域协同、市域基质空间的地域协调和城市实体空间重构优化 3 个区域空间层次尺度探讨西南地区成熟型城市转型发展的区域协同。

7.3.2　西南地区资源型城市域外地域空间的地域协同策略

1)完善政府主导的多级协同

由于资源型城市或地区的发展通常受到“发展锁定”和“路径依赖”影响，完全依靠市场力量很难实现成功转型，必须依靠政府力量的强力介入[83]，推动其转型发展。换言之，政府主导下的多方博弈是资源型城市转型的主导力量。从 2007 年起，我国资源型城市开始由城市自主转型向政府主导转型转变[4]。成熟型资源城市的域外地域系统协同，通常会涉及不同级别的行政区域。级化的城市行政管理体制使我国各个行政等级的城市拥有不同的获取资源分配的权限[84]。各级政府在相应区域规划的编制和实施中是绝对的主体，政府的角色定位直接影响规划的导向和内容，更决定了规划能否得以实施。政府的发展定位直接决定规划的导向性，而在城市发展的不同阶段和水平上，政府发展导向性差异明显[83]。而不同尺度的区域规划在导向上必然有所侧重。以制度的联动实现转型比仅仅依靠个别体制创新的效果更好。因此，在推进成熟型资源城市域外地域系统协同中应充分重视政府主导的多级协同。

资源型城市功能的区际协调是提升城市价值和竞争力、促进其转型的有效途径。区际协同需要促进城市跨行政区的整合(包括区域远程耦合与互动)，打造区域经济合作体，弱化影响要素流动的行政界限。城市功能的区际协同也需要通过资源型城市上级政府的协调、城市政府之间的协作及城市自身的拓展等途径来完成，甚至可以通过包括行政区划调整等行政手段来实现。这就需要完善政府主导的多级协同，如攀枝花市的区外协同就包括攀西地区、长江经济带的协同、与成渝地区双城经济圈和“成(都)渝(重庆)西(安)贵(阳)昆(明)”西部城市经济圈，乃至与东盟和南亚的国际协作。这种市域外部地域系统的协同就需要依靠中央政府、相关省(市)级政府、相关城市或地区政府和攀枝花市的多级协同来实现，如攀西战略资源创新试验区就是最好的例证。

2)通过交通设施建设加快区位条件改善

资源的地理分布与行政区划并没有直接联系，一些矿产资源实际上是跨区域分布的。而资源型产业链延伸需要资源型城市域外协作与协同。西南地区一些成熟型资源城市地域系统远离中心城市，区位整体较为偏远，对外交通联系方式单一，转型的外部协作条件差，完善的市场体系难以形成。其中，在西南地区成熟型资源城市中，云南省的保山市、普洱市、临沧市、安宁市、开远市、晋宁县、新平彝族傣族自治县、兰坪白族普米族自治县、马关县，以及重庆市的铜梁县、城口县、奉节县等成熟型资源城市截至 2019 年 6 月还没有铁路线连接或不开行旅客列车。又如攀枝花市远离四川省中心城市成都(及成都平原经济区)和成渝地区双城经济圈、区位条件偏远，对外交通方式单一(以铁路为主)，其交通条件改善对转型发展至关重要。而滇南经济的中心城市群只有通过交通建设，在蒙自、开远、个旧 3 个城市间以高速通道相连，形成半小时生活圈；通过改善三市的区位条件，促进三市融合互补发展，达到“个(旧)开(远)蒙(自)”城市群的协同发展。因此，加强西南地区成熟型资源城市的对外交通基础设施建设是改善城市区位条件、实现区域协作与区域一体化的重要前提保障。

7.3.3 西南地区成熟型资源城市市域基质空间的地域协调策略

为解决西南地区成熟型资源城市市域基质空间的空间嵌入二元结构，应从城镇体系优化、交通网络建设和地域空间管控着手。

1)以城市政府主导构建合理的市域城镇体系

该区资源型城市市域基质空间的资源环境地域分异明显，城市的空间嵌入性特征明显，社会经济二元结构(核心-边缘结构)典型。特别是东川、兴文等山地资源型城市具有点状独立工矿的城镇结构。市域内部的城镇体系对促进资源型城市市域基质空间的协同发展具有重要作用。市域基质空间协调主要应在城市政府的主导下，通过市域各级政府协同主导来实现城镇体系合理化。

成熟型资源城市市域基质空间城镇体系的构建主要应在资源型城市政府的主导下，通过资源型城市政府制定城市转型发展规划和市域城镇体系规划、市域内各层级政府的多级协同主导来实现城市转型发展的协同和落实城镇体系优化。应当在城市政府的领导下逐级展开城镇体系建设，并高度重视城乡区域统筹协同发展。对西南地区成熟型资源城市而言，要打破自然地理环境(特别是地形和资源分布)和行政区划的双重制约，以都市区、城镇组团或城镇群等功能性地域的模式来组织市域基质空间，突破资源型城市城镇体系离散化发展与城乡区域空间分割的传统思维模式，推进区域发展一体化。虽然这种市域基质空间系统的协调比城市域外地域空间系统的协同具有更大的可控性和可操作性，但如果能借助城市域外地域空间系统的协同来推进市域基质空间的协调，其效果更为明显。换言之，大尺度地域系统协同的推进有利于小尺度地域系统协调的实施。

2)因地制宜地推进成熟型资源城市基质空间交通网络建设

如前所述，由于西南地区成熟型资源城市内部的资源环境地域分异明显，社会经济二元结构典型。例如，云南省西部的普洱市、临沧市和保山市，四川省的攀枝花市、广元市和雅安市等城市的市域内部呈现明显的核心-边缘结构，城乡差异十分显著。而该区还存在一些点状独立工矿地城镇结构的山地县级成熟型资源城市(如绵竹市、兴文县等)，其矿业城镇远离县级行政中心，且城镇规模偏小。西南地区这种成熟型资源城市城乡区域普遍存在的二元结构既有体制分割的原因，也是地形空间和交通分割的结果。因此，构建西南地区成熟型资源城市市域基质空间区域一体化交通网络是促进其城乡区域空间整合的必要支撑条件。为此，加强西南地区成熟型资源城市内外部交通设施建设对促进城市内部基质空间的地域协调发展具有重要作用。

当然，由于西南地区地形复杂，成熟型资源城市经济发展整体滞后且差异明显。因此，该区成熟型资源城市在市域内交通设施建设和区位条件改善中，应根据具体情况分阶段、分区域、分层次逐步建立中心城区与其他城区、中心城市与周边县区、县区与乡镇之间的便利综合交通网络联系，以促进其形成有效的产业分工、市场整合和生活圈融合。

3) 严格市域基质空间的地域空间管控

西南地区既是长江经济带的重要组成部分、长江上游生态屏障区，又是石漠化危险区、干热河谷生态脆弱区和生物多样性保护重点区域。该区地理环境分异主要是由非地带性因素地貌差异所致，特别是山地垂直分带性和岩溶地区的空间异质性使其地域分异十分复杂。该区资源型城市基质空间的生态承载力具有明显地域分异，应采用差异化地域空间管控。有关云南东川的相关研究表明[46]，现有区域空间发展理论模式并不完全适宜指导西南中高山地区的开发实践。针对西南地区山地成熟型资源城市地域空间的实际情况，应以山地自然生态为约束，严格整体均衡的地域空间管制，探索"点状"跃迁式开发，重点发展山地自然生态友好型产业。

西南地区成熟型资源城市在市域基质空间协调与优化中，一方面，应考虑有别于平原地区的地域空间发展模式，而探索区域跃迁发展模式和飞地发展协同等符合山地实际的发展模式。另一方面，应将区域一体化发展与区域城镇体系优化同基本农田保护与生态保护有机结合起来。通过优先开发区、适度开发区、控制开发区、不宜开发区和禁止开发区的划定，严格地域空间管控。针对西南地区山地成熟型资源城市的实际情况，特别是要集约利用有限的生产和生活空间，维护、建设和扩大生态空间，突出产业多元化和生态化发展导向，积极探索适宜的地域空间发展模式，并通过功能管控和空间管控，形成生态、农业和城镇 3 类空间有序分布的西南地区资源型城市国土空间开发格局。

7.3.4 西南地区成熟型资源城市实体空间重构优化策略

1) 建立政府、社区与企业主体间的城市实体空间重构优化责任分担机制

资源-工矿型地域的城市实体空间结构形态表现出明显的松散性特征。针对资源分布的分散性及长期以来资源型城镇布局松散性的问题，成熟型资源城市应改变以往资源型城市大中型企业空间布局与城市地方要素布局严重分离，"点多、面广"，非整体协调的城市空间布局状况[26]。资源型城市受限于传统单一的功能分区规划模式，工业区与城区间存在时空割裂，阻碍了挖掘内在潜力、形成共生互补的条件。应用城市缝合理论[85]可以弥合资源型城市空间断裂、营造整体活力，形成连续有机的城市形态。在尊重与平衡的缝合理念基础上，调动原有厂区业主、居民、铁路部门和当地政府的参与，达成共识，协调各方面利益，通过功能、生态、文化等不同层面的缝合，使得资源型城市走上资源流动与利用的良性循环之路，帮助资源型工业区融入城市并为其创造新的发展空间，推动产城转型和长期健康发展。资源型城市转型发展与城市实体空间优化是一个系统的综合工程，涉及多元主体，应建立政府主导、社区、企业和公众等多元主体参与的责任分担机制。政府是在宏观层面提供保障和引导，区域(城市)在中观层面提供支持和规划，企业是在微观层面积极参与。应当建立政府主导、企业主体和公众参与的责任分担机制和协同机理：中央和省级政府支持、地方政府和社区组织、企业主体及公众参与。

资源型城市政府应通过完善资源型企业进入机制、健全资源型企业退出机制和完善资源型企业激励机制等产业规制手段[86]引导资源型城市转型发展。完善资源型企业的进入机制包括提高矿山企业技术门槛、推进技术进步、加大研发投入等措施。资源型产业对特定资源的依附性决定了其转产的有限性，资源型企业除适度由采掘业向后续加工产业扩展外，很难就地开创与特定资源无关的第二产业。同时，传统的“企业办社会”的既有模式限制了资源型产业区域发展第三产业。政府应在产业转型与创新方面予以支持，并通过基础设施建设，大力发展第三产业。按照“属地管理”的原则完善矿城社会保障体系，健全资源型企业退出机制可以从根本上解决资源型区域社会问题。完善企业激励机制可以引导资源型企业转型发展。同时，应加强政府对资源型城市转型与持续发展的规划与引导。国内外资源型城市持续发展的经验都表明：城市转型规划制定越早，未来城市发展受资源枯竭影响越小，城市持续发展能力越强。资源型城市政府还应通过城市发展规划编制、行政区划调整等主导措施统筹城市发展，破除城矿二元模式，推动大型工矿企业与地方融合发展，达到主导城市实体空间优化的目的。

资源型城市因资源型企业而兴，资源型企业带动资源型城市变迁并塑造了城市。资源型企业是带动资源型城市变迁的主要力量，但不是唯一力量。在资源型城市中，多元化经济主体的培养、外部经济主体的引入对资源型城市可持续发展非常重要[87]。企业作为技术和人力资本载体，新企业的市场进入能够驱动新技术扩散，提升地区贸易结构，并促进经济增长[68, 69]。因此，企业层面的作用主要在于产业转型选择和生产工艺技术创新。在鼓励资源型企业转型的同时，更需要培育异地企业或吸引外地企业落户来实施产业转型、培育和接替，促进城市与区域产业结构合理化。企业有两种责任，即基础责任和社会责任，基础责任是企业的发展与内部管理责任，而社会责任是指对员工、社区、环境、政府等方面的责任。因此，企业应主动承担其在城市管理和空间优化中的重要责任。

社区是城市规划的落脚点和联系公众的桥梁，要发挥资源型产业社区在城市实体空间优化中的纽带作用。要通过社区工作，解决好人的问题，调动社区民众积极参与城市转型发展。一方面要积极引进先进的科学技术、管理经验和新型人才，解决好借“脑”问题；另一方面要积极解决经济结构调整所带来的结构型失业和发展新产业需要大量产业工人之间的矛盾，处理好借“力”问题。要根据城市产业发展的需要和个人自愿，开展有针对性的职业技能培训，提高资源型产业员工的就业能力。破除“等靠要”“铁饭碗”等思想禁锢和单位化组织管理模式，帮助下岗职工转变就业观念，推行农民工合同制，塑造多元化的城市文化。通过提供创业支持和优惠政策，鼓励下岗职工个人创业和自谋职业，形成良好的个人创业环境和氛围。

同时，特别要注重城市文脉的传承和缝合。文脉是承载城市历史记忆的生活样式和传统观念，包含城市肌理、城市意向、空间、生活方式、历史文化等[88]心理与视觉感受。文脉缝合应秉持拒绝城市同质化的态度，倡导多元化的生活方式。在资源城市产业转型中应充分考虑资源型社区空间优化调整与文化遗产的关联性，尤其要考虑工业遗产的保护与再利用。作为资源型城市的重要文化特征之一，工业文化和工业遗产可以为城市转型带来新动力和生机。其中，西南地区因三线建设而兴起的资源型城市应特别重视利用三线建设留下的丰富工业文化遗产。以攀枝花市为例，这里拥有全国最大的露天钒钛磁铁矿山——

兰尖铁矿，有全国最大的独立煤矿——宝鼎煤矿，有全国独一无二的地下火力发电厂——503 地下战备电厂(又称新庄电厂)，有全国最大的木材水运遗址——金沙江·雅砻江水运遗址，有 20 世纪建成的最大水电站——二滩水电站……，还包括大田会议遗址、仁和会议遗址、攀枝花开发建设纪念馆、攀枝花建设总指挥部遗址及渡口吊桥、密地大桥、老邮电所、大渡口电影院、渡口火车站、攀钢一号高炉、兰尖平硐、兰尖铁矿矿床和攀枝花中国三线建设博物馆等系列三线建设遗存。其中，许多三线建设设施还在生产使用之中。可以说，攀枝花就是一座气势恢宏的、活态的“中国三线建设文化遗产城”。这些既是我国人民独立自主走工业化道路的最大标本，也是三线建设最大的标本，又是三线建设遗产中最精华、最具三线时代风貌的文化遗存，是三线建设这份人类记忆的最好载体，必须倍加珍惜和保护。攀枝花市利用攀枝花中国三线建设博物馆、象牙微雕钢城、成昆铁路等工业遗产，结合其他旅游资源和良好生态环境发展康养旅游，建设宜居花城就是一个很好的示例。未来可以在利用好攀枝花中国三线建设博物馆的基础上，进一步着力建设“中国三线建设文化遗产城”。

总之，在成熟型资源城市实体空间优化中，资源型城市政府主要应在城市转型发展规划、区域发展、区域协作等方面进行治理创新，发挥创新主导；资源企业主要发挥技术创新和经营创新；城市社区与公众主要应在素质提升、观念转变，以及文脉传承与缝合等方面发挥作用。

2)融合资源型城市产业转型与城市实体空间重构

空间生长理论认为，城市空间的扩张和生长是资本要素在地域上的空间效应，其实质就是产业结构所产生的空间效应。城市空间是城市发展的直接表象，是经济活动的载体，城市发展变化会带来城市空间格局的变化，使之呈现不同的积聚与扩散[89]。资源型城市的城市建设一直受到“基地建设”模式的干扰。资源开发基地只是一个生产区，其发展的多样性必然受到很多因素的制约，由此导致城市功能服务功能不完善。单一的资源产业体系使资源型城市发展缺乏核心动力。资源型城市内部空间结构的调整与优化实际上是一个资源型城市非基地化或城市建设与基地建设相分离的问题[25]。

经济转型或产业转型是资源型城市转型的核心或根本任务。有关西南地区成熟型资源城市攀枝花市产业空间拓展与城市空间形态内在关联的研究表明[54]：产业结构调整是城市空间演变的直接动力，产业空间拓展引导城市空间结构从单中心到多中心组团式演变，产业的集群式发展提高了城市空间结构的集约水平。因此，成熟型资源城市实体空间重构优化应紧密结合资源型产业转型，建立“城市-产业”共生发展体系，促进工业化与城市化的协同发展。

“内生外向型”的产业转型策略是当前认同度较高的转型发展模式之一，其核心是挖掘内外资源，发展第三产业。要利用成熟型资源城市产业转型升级的契机，通过产业转型与升级、产业集群发展，提高城市的集聚能力和空间效率。根据实际情况调整优化住宅区、商业区、工业区布局，引导城市形成多中心、推动城市实体空间向网络化结构方向发展。对地域狭小的城市实体空间，既要通过合理布局拓展城市空间，更要借鉴攀枝花市钢铁基地建设的弄弄坪象牙微雕钢城紧凑型空间利用经验，发展“紧凑型城市”，提高城市实体空间利用效率。

3) 因地制宜打造自然山水与城市实体空间共生的城市生态景观

资源型城市所在区域通常具有独特的生态本底。西南地区地势起伏大、地形复杂多样，自然山水往往成为资源型城市的地域空间障碍。但不同于平原城市的山地资源型城市也有独特的生态景观优势：一方面这类城市往往山水相融，使城市景观更为丰富；另一方面，这类城市受海拔起伏和相对高差的影响，其山地自然生态环境具有明显的、有规律的地域分异。如果能对城市核心区域的山地和水域合理加以规划，在生态规划引导下促进城市由传统工业城市的建设向现代理念下的生态城市的建设转变，反而能够获得更大的生态回报和城市风貌的提升，形成山水共生型城市。

西南地区资源型城市在利用自然山水、优化城市实体空间方面已有不少可供借鉴的先例。例如，个旧市 1954 年 8 月遭遇三天三夜的滂沱大雨，落水洞大量涌水与山洪汇合使个旧城区出现内涝。个旧市根据上级指示，决定留住洪水，筑堤围湖，变祸为福。于是形成了一个面积为 0.8km^2、蓄水达 500 万 m^3 的高原岩溶湖泊，并根据专家提议定名为金湖。如今的金湖成为展示个旧人文景观、都市文化和锡文化的中心。又如作为山地峡谷城市的攀枝花市，在城市景观优化中可整合金沙江水能开发，统筹观音岩电站下泄流量、市区河段金沙电站和银江电站的梯级筑坝壅水，打造城区渠化河道的河段亲水景观带，实现水能开发与城区景观融合[90]。再如，根据《六盘水市城市总体规划(2013—2030 年)》，该市在未来的城市实体空间重构中将依据峰丛地貌特点，建设湿地环绕、城绿相融的山水生态城市。西南地区成熟型资源城市应注意保护城市生态空间，严格控制滨水地带、山脊地带和城市边缘地带的生态维护，做到“有山连脉、有水通源”，形成基于区域一体化的紧凑集约型、山水生态型的城市空间发展模式。

当然，西南地区成熟型资源城市应根据城市所在区域的自然环境、资源条件与资源开发阶段，着力解决资源型产业老城区建设用地紧张与城区周边快速扩张的矛盾，因地制宜打造自然山水与城市实体空间共生的城市生态景观。在城市实体空间重构优化中，西南地区山地资源型城市应重视立体开发利用，实现“充分利用坡地、空间形式紧凑、合理开发地下空间”[63]。其中，山地资源型城市地下交通空间的开发和利用，既有利于改善城市分散特征，也有利于治理交通拥堵等诸多“城市病”。

7.4 小　　结

资源型城市的区域空间可分为域外地域空间、市域基质空间和城市实体空间。国内主要从区位条件、资源开发与区域发展和区域经济一体化方面探讨资源型城市的域外地域空间；从产城模式、基质空间特征和空间发展模式方面探讨市域基质空间；从空间结构及演化、实体空间重构与“市矿系统”方面探讨城市实体空间。国内既有研究以个案实证研究为主，缺乏规范的系统研究和理论探索；研究空间尺度单一，缺乏多空间尺度综合嵌套研究；以短尺度、静态实证、定性分析为主，长尺度、动态、定量探索不足。未来应围绕资源型城市国土空间管控、多空间尺度嵌套和产业转型与实体空间重构协同开展研究。

西南地区成熟型资源城市除贵州外其余省(市)资源型城市区位整体较偏远，且省(市)之间区位差异明显：四川(1.44)＞重庆(1.35)＞云南(1.28)＞贵州(0.85)。其市域基质空间具有变动突发性和频繁性，且“二元结构”特征突出。而城市实体空间主要有点状独立工矿地、条带状组团和山地狭促凹地城区等3种结构类型。资源型城市转型发展既需要实施产业经济转型，更要利用产业转型优化城市地域空间。受资源分布和经济发展基础的双重制约，西南地区成熟型资源城市在形成和发展过程中的“空间嵌入”特征特别突出。这种“空间嵌入”使城市与区域的联系存在先外后内、舍近求远的特征，城市所在区域存在典型的二元结构特征，矿城混杂、产城分离，资源产业间的协作途径单一。资源型城市地域空间优化既要重视市域外部的城市(或地区)间协同与城市区域内部的城乡间协调等城市地域系统的协同，也要注重城市核心区域(实体空间)优化。

西南地区成熟型资源城市所处的区位与地理环境复杂，所依托的资源类型多样，资源开发与城市发展的历程与基础不尽相同，应因地制宜地采取响应措施推进资源型城市地域空间优化。西南地区资源型城市域外地域空间的区域协同应主要考虑完善政府主导的多级协同和加快交通设施建设改善区位条件等策略。为解决西南地区成熟型资源城市市域基质空间的空间嵌入二元结构，应通过城市政府主导构建合理的市域城镇网络体系、因地制宜地推进成熟型资源城市市域基质空间交通网络建设和严格地域空间管控来实施成熟型资源城市市域基质空间的协调优化。同时，主要考虑建立政府、社区与企业主体间的城市实体空间重构优化责任分担机制、融合产业转型与城市实体空间重构以及因地制宜打造自然山水与城市实体空间共生的城市生态景观等策略来实施成熟型资源城市实体空间重构优化。

当然，西南地区成熟型资源城市无论是所处的地理环境还是城市本身发展历程与特征均存在明显的差异。因此，在推进该区成熟型资源城市转型升级的区域协同中，应遵循分类处理的原则，因地制宜地采取差异化的管理方式和应对策略推进其地域协同一体化、产城融合及城矿协调发展。

参考文献

[1] 李文宇，樊坤，刘洪铎. 区域一体化与资源型地区转型升级——一个新新经济地理的分析框架[J]. 云南财经大学学报，2017(5)：118-127.

[2] 孙久文，李华香. 中国区域城市化模式研究[J]. 社会科学辑刊，2012(1)：111-115.

[3] 关兴良，方创琳，罗奎. 基于空间场能的中国区域经济发展差异评价[J]. 地理科学，2012，32(9)：1055-1065.

[4] 罗怀良. 改革开放以来中国资源(枯竭)型城市转型实践[J]. 四川师范大学学报：自然科学版，2015，38(5)：774-781.

[5] 梅林，孙春暖. 东北地区煤炭资源型城市空间结构的重构——以辽源市为例[J]. 经济地理，2006，26(6)：949-952，956.

[6] 刘秉镰，边杨，周密，等. 中国区域经济发展70年回顾及未来展望[J]. 中国工业经济，2019(9)：24-41.

[7] 李晟晖，胡道生. 矿业城市的产业转型：以德国鲁尔区为例[J]. 中国人口、资源与环境，2003，13(4)：26-28.

[8] 赵海云，李仲学，张以诚. 矿业城市的可持续发展指标体系研究和可持续发展水平评价[J]. 中国矿业，2004，13(12)：14-19，35.

[9] 朱训. 矿业城市的可持续发展是振兴东北老工业基地的基础[J]. 资源-产业，2004，6(5)：1-4.

[10] 刘随臣, 袁国华, 胡小平. 矿业城市发展问题研究[J]. 中国地质矿产经济, 1996(5): 16-20.

[11] 万会, 沈镭. 矿业城市发展的影响因素及可持续发展对策[J]. 资源科学, 2005, 27(1): 20-25.

[12] 姜楠, 谷树忠, 沈镭, 等. 我国矿业城市发展的国家安全定位[J]. 矿业研究与开发, 2004, 24(5): 1-5, 12.

[13] 孙威, 李洪省. 中国资源枯竭城市的区位条件辨析[J]. 地理学报, 2013, 68(2): 199-208.

[14] 孙威, 王晓楠, 刘艳军. 高速铁路对中国资源型城市区位的影响[J]. 自然资源学报, 2019, 34(1): 1-13.

[15] Auty R M. Natural resources, capital accumulation and the resource curse[J]. Ecological Economics, 2007, 61(4): 627-634.

[16] 王嘉懿, 崔娜娜. "资源诅咒"效应及传导机制研究——以中国中部 36 个资源型城市为例[J]. 北京大学学报: 自然科学版, 2018, 54(6): 1259-1266.

[17] 王柏杰，郭鑫. 地方政府行为、"资源诅咒"与产业结构失衡———来自 43 个资源型地级市调查数据的证据[J]. 山西财经大学学报, 2017, 39(6): 64-75.

[18] 黄悦, 李秋雨, 梅林, 等. 东北地区资源型城市资源诅咒效应及传导机制研究[J]. 人文地理, 2015, 30(6): 121-125.

[19] 张在旭, 薛雅伟, 郝增亮, 等. 中国油气资源城市"资源诅咒"效应实证[J]. 中国人口•资源与环境, 2015, 25(10): 79-86.

[20] 孙永平, 叶初升. 资源型城市经济增长——资源的"诅咒"还是距离的"暴政"[J]. 经济经纬, 2012(2): 6-12.

[21] 黄建欢, 杨晓光, 成刚, 等. 生态效率视角下的资源诅咒：资源开发型和资源利用型区域的对比[J]. 中国管理科学, 2015, 23(1): 34-41.

[22] 张雷. 我国的矿产资源开发与区域发展[J]. 自然资源学报, 1997, 12(3): 204-210.

[23] Wen D, Yu Y. Exploitation of mineral resource and its influence on regional development and urban evolution in Xingjiang, China[J]. Journal Geographic Sciences, 2014, 24(6): 1131-1146.

[24] 张文忠, 王岱. 中国资源型城市的城镇化特征和发展路径选择[J]. 中国国土资源经济, 1997, 12(3): 204-210.

[25] 陈德敏, 张瑞, 王青. 基于省域空间视角的资源型城市经济转型研究——以重庆市为例[J]. 软科学, 2012, 26(5): 81-85.

[26] 刘艳军, 李诚固, 董会和. 吉林省产业结构演变城市化响应的地域类型及调控模式[J]. 世界地理研究, 2008, 17(3): 84-91.

[27] 景普秋, 张复明. 资源型地区工业化与城市化的偏差与整合——以山西省为例[J]. 人文地理, 2005, 20(6): 39-41.

[28] 王海飞. 兰白都市经济圈视角下的白银市可持续发展战略[J]. 经济地理, 2011, 31(4): 566-572.

[29] 马健, 张立, 赵民. 皖江城市(带)发展和演进的机制研究——基于历史视角[J]. 城市规划学刊, 2012(4): 51-58.

[30] 范淑萍. 云南个旧、开远、蒙自城市群构建的历史依据及发展现状[J]. 新西部, 2008(24): 38-45.

[31] 魏后凯. 微调产业布局, 加快攀枝花全面转型[J]. 当代县域经济, 2016(12): 12-13.

[32] 国家发改委宏观经济研究院国土地区经济研究所调研组. 攀枝花市加快城市转型的思路[J]. 宏观经济研究, 2003(9): 54-57.

[33] 罗怀良. 山地资源型城市攀枝花转型发展的地域协同研究[J]. 现代城市研究, 2019, 34(3): 91-96.

[34] 方创琳, 张永姣. 中国城市一体化地区形成机制、空间组织模式与格局[J]. 城市规划学刊, 2014(6): 5-12.

[35] 李澎, 刘若阳, 李健. 中国城市行政等级与资源配置效率[J]. 经济地理, 2016, 36(10): 46-51, 59.

[36] 林拓, 申立. 行政区划优化：与国家治理同行[J]. 经济社会体制比较, 2016(4): 77-86.

[37] 郑伯红, 张方, 廖荣华. 资源型城市核心竞争力的演变与调控——以冷水江市为例[J]. 人文地理, 2002, 17(6): 15-19.

[38] 付桂军, 齐义军. "飞地经济"研究概述[J]. 经济纵横, 2013(12): 113-116.

[39] 刘敏, 王明田, 王庆峰, 等. 大型矿产资源开发的产城发展模式研究——以新疆准东经济开发区为例[J]. 现代城市研究, 2015, 33(7): 15-19, 27.

[40] Houghton D S. Long-distance commuting: A new approach to mining in Australia [J]. Geographical Journal, 1993, 159(3): 281-290.

[41] 王兴平. 中国开发区空间配置与使用的错位现象研究: 以南京国家级开发区为例[J]. 城市发展研究, 2008, 22(2): 85-91.

[42] 宋飏. 矿业城市空间结构演变过程及机理研究[D]. 长春：东北师范大学, 2008.

[43] 陈妍, 梅林, 胡宇娜. 东北资源型城市转型过程中产业结构升级演变研究[J]. 干旱区资源环境, 2016, 30(12): 20-27.

[44] 罗怀良. 基于区域视角的西南地区成熟型资源城市分类及转型障碍研究——以地级成熟型资源城市为例[J]. 山地学报, 2018, 36(4): 598-606.

[45] 郝惠, 柳泽. 区域视角下的资源型城市空间发展战略初探——以大庆市为例[J]. 城市发展研究, 2012, 21(8): 15-19.

[46] 张继飞, 邓伟, 刘邵权. 西南山地资源型城市地域空间发展模式：基于东川区的实证[J]. 地理科学, 2013, 33(10): 1206-1215.

[47] 黄德林, 张佳琪. 全域旅游视角下国家资源型城市行政区划优化研究——以黑龙江省鹤岗市为例[J]. 资源与产业, 2018, 20(3): 1-7.

[48] 陆枭麟，张京祥，皇甫玥.发展环境变迁背景下的全域城乡规划比较研究[J].规划师，2010，26(7)：13-18.

[49] 肯建华. 全域规划视角应对煤炭资源型城市产业转型的对策研究——以平顶山为例[J]. 城市, 2019(4): 40-45.

[50] 常江, 刘巷序. 煤炭资源型城市空间格局研究进展[J]. 中国矿业, 2018, 27(7): 64-69.

[51] 宋飏, 王士君, 叶强, 等. 中国矿业城市空间形态特征及其空间分异[J]. 地域研究与开发, 2012, 31(1): 45-49.

[52] 杨显明, 焦华富, 许吉黎. 煤炭资源型城市空间结构演化过程、模式及影响因素——基于淮南市的实证研究[J]. 地理研究, 2015, 34(3): 513-524.

[53] 沈思思, 陈健, 耿楠森, 等. 快速城镇化地区的城市开发边界划定方法探索——以榆林市为例[J]. 城市发展研究, 2015, 22(6): 103-111.

[54] 项清, 阚瑷珂, 刘飞, 等. 基于产业用地拓展的山地资源型城市空间形态演变特征——以攀枝花市为例[J]. 资源与产业, 2019, 21(1): 81-87.

[55] 冯斌, 陈晓健. 石嘴山城市空间扩展的影响因子时空变迁及未来趋势预测[J]. 现代城市研究, 2013, 28(9): 63-69.

[56] 周敏, 陈浩. 资源型城市空间演变及发展优化策略[J]. 规划师, 2014, 30(9): 88-93.

[57] 田燕, 苏文龙, 张力文, 等. 资源型城市空间演变及发展优化策略[J]. 规划师, 2014, 30(9): 88-93.

[58] 宋飏, 王士君, 王雪微, 等. 矿业城市生命周期与空间结构演进规律研究[J]. 人文地理, 2012, 27(5): 54-61.

[59] 郝海钊, 陈晓键. 不同发展阶段矿产资源型城市空间增长管理研究[J]. 规划师, 2019, 35(3): 58-62.

[60] Shao J, Zhou J Q. Study on the influences of industry transformation on the sustainable development of resource-exhausted city space [J]. Procedia Engineering, 2011(21): 421-427.

[61] 宋飏, 肖超伟, 王士君, 等. 国外典型矿业城市空间可持续发展的借鉴与启示[J]. 世界地理研究, 2011, 20(4): 76-83.

[62] 张玉民, 郑甲苏. 煤炭资源型城市空间结构重组战略模式研究——以山西省孝义市为例[J]. 城市规划, 2011, 20(4): 82-85.

[63] 钟纪刚. 山地资源型城市空间发展战略——关于攀枝花城市规划建设发展的思考[J]. 规划师, 2006, 22(4): 15-16.

[64] 朱喜钢, 王万军. 基于功能转型的城市空间结构重构——以湖北省黄石市为例[J]. 规划师, 2008, 24(2): 63-67.

[65] 袁祖怀, 周敏. 资源型城市转型中的市矿协同发展机理研究——以淮南市为例[J]. 学术界, 2012(3): 218-229.

[66] Murguia D I , Boehling K . Sustainability reporting on large-scale mining conflicts: the case of Bajo de la Alumbrera, Argentina[J]. Journal of Cleaner Production, 2013, 41(1): 202-209.

[67] 田凯, 李健军, 任鑫. 矿业城市与矿业企业阶段协同发展理论探讨[J]. 中国煤炭, 2002, 2(1): 21-23.

[68] 黄玖立，冼国明. 企业异质性与区域间贸易：中国企业市场进入的微观证据[J]. 世界经济，2012(4): 3-22.

[69] 李坤望，蒋为. 市场进入与经济增长——以中国制造业为例的实证分析[J]. 经济研究，2015(5): 48-60.

[70] Pani N. Resource cities across phases of globalization: Evidence from Bangalore[J]. Habitat International, 2009, 33 (1): 114-119.
[71] 殷洁，罗小龙，程叶青，等．基于企业家型城市理论的工矿资源型城市转型——以马鞍山市为例[J]．地理科学，2010, 30(3): 329-335.
[72] 李郇，吴康，龙瀛,等. 局部收缩：后增长时代下的城市可持续发展争鸣[J]. 地理研究, 2017, 36(10): 1997-2016.
[73] 姜丽丽，王士君，朱光明. 城市与区域关系演化过程及新时代特征[J]. 经济地理, 2009, 29(8): 1307-1311, 1322.
[74] 李倩，张文忠，王岱. 地理学视角下的独立工矿区研究[J]. 地理科学进展, 2013, 32(7): 1092-1101.
[75] 周侃，樊杰，盛科荣. 国土空间管控的方法与途径[J]. 地理研究, 2019, 38(10): 2527-2540.
[76] 周明长. 三线建设与中国内地城市发展(1964—1980 年)[J]. 中国经济史研究, 2014(1): 142-151.
[77] 郝静．“三线”建设: 西部工业文明的曙光[J]. 中国档案, 2009(6): 80-81.
[78] 四川省攀枝花市志编纂委员会．攀枝花市志[OL]. [2019-12-06]. http://www.panzhihua.gov.cn/zjpzh/pzhsz/index.shtml.
[79] 王巍．山地城市的城市空间景观塑造——以贵州六盘水市为例[J]. 中外建筑, 2016(3): 75-77.
[80] 罗怀良．攀枝花市资源开发与区域发展的地域分异演化研究[J]. 中国国土资源经济, 2019, 32(11): 50-58.
[81] 罗怀良．岩溶山区县级成熟型资源城市经济发展空间差异及演化——以四川省兴文县为例[J]．中国岩溶，2019，38(2): 283-292.
[82] 鲍世行．攀枝花规划建设的历史经验[J]. 城市发展研究, 2005, 12(1): 11-13.
[83] 张石磊，冯章献，王士君．传统资源型城市转型的城市规划响应研究——以白山市为例[J]．经济地理，2011，31(11): 1834-1839.
[84] 李澎，刘若阳，李健. 中国城市行政等级与资源配置效率[J]. 经济地理, 2016, 36(10): 46-51, 59.
[85] 胡映东，戚祥玉. 基于城市缝合理念的资源枯竭型城市工业遗产再生研究[J]. 工业建筑, 2017, 47(10): 635-69, 19.
[86] 曹海霞，韩东娥. 资源型区域的产业规制和企业激励研究[J]. 经济问题, 2015(10): 118-123.
[87] 陈亚光，钱勇. 中国资源型企业与城市的协同演化[J]. 工业技术经济, 2006, 25(1): 66-70.
[88] 吴云鹏. 论城市文脉的传承[J]. 现代城市研究, 2007, 22(9) : 67-73.
[89] 宋飏，王士君，王雪微. 矿业城市空间结构演进过程与机理研究[J]. 城市发展研究, 2012, 19(2): 48-53.
[90] 陈永生，陈巧红. 城市河段水电开发与城市协调发展的几点经验——以攀枝花市为例[J]. 人民长江, 2012, 43(1): 1-3.

第八章 结 语

资源型城市是一种高度依赖矿产、森林等不可更新资源开发利用的特殊城市类型。受矿产、森林产品生命周期的影响，其具有明显而特殊的生命周期。丰富矿产资源的开发曾引发“荷兰病”和“资源诅咒”。受城市生命周期的影响，世界许多国家和地区都曾经或正在面临资源型城市的衰退问题。世界各国的资源型城市转型研究与实践表明，资源型城市转型发展是一个漫长而艰巨的过程。而资源型城市转型发展又有多种不同的途径模式选择。

8.1 主要结论

本书研究得到以下主要结论。

1）关于中华人民共和国成立后我国资源型城市的发展与转型实践

由于研究时点和判定标准的差异，目前对我国资源型城市数量的认识存在差异。中华人民共和国成立后，“一五”时期和三线建设时期是中国资源型城市发展的主要时段。2007年是我国资源枯竭型城市转型的分界点，此前主要依靠资源枯竭型城市自身努力转型，此后则进入政府主导的资源枯竭型城市综合转型阶段。政府主要从不断加强和完善转型组织领导，加强地质勘探、增加资源储量，开展转型试点，确认资源枯竭型城市、转型规划编制、转型评估与财政支持等方面主导资源枯竭型城市转型。在转型实践中，资源枯竭型城市探索出多元化的转型途径，并出现一些转型范例。与此同时，有关资源枯竭型城市转型研究的组织机构应运而生，并开展大量实证研究。由于发展阶段和面临问题不同，资源枯竭型城市的产业转型路径与模式选择也不尽相同，即资源型城市的转型没有统一的最佳或最适方式。资源型城市转型受到资源禀赋、区位环境与发展历程等诸多因素影响，应将其转型发展放到城市所在区域更深层次的社会图景之中，才能持续发展。

2）关于西南地区资源型城市特征、区域空间特征及地级资源型城市分类与转型障碍

西南地区资源型城市受资源禀赋、地理环境和经济发展基础等的影响，其资源型城市具有类型复杂多样、兴起背景和发展历程特殊、地级资源型城市，特别是地级成熟型资源城市的地位突出、地质环境问题突出等特征。而该区资源型城市的区域空间具有以下特征：除贵州外，其余省(市)资源型城市区位整体较偏远，偏远度排序为：四川(1.44)＞重庆(1.35)＞云南(1.28)＞贵州(0.85)；省(市)区位偏远度大，其内部区位偏远度差异也越大；该区截至2019年6月仍有52%的资源型城市没有铁路连接或不开行旅客列车。市域基质空间具有变动突发性和频繁性，且二元结构特征突出。而城市实体空间主要有点状独立工

矿地、条带状组团和山地狭促凹地城区 3 种结构类型。

基于区域视角，本书尝试选取发展基础、产业特征、民生状况、生态环境和内部差异等影响城市转型的 5 大类，28 个指标，对西南地区 11 个地级成熟型资源城市进行类型划分。该区地级成熟型资源城市可划分为四类：Ⅰ类城市(雅安、自贡)主要面临创新发展不足和城市生态环境保护等障碍；Ⅱ类城市(安顺、保山、广元、达州、广安、曲靖)数量多、人口与 GDP 份额大，主要面临资源产业链延伸和污染治理等障碍；Ⅲ类城市(普洱、临沧)主要面临全域发展与人文生态落后、产业转型与文化保护和绿色发展难协调、自身优势与支柱产业不匹配等障碍；Ⅳ类城市(攀枝花)比较特殊，主要面临对外协作难度大、资源产业刚性约束、固体废弃物数量巨大、区域内部差异突出等障碍。

3)关于典型地级山地资源型城市攀枝花市资源开发与产业发展、地域空间演化与脆弱性评价

(1)地域空间演化。作为典型地级山地资源型城市，攀枝花 1965～2015 年的地域空间演化可划分为两阶段：以钢铁基地建设和钢铁生产为中心的地域空间扩大阶段(1965～1986 年)和市域空间及行政区划格局(3 区、2 县)持续稳定的地域内部调整阶段(1987～2015 年)。随着资源开发调整和城市发展转型，该市城市实体空间由东西向组团式分散结构向东西、南北双轴网络化结构演化。该市城市地域结构具有市域相对独立，域外协作困难；市域内部自然环境分异明显，城乡社会经济二元结构典型；城市实体空间呈嵌入式片区组团结构，矿城分离难度大；传统资源产业区衰退与新兴产业区兴盛并存等特征。未来应采取政府多级协同主导与激发企业、公众主动参与，拓展多层次域外协作，探索山地资源型城市地域空间发展模式，依托山水景观、融合资源开发与产业转型，推进城市实体地域功能优化等策略。

(2)产业结构分析。2004～2013 年，攀枝花市区域产业部门的增长量(G_{ij})依次为：第二产业(451.60)＞第三产业(131.60)＞第一产业(16.80)；区域产业部门对经济的贡献作用(P_{ij})依次为：第二产业(391.70)＞第三产业(73.90)＞第一产业(12.44)；区域产业部门的区域竞争力份额(D_{ij})依次为：第三产业(9.80)＞第一产业(1.00)＞第二产业(-190.71)。第一产业的产业增长量最小，对经济的贡献作用小，但其区域竞争力强于第二产业；第二产业增长速度快，对经济的贡献作用强，但是区域竞争力份额最弱；第三产业产业增长量和对经济的贡献作用次于第二产业，但区域竞争力份额在三次产业中最大。在第一产业中，农业(种植业)对第一产业经济贡献作用大，且有良好基础条件；其次是牧业和渔业，而林业最差，增长为负。在第二产业中，工业增长量和增长速度远大于建筑业，在第二产业中占有绝对优势，但是在区域竞争力方面较差，低于四川省平均水平。在第三产业中，金融保险业和批发零售业发展较好，但是其区域竞争力相对于其他部门较差，并且其所处地位在不断下降。攀枝花市三次产业调整要采取“渐进式”模式稳定、持续推进其转型发展：大力发展特色农业，并通过科技进步提升农产品的数量和质量；采取“延伸传统产业+扶持新主导产业+植入新兴产业”的发展模式和建立工业园区推进第二产业调整；将第三产业作为重点发展方向，打造“阳光、运动、休闲、健康”旅游度假基地。

(3) 区域发展的区域分异演化。1965～2016年，攀枝花市资源开发与区域发展可划分为矿产资源开发、资源多元开发和资源综合利用3个阶段。该市这52年来产业结构高度在3个阶段呈加速上升趋势(年均递增分别为0.001、0.012和0.067)，但其产业结构仍有较强的资源型特征。1994～2016年，该市县区之间生产活动梯度指数极差明显减小(由1.282缩小为0.221)，城乡生产活动梯度指数差异在2004年前迅速缩小(由相差3.25倍缩小为1.45倍)，而后期缩小减缓，资源开发和产业转型是影响生产活动梯度指数地域分异的主要因素。未来攀枝花市应通过资源开发多元化、资源产业创新和强化区域协作等途径推进区域发展的协同演进。

(4) 攀枝花市可持续发展评价。攀枝花市2000～2014年单位万元GDP生态足迹逐年递减，降幅达65%，表明攀枝花市对资源的利用率逐年提高，生产方式由粗放转向集约，并向资源的循环利用发展。该市这15年来生态压力指数也呈逐年降低趋势，其生态压力由很不安全状态转变为稍不安全状态，生态压力逐年变好，城市可持续发展状况有所改变。该市这15年来生态足迹多样性的变化趋势由波动下降转变为基本保持平稳，说明攀枝花市生态足迹的构成逐渐趋于合理化。通过生态经济系统发展能力指数能够很好地反映攀枝花市生态经济系统的发展状况，该市这15年来发展能力得到不断的提高。但从生态足迹指数和生态协调度指数的变化来看，该市未来区域的可持续发展能力较弱，随着生态足迹的进一步增大，可能会对城市未来的可持续发展产生不良的影响；且城市的发展与环境之间的协调指数逐年降低，说明通过消耗资源来促进城市的发展不利于区域的可持续性。

(5) 攀枝花市脆弱性调控。攀枝花市2006～2015年综合脆弱性总体呈下降趋势：综合脆弱性指数从0.74(2006年)下降到0.37(2015年)，经历较高脆弱性、中脆弱性和较低脆弱性的演变。该市近10年来资源脆弱性年均值最大(0.57)、经济脆弱性次之(0.50)，社会脆弱性(0.46)和生态环境脆弱性(0.43)相对较小；资源、生态环境和社会脆弱性均呈下降趋势，而经济脆弱性呈振荡上升。该市近10年来经济系统对城市综合脆弱性贡献度上升明显(由2006年的15.53%上升到2015年的70.03%)，同时社会脆弱性也较突出(2015年达20.16%)。未来该市在转型与城市脆弱性调控上应坚持以经济转型为核心，推进资源综合开发利用；加强矿产资源地质勘探；推进区域统筹发展，减少社会脆弱性；提高工业固体废弃物综合利用，加强生态环境建设。

4) 关于县级山地资源型城市四川兴文县的资源开发与经济发展空间差异与演化

2006～2015年，兴文县乡镇间人均GDP的绝对与相对差异、泰尔指数(由0.1088上升到0.1697，上升55.97%)和乡镇组别间分离系数(由2.4041上升到2.8414)均持续上升，经济发展差异呈增大趋势。该县乡镇组别内经济差异比乡镇组别间差异大(对总体差异的平均贡献率分别为70.43%和29.57%)，而乡镇组别间经济差异的上升幅度(76.21%)高于乡镇组别内的上升幅度(47.94%)。乡镇组别泰尔指数均值排序为：矿业组(0.237)＞工业组(0.062)＞旅游与矿业组(0.058)＞农业组(0.011)。工业、矿业和农业等乡镇组别的泰尔指数分别上升193.13%、27.69%和20.18%，而旅游与矿业组则下降30.95%。该县经济发展空间差异及演化的主要原因是经济发展过度依赖资源，工业园区建设，宏观经济影响，旅游开发单一，农业整体滞后且不均衡等。兴文县转型发展应实施多元产业综合发展，因地制宜地实施差异化发展，注重经济发展与环境保护的协调统一等策略。

5）关于西南地区成熟型资源城市转型升级与生态环境保护长效机制

西南地区成熟型资源城市在转型升级中，应通过以下途径建立生态环境保护长效机制：形成有效衔接的生态环境保护文化体系与制度体系；通过政府主导，完善生态环境保护的多主体协同机制；通过技术进步，构建有利于生态环境保护的生态经济和循环经济体系；贯彻分类处理的原则，因地制宜地推进成熟型资源城市的生态环境保护。

6）关于国内资源型城市地域空间研究进展、西南地区成熟型资源城市地域关联与地域协同

国内既有资源型城市地域空间研究主要从区位条件、资源开发与区域发展和区域经济一体化探讨资源型城市的域外地域空间；从产城模式、市域基质空间特征和空间发展模式探讨市域基质空间；从城市实体空间结构及演化、实体空间重构与“市矿系统”探讨城市实体空间。国内既有研究以个案实证研究为主，缺乏规范的系统理论探索；研究空间尺度单一，缺乏多空间尺度嵌套研究；以静态定性分析为主，动态定量探索不足。未来应围绕资源型城市国土空间管控、多空间尺度嵌套、实体空间重构和产业转型协同开展研究。

针对西南地区成熟型资源城市的域外空间联系存在先外后内、舍近求远，城市市域基质空间具有典型二元结构，城市实体空间矿城混杂、产城分离、资源产业间协作途径单一等特征，该区成熟型资源城市地域空间的地域协同应采取以下策略：域外地域空间的区域协同策略为完善政府主导的多级协同，通过交通设施建设加快区位条件改善；市域基质空间的地域协调策略为以城市政府主导构建合理的市域城镇体系，因地制宜地推进成熟型资源城市基质空间交通网络建设和严格市域基质空间的地域空间管控；而城市实体空间重构优化策略为建立政府、社区与企业主体间的城市实体空间重构优化责任分担机制、融合城市产业转型与城市实体空间重构和因地制宜打造自然山水与城市实体空间共生的城市生态景观。

8.2 主要探索与未来展望

本书主要进行了三方面的创新探索。

(1) 从区域空间的新颖视角研究成熟型资源城市转型。本书将西南地区成熟型资源城市转型根植于其所在区域的自然、社会经济图景中，突破产业/经济转型单一视角的局限，从区域空间系统（域外地域空间、市域基质空间和城市实体空间 3 个区域空间层次）的新颖视角，将西南地区成熟型资源城市的经济/产业转型发展同其地域协同和空间优化结合起来进行实证和理论研究。其中，实证研究围绕地级成熟型资源城市四川攀枝花市和县级成熟型资源城市四川兴文县展开，主要探讨其资源开发与区域空间演化，产业/经济发展的区域分异，3 个区域空间层次的地域空间特征，以及城市域外空间协同、市域基质空间协调和城市实体空间重构对策等。理论研究主要包括西南地区资源型城市发展历程及主要特

征、西南地区地级成熟型资源城市分类及转型障碍探讨、西南地区成熟型城市生态环境保护的长效机制、西南地区成熟型城市的地域关联与地域协同策略等。

(2)应用定量与定性相结合的综合方法。本书分别采用系统聚类法、份额-偏离分析法、产业结构高度、生产活动梯度指数、泰尔指数、分离系数、生态足迹法、多因子综合评价法以及区位偏远度等定量分析方法，结合综合分析法、历史回归演绎法、对比法等定性方法，使用 SAS 软件采用系统聚类法进行成熟型资源城市类型划分和转型障碍分析、地域空间特征和区位偏远度计算，攀枝花市产业结构演化、地域空间演变、生态足迹估算、脆弱性及动态评价与区域发展地域分异及演化，兴文县经济发展空间差异及演化等研究。定量与定性方法的综合应用使研究精度得以提高。

(3)获得西南地区成熟型资源城市转型的创新认识。本书根据区域实际，突出“全市域”(基质空间)与“市辖区”(城市实体空间)两尺度的区域差异，得到西南地区地级成熟型资源城市类型划分的新认识；提出西南地区资源型城市转型升级的生态环境保护长效机制；通过西南地区资源型城市发展历程及特征以及该区资源型城市 3 个层次区域空间(域外地域空间、市域基质空间和城市实体空间 3 个区域空间层次)特征分析，得出该区成熟型资源城市区域协同的相关认识；对攀枝花市和兴文县域外地域空间、市域基质空间(行政辖区)和城市实体空间(资源型企业或产业集中的城市建成区)3 个尺度进行研究得出案例城市区域空间特征、发展分异演化、地域协同与区域空间优化策略等实证研究认识。

当然，由于资源型城市转型发展的艰巨性，未来有必要进一步重视和拓展资源型城市的区域视角研究。要进一步加强将资源型城市的实体空间(核心地域空间)重构优化、城市与区域的互动与地域协同融合的综合研究。特别应加强资源型城市国土空间管控与城市转型发展的协同，以及资源型城市城乡协同发展与国土空间优化途径研究。

致　谢

本书依托教育部人文社会科学规划基金项目“区域视角下西南成熟型资源城市转型发展研究”，在开展实地调研与数据收集过程中得到攀枝花市发展和改革委员会、市统计局，兴文县统计局、县志办公室、县自然资源局和农业局，以及绵竹市市志办公室、市统计局等部门，以及相关矿山企业的支持和帮助。

硕士研究生王睿、杨丹荔、陈林、胡娟、张梅、董坤、闫萍萍等参加了项目资料收集、实地调研工作。其中，王睿、杨丹荔和张梅等结合项目研究分别撰写和发表了相关研究论文；王睿、杨丹荔和闫萍萍等在项目研究的基础上完成了硕士毕业论文写作。硕士研究生颜莹、银盈、孟险、刘姜和袁勇等协助书稿的校对工作。

在此，谨对为项目研究提供帮助和便利的相关单位和工作人员、参与项目研究与本专著出版相关工作的硕士研究生们致以衷心感谢！同时，特别感谢科学出版社莫永国编辑为本书出版所做的辛勤工作！